印象·中国历史

隋唐卷

国家的统一与治理

郑学檬/著

人民教育出版社
·北京·

图书在版编目（CIP）数据

印象·中国历史. 隋唐卷：国家的统一与治理 / 郑学檬著. —北京：人民教育出版社，2021.3

ISBN 978-7-107-35602-5

Ⅰ. ①印… Ⅱ. ①郑… Ⅲ. ①中国历史—研究—隋唐时代 Ⅳ. ① K207

中国版本图书馆 CIP 数据核字（2021）第 057309 号

印象 · 中国历史［隋唐卷］ 国家的统一与治理

著　　者 / 郑学檬

责任编辑 / 李　卿　冯　良

装帧设计 / 李宏庆

出版发行　人民教育出版社

（北京市海淀区中关村南大街 17 号院 1 号楼　邮编：100081）

网　　址　http://www.pep.com.cn

经　　销　全国新华书店

印　　刷　北京恒艺博缘印务有限公司

版　　次　2021 年 3 月第 1 版

印　　次　2021 年 7 月第 1 次印刷

开　　本　787 毫米 × 1092 毫米　1/16

印　　张　18.5

字　　数　224 千字

定　　价　65.00 元

审 图 号：GS（2021）1064 号

目　录

引言

本书的主题是隋唐的统一和国家治理。已故隋唐史大家韩国磐师曾指出："中国历史上的隋朝，在继承北周统一北中国的基础上，进而统一了全国，结束了过去数百年分裂割据的状况，开创了全国再统一的新局面。"[1]中国的历史经验说明，国家的统一是改革国家治理构架、恢复和发展经济、改善民生，实现"德惟善政，政在养民"[2]理想的前提。唐朝在继续隋统一进程的同时，大力改革肇自隋朝的治国政体，形成宰相筹划、百司商办、州县贯彻的治国系统，简而言之曰"君臣共治"。这一历史上比较系统、全面和中央与地方基本协调的治国政体的建立，为近三百年唐朝社会经济发展和增进民生福祉创造了条件，其影响至远。尽管其过程曲折，干扰重重，争议不断，但它是中国古代政治文明的一部分，弥足珍贵。

本书考虑到读者面较广，所以叙事多用实例，行文尽可能简明，但必基于史籍，不作行空之思。本书继承修史资治传统，但不拘泥于对号列题，唯依历史进程之实际，溯源辨正，力求信达。本书内容围绕历史进程和文明展示两个方面，以叙述为主，评论为辅，以期向读者展示雄隋大唐的概貌，并为读者开启举一反三之思路。

本书第一章为"隋朝政局与政体"，简介隋朝政局与政体的

---

[1] 韩国磐:《隋唐五代史纲》，生活·读书·新知三联书店1961年版，第18页。

[2] 李民、王健译注:《尚书译注·大禹谟》，上海古籍出版社2004年版，第26页。

变革，阐明隋朝国家治理系统构建之初的简况；第二章为“唐朝的再统一和前期的国家治理”，重点阐述唐朝国家治理系统之全面构建内涵；第三章为“唐朝后期政局和政体的变化”，阐述安史之乱后政局和政体的变化，并分析其国家治理系统之延续，实为唐王朝得以存续近三百年的原因；第四章为“隋唐环境、资源与社会经济”，重点叙述环境、资源状况和土地、赋税制度的变革及经济重心南移诸问题，也就是唐王朝发展存续的物质基础，寓治国成败于经济；第五章为“隋唐的科技、礼乐与文化”，阐述文化文明方面的主要表现；第六章为“亚洲隋唐——陆海丝路”，以陆海丝路为例，阐明当时隋唐的若干国际关系与文明交融的案例，以响应对“一带一路”的关切。

第一章 隋朝政局与政体

隋朝的建立顺应了一个必然到来的变革时代。它统一南北以后，重构治国制度，开创了再造雄强的新时代。隋之统一，一在制度，二在民心；隋炀帝之失败，失在治国，失在庙算。

一 隋朝建立

1. 杨坚代周

隋的统一始于隋文帝杨坚。其父杨忠，弘农华阴（今陕西华阴）人，小名奴奴。史书记载，他“状貌瑰伟，武艺绝伦”，有将帅之略。他素以勇猛著称，曾将一头野兽“左挟其腰，右拔其舌”[1]，为当时西魏的实际统治者宇文泰所重，赐姓普六茹氏。宇文泰是当时“关陇集团”的核心人物。

561年，北周武帝宇文邕即位，杨坚被任命为隋州刺史，升为大将军，后来又承袭其父隋国公爵位。580年，北周宣帝宇文赟以杨坚为扬州总管。就在杨坚还没去扬州时，宣帝驾崩，宇文衍（阐）继位，即静帝。这个静帝才九岁，自然不能亲政。作为静帝的外公和当朝重臣，杨坚自然“近水楼台先得月”。内史上大夫郑译、御正大夫刘昉等人“矫诏”（假托静帝诏令）推杨坚都督内外诸军事，入总朝政，在正阳宫建立“丞相府”，郑译为长史，刘昉为司马。所以当时有“刘昉牵前，郑译推后”[2]之说。

大凡嗣主幼冲，权臣得势，政局即显动荡。当时相州总管尉迟迥“自以重臣宿将，志不能平，遂举兵东夏。赵、魏之士，从者若流，旬日之间，众至十余万”。雍州牧毕王贤及赵、陈等五

[1] 《周书》卷19《杨忠传》，中华书局1971年版，第315页。

[2] 《北史》卷74《刘昉传》，中华书局1974年版，第2542页。

王也因“天下之望”归于杨坚而“因谋作乱”[1]。

面对诸王和尉迟迥等人的武装反抗威胁，作为“关陇集团”的另一个核心人物，杨坚果断出手，一方面从诸王开刀，执杀雍州牧毕王贤，震慑王室；并诛杀赵王、越王，击垮王室势力的反抗；另一方面武力回击尉迟迥及其同盟者郧州总管司马消难、益州总管王谦的叛乱。至大象二年（580）十二月，已完全控制了后周政局的杨坚，终于迫使周静帝下诏称他为相国、隋王，“位在诸侯王上”[2]，总揽一切军国政事。接着的戏文就是杨坚在静帝“禅位”诏告天下之后，于581年即皇帝位，国号隋，改元开皇。

杨坚代周，既是北周统治集团内部势力消长的结果，也是杨坚所代表的政治势力顺应历史所致。为什么这样说呢？首先，自西晋末年以来，北方经历了“五胡十六国”和北朝的北魏、东魏、西魏、北齐、北周五朝，历经260多年的分裂局面，经济发展和社会稳定难以为继，人民生活十分痛苦。南方虽然不那么混乱，亦有东晋、宋、齐、梁、陈五朝，历经270多年。

南朝刘宋时的鲍照有一首《代贫贱苦愁行》诗，叙述孤贫者既不甘死又不堪生的内心痛苦。其诗云：

> 湮没虽死悲，贫苦即生剧。长叹至天晓，愁苦穷日夕。
> 盛颜当少歇，鬓发先老白。亲友四面绝，朋知断三益。
> 空庭惭树萱，药饵愧过客。贫年忘日时，黯颜就人惜。
> 俄顷不相酬，恧怩面已赤。或以一金恨，便成百年隙。
> 心为千条计，事未见一获。运圮津涂塞，遂转死沟洫。
> 以此穷百年，不如还窀穸。[3]

[1] 《隋书》卷1《高祖上》，中华书局2019年版，第4页。

[2] 《隋书》卷1《高祖上》，第7页。

[3] 鲍照：《鲍明远集》卷3，景印文渊阁四库全书本，集部第1063册，台湾商务印书馆1986年版，第575页。

“生剧”，生得艰难；“三益”，梅、松、竹三益友；萱，即萱草，俗名忘忧草；恧怩，惭愧忸怩；运圮，命运不济；窀穸，墓穴。全诗哀叹生之艰难，反映了南朝社会状况的恶化，连鲍照这样有身份的人都感到绝望，他哀民生痛苦之诗，就成为社会变革的无声呼唤。一个变革的时代必然到来。

杨坚的变革有哪些看点？早在1954年，韩国磐先生《隋朝史略》一书就对杨坚的改革措施作了简明而准确的概括，足资参考。[1]

2. 政治制度改革

第一，职官制度方面，废除了北周古代官职名称，设置尚书（总统吏、礼、兵、都官、度支、工六曹）、门下、内史三省，三省长官尚书令、纳言、内史令为宰相，唐朝基本上沿袭了这一“三省六部”制度。地方行政制度也由州、郡、县三级制改为州县两级制。第二，推行府兵制。府兵制初行于西魏大统年间。开皇十年（590）实行的府兵制改革，重点是府兵都隶属于州县，土地和户口簿籍，与农民一样，“寓兵于农”。这样就减少了养兵费用，并确保农业生产，既有利于社会稳定，又有充足兵源。总的说，实行府兵制，有利于中央集权，消除地方豪强坐大的祸患。第三，制定《开皇律》。开皇元年（581）诏郑译、杨素等，“更定新律”，即《开皇律》。《开皇律》保留“五刑”：死刑、流刑、徒刑、杖刑、笞刑。“蠲除前代鞭刑及枭首、轘裂（车裂）之法”“流徒之罪皆减从轻”。诏令说：“枭首轘身（车裂），义无所取，不益惩肃之理，徒表安忍之怀。”[2]开皇十五年

---

[1] 韩国磐：《隋朝史略》，上海人民出版社1954年版，第4—7页。

[2] 《隋书》卷25《刑法志》，第787—788页。

（595）制："死罪者三奏而后决。"[1]北魏初步确立的死刑复核制度从此开始定型。可见，作为统治者，杨坚有轻刑取义之意，这是应予肯定的。唐初，高祖李渊即准采用《开皇律》，"时以为便"[2]。第四，改州、郡、县三级制为州、县二级制。隋初，沿袭北周州、郡、县三级地方行政机构设置。时任河南道行台兵部尚书的杨尚希，就对州县设置"倍多于古""民少官多，十羊九牧"的情况提出改革建议，于是文帝"遂罢天下诸郡"[3]。此外，他还有经济、文化等方面的改革措施，容后叙述；他用了一些干才，如高颎，舆论以为是"真宰相"。

关于隋文帝杨坚的评价，正史以魏征等撰的《隋书》为代表。《隋书》记录了他的两次诏书内容，都突出他对统一的认识：仁寿三年（603）秋七月丁卯诏云："方今区宇一家，烟火万里，百姓乂安，四夷宾服，岂是人功，实乃天意。"[4]所谓"天意"，即是人民渴望统一的历史趋势也。他的遗诏也再次讲到统一是"天意"：自晋室播迁，以至周、齐，将近三百年，"书轨不同，生人涂炭"，于是他（杨坚）受命登大位，"拨乱反正，偃武修文，天下大同，声教远被，此又是天意欲宁区夏"[5]。这两通诏书的文字，道出了文帝对国家的再统一之功十分自重，也反映魏征等人修史，亦肯定文帝的再统一地位。后人修史，对此均有客观之论。

---

[1] 《隋书》卷25《刑法志》，第790页。

[2] 《旧唐书》卷80《韩瑗传》，中华书局1975年版，第2740页。

[3] 《隋书》卷46《杨尚希传》，第1413页。

[4] 《隋书》卷2《高祖下》，第55页。

[5] 《隋书》卷2《高祖下》，第57页。

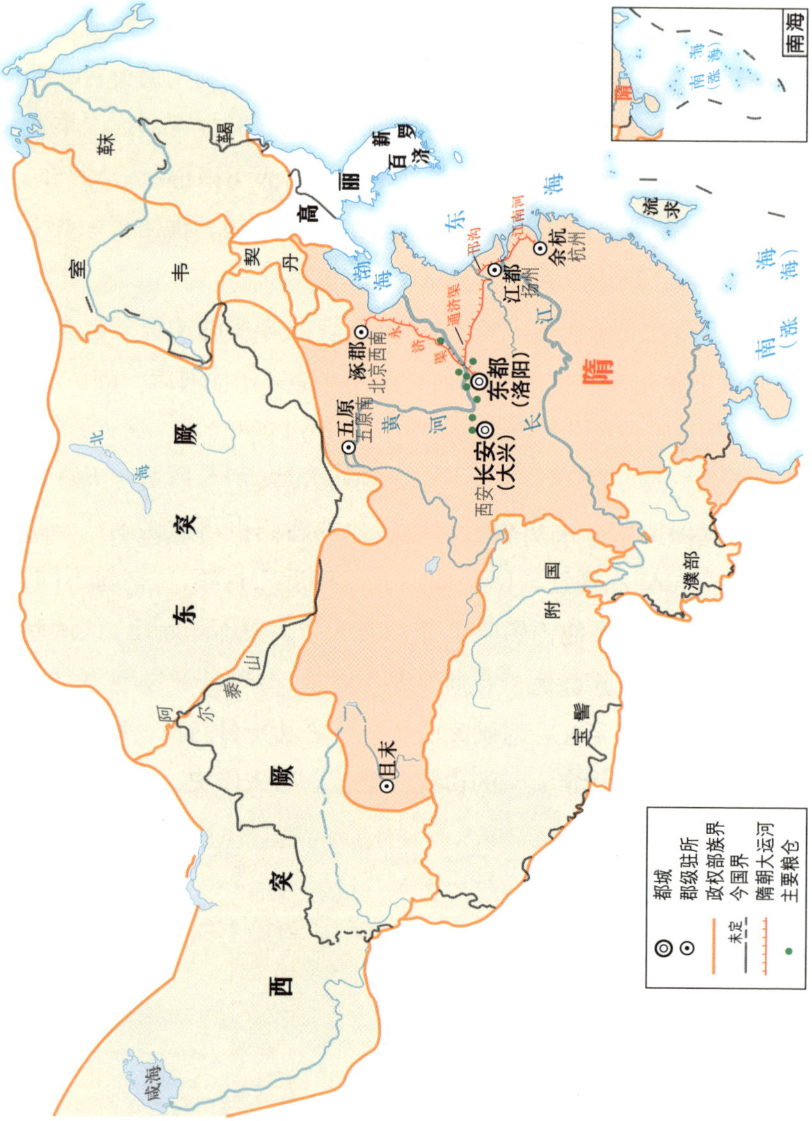
隋
长安（大兴）
西安
东都（洛阳）
涿郡
北京西南
五原
五原南
江都
扬州
余杭
杭州
且末
东突厥
西突厥
高丽
百济
新罗
契丹
室韦
靺鞨
流求
附国
濮部
阿尔泰山
北海
咸海
黄河
长江
渤海
东海
南海（涨海）
永济渠
通济渠
邗沟
江南河
南海
都城
郡级驻所
政权部族界
未定
今国界
隋朝大运河
主要粮仓

隋朝形势图

二 开启统一大业

隋文帝在内政改革的同时，积极进行灭陈准备。开皇八年（588），杨坚发布诏令，声讨陈主叔宝“据手掌之地，恣溪壑之险，劫夺闾阎，资产俱竭，驱蹙内外，劳役弗已”[1]，高扬吊民伐罪的旗帜。开皇九年（589），隋军攻入建康，陈灭亡。隋灭陈，从历史大势看，其最重要的意义在于完成国家的再统一，所谓“江东偏王三百年，还与中国合”[2]。

隋在灭陈统一南北以后，进一步强化了中央集权制度，改变了东汉以来地方豪强大族专断地方的局面。隋朝的统一，开创了再造雄强中华的新时代。自秦汉以来，汉族、汉语、汉字是中华文明的核心内容。但是东汉以后，分裂割据局面延续了三百多年，给边境少数民族内迁、建立政权，实行政治、经济、军事、文化的非汉化运动提供了机会，其中有文明的交流和融合，也有文明的冲突。

隋统一，改变了这种局面。如法制观念，它是任何时代文明的重要内容，在豪强大族专断的年代，往往徒具虚名；在少数民族政权统治（所谓“胡化”时代）也难以做到。杨坚鉴于北周“法令繁苛”[3]，即位后立即命臣下编辑《开皇律》。《律》成，坚决执行，虽亲子亦严惩不贷。他的三儿子秦孝王俊因“违犯制

[1]《隋书》卷2《高祖下》，第34页。

[2]《隋书》卷57《薛道衡传》引郭璞语，第1583页。

[3]《隋书》卷50《宇文庆传》，第1482页。

度，出钱求息，民吏苦之”被查处，后又因“奢纵”被免官。重臣相继替他求情，杨坚说：他是我儿，如照你的意思，“何不别制天子儿律”？又说，周公尚且诛管、蔡，我不及他多呢，“安能亏法乎”？[1]他的这种态度，是当时法制堕坏，集权难以为之的形势所致。这种崇重法制的言行对于中央集权的重建意义重大。古往今来，大凡中央集权成功者，无不以法治取胜，无不以立法治国、执法服众而名垂青史；同时，也因其以法治国，而在道义和法理上取得以隋代周的政治正当性、合法性。《剑桥中国隋唐史》称隋文帝有着典型的法家思想。[2]

隋文帝杨坚的统一大业史有公论，其治国则有局限。魏征等所修的《隋书·高祖纪》中的“史臣曰”概括说：“(隋文帝)于是穷节俭，平徭赋，仓廪实，法令行，君子咸乐其生，小人各安其业，强无凌弱，众不暴寡，人物殷阜，朝野欢娱。二十年间，天下无事，区宇之内晏如也。”值得肯定，但是“史臣曰”所谓文帝本人“素无学术，不能尽下，无宽仁之度，有刻薄之资”“雅好符瑞，暗于大道”[3]，大碍治国云云，是从儒家的“仁政”观念出发，不认同其治国理政之术。

---

[1] 《隋书》卷45《秦孝王俊传》，第1398页。

[2] 崔瑞德等著：《剑桥中国隋唐史》(第二章作者芮沃寿)，中国社会科学出版社1990年版，第64页。

[3] 《隋书》卷2《高祖下》，第60页。

三 雄隋土崩

隋文帝于仁寿四年（604）七月逝世。杨广即皇帝位，翌年改元大业。隋炀帝继位之初，亦有展现其雄才大略的一面，使隋朝进一步强大起来。炀帝在内政方面的举措有发八使巡省风俗、改革选举用人制度、开运河、营建东京等，尽显其治国风范，“是时天下凡有郡一百九十，县一千二百五十五，户八百九十万有奇，东西九千三百里，南北万四千八百一十五里。隋氏之盛，极于此矣”[1]。在古代，户口、垦田数是衡量一国经济实力的指标。据统计，大业五年（609）的户数为8 907 546。[2]此后，有唐一代，只有玄宗天宝十四年（755）的户数才超过它。

发八使巡省风俗。炀帝刚即位，就发八使巡省风俗。他发使巡视，意在强化地方治理。他在大业元年（605）三月的“戊申诏”中所指的地方行政长官“徼幸以求考课，虚立殿最，不存实治，纪纲于是弗理，冤屈所以莫申”[3]的情况，恰是巡视的目的。不过实际效果并不很清楚。

改革选举用人制度。隋文帝时，即对选人用人制度实行改革，开皇年间就有诏举贤良等科，选拔官员。炀帝于大业三年

---

[1] 司马光撰：《资治通鉴》卷181《隋纪》，中华书局1956年版，第5645页。

[2] 梁方仲：《中国历代户口、田地、田赋统计》，上海人民出版社1980年版，（正篇）第6页。

[3] 《隋书》卷3《炀帝纪上》，第71页。

（607）下诏“文武有职者五品已上，宜依令十科举人”[1]。后又有四科举人。韩国磐先生指出，这些科目“都是临时规定的特科，相当于后来的制举”[2]。至唐朝，一些科目成为常科，才形成完备的科举制度。从此，分科举人制度代替了九品中正制度，选人任官多据门第的制度得以改革，考试选举相对公平，选官的身份性政治意识开始淡薄。

开运河。大业四年（608）春，炀帝下诏征发河北男女百万人开永济渠，南引沁水通黄河，北通涿郡（治蓟城，今北京），沟通黄河和海河水系。此前，沟通黄河与淮河的通济渠也开通了，从洛阳可直航扬州。大业六年（610），又开江南河，自京口（今江苏镇江）至余杭（今浙江杭州），全程四百余千米。运河开通，相应的驿站、驿宫、草顿（简易客栈）等配套设施一应俱全。大运河的开通和启用，对于南北交通、物流的作用难以估量，隋唐时人以为其功可比大禹治水。如皮日休《汴河怀古二首》云：

万艘龙舸绿丝间，载到扬州尽不还。
应是天教开汴水，一千余里地无山。
尽道隋亡为此河，至今千里赖通波。
若无水殿龙舟事，共禹论功不较多。[3]

这一评价，今人亦同感也。

营建东京宫殿、城垣。大业元年（605），炀帝下诏令杨素、

[1] 王钦若：《宋本册府元龟》卷645《贡举部》，中华书局1989年版，第2134页。台大高明士教授云：贡举制度初创，当在开皇七年（587），其创意当是创制“宾贡”科，至炀帝即位，改为进士科（《科举学论丛》2019第1辑，中西书局2019年版，第155页）。

[2] 韩国磐：《隋唐五代史论集》，生活·读书·新知三联书店1979年版，第285页。

[3] 彭定求等：《全唐诗》卷615，中华书局1960年版，第7099页。

杨达和宇文恺营建东京（洛阳）。《资治通鉴》记述东京（洛阳）营建："每月役丁二百万，徙洛州郭内居民及诸州富商大贾数万户以实之。"又营建显仁宫，"南接皂涧，北跨洛滨"，还将"大江之南、五岭以北奇材异石，输之洛阳；又求海内嘉木异草，珍禽异兽，以实园苑"[1]。

大国风范之一是有壮观的京城、宏伟的建筑、嘉木异草的皇家花园，这本是古今通例。但在7世纪，这样浩大的、超越民众承受能力的工程，势必劳民伤财。正如他的父亲杨坚指斥陈后主（叔宝）"驱蹙内外，劳役弗已"那样，他也是劳役过度，剥夺了河南、河北、江淮等地广大农民的生存权利，加上开运河、修筑长城，严重地破坏了社会生产，从而激化了社会矛盾。

攻打高丽和防卫突厥的战争。炀帝的统治在浩大的工程声中，民心渐失，走向反面。加速隋王朝灭亡的直接诱因则是对外战争——攻打高丽。

高丽和隋朝是藩属国和宗主国的关系，高丽接受隋的册封，如开皇十七年（597）文帝册封其王元为辽东王。但元并不感恩，第二年（598）即"率靺鞨之众万余骑寇辽西"，被营州总管韦冲击退。文帝大怒，命汉王谅总水陆两军讨伐。但由于"馈运不继，六军乏食"，士兵疾役，而军威不振。高丽王亦惶惧谢罪，隋遂罢兵。文帝讨伐高丽，刘炫就表示反对，"炫以为辽东不可伐，作《抚夷论》以讽焉。当时莫有悟者。及大业之季，三征不克，炫言方验"[2]。

开皇十八年（598）高丽王元寇辽西之役中，隋军暴露了"馈运不继"的短板，也就是打高丽必有劳师远征的战略缺陷。炀帝大业八年（612）征讨高丽，号称二百万大军，其规模近古

---

［1］《资治通鉴》卷180《隋纪》，第5618页。

［2］《隋书》卷75《刘炫传》，1930页。

未有。这次征高丽也发生了“食尽师老，转输不继，诸军多败绩”的结局，隋军只克辽西一城，置辽东郡及通定镇而已。[1]炀帝第二次伐高丽是在大业九年（613），此役打得很艰苦，双方死伤严重。六月，杨玄感反于黎阳，高丽军袭击隋军，命右武卫大将李景阻击。翌年，第三次打高丽，大将军来护儿虽逼近平壤城，但遭高丽伏击，功败垂成，仅以获免。因此，讨伐高丽的军事行动不得不终止。

过去讨论隋伐高丽，多侧重军事行动引起的兵役、劳役严重后果，而少注意这几场战役的战略缺陷：劳师远征，百役并兴，过度的社会动员，终于激起了尖锐的社会矛盾。杨玄感事变，正好说明过度社会动员酿成的严重后果；而高丽一方尽量利用隋军的这一战略缺陷，频繁袭击，疲敌于师老之时。至于战争的正义与非正义问题，亦难一概而论，小国、藩国挑衅，引起宗主国镇压，理各有据，不能是其非、非其是，还是要具体分析。

突厥兴起于北魏，至佗钵可汗时已是“控弦数十万，中国惮之”的北边强藩，北齐、北周“争结姻好，倾府藏以事之”[2]。所以，突厥和高丽不同，它有实力威胁隋朝，发动战争，成为边患。沙钵略可汗时，“纵兵自木硖、石门两道来寇，武威、天水、安定、金城、上都、弘化、延安六畜咸尽”[3]。后因突厥内乱，东西突厥自相攻伐，隋朝得以争取沙钵略之子突利，封他为启民可汗，边境遂安。“突利本居北方，以尚主之故，南徙度斤旧镇”[4]。度斤即都斤山，今蒙古鄂尔浑河上游杭爱山。一向恭顺的启民可汗死后，其子始毕可汗见隋朝内乱四起，遂乘乱崛起，包围炀帝

[1] 《隋书》卷81《高丽传》，第2043页。

[2] 《隋书》卷84《突厥传》，第2099页。

[3] 《隋书》卷84《突厥传》，第2100页。

[4] 《隋书》卷84《突厥传》，第2106页。

于雁门，复寇马邑，“势陵中夏”[1]。这种情况表明：游牧民族如果不能接受中原文化，或者因干旱严重（包括草料短缺）迫于生存时，很可能会发动南下战争。这就是历史上中国边患不绝的重要原因之一。

隋朝文帝、炀帝都挣脱不了这个困局，和亲、破财都无法改变“自治”藩属反复无常的特点。平叛的代价是高昂的，最终引发民众因战争转嫁的痛苦揭竿而起。炀帝的宿命，是在这个历史环境中注定的，痛斥他是“暴君”容易，理解那个时代复杂的关联事件则实有难度。

毕竟隋朝在战争和群雄的起义中覆灭了，炀帝也成为钉在耻辱柱上的罪人。

隋之统一，一在制度，二在民心；隋炀帝之失败，失在治国，失在庙算。

---

[1]《隋书》卷84《突厥传》，第2110页。

第二章 唐朝的再统一和前期的国家治理

近代西方政治史显示，以选举更迭政权，一个无名之辈或非政治世家人物，如有强大的资本集团支持，有打动民意的竞选口号，就可能破天荒地成为新统治者。而在中国古代则不同，多是旧统治营垒里的强人在激烈的社会变动中脱颖而出，成为新王朝的开创者。隋杨坚，唐李渊、李世民、武则天、李隆基皆属此类人物。

中国古代的国家治理，一向同时强调德治和法治。唐朝继续强调以德、法治国。所谓德治，就是重视民之疾苦，以民为本，以德化民（即存德于各项制度）；所谓法治，就是严格立法。而法治要“参以人情”“必本于仁恕”，这正是“贞观之治”的特点之一，也正是法治中包含德治原则，才区别于暴秦等朝的法治。唐前期在完善官制、教育、科举与官吏的铨选，实施《田令》、财政税务政策和府兵制，强化监察机构，修订法律、礼仪等方面做了周详的制度设计和机构调整工作，因而完善了国家治理的制度建设。唐朝前期的国家治理以太宗贞观时期最佳。“贞观之治”留给后世的历史遗产，一是民本主义，二是纳谏，可以为后世楷模。武则天和武氏势力的崛起，使儒家传统政治、道德观念受到强烈冲击。“开天盛世”主要表现在宽容治国和文明的提升上。

一 唐朝建立

1. 李渊太原"起义"

李渊曾任隋朝卫尉少卿、右骁卫将军。右骁卫将军一职从三品，佐大将军总府事，并统诸鹰扬府的卫府将军，位高权重。大业十一年（615）炀帝任命李渊为太原道安抚大使，[1]全权处理太原郡（并州）地方军政事务。这样，李渊作为河东的最高军政长官，具备了问鼎皇位的条件。恰好这一年的八月，炀帝巡边，在雁门被突厥始毕可汗部包围，飞矢如雨，炀帝"大惧，抱赵王杲而泣，目尽肿"[2]，也就是哭肿了眼睛。据说，由于太原兵马及李渊征集的兵卒陆续赶到，才解了突厥之围，炀帝因而免遭被俘的厄运。[3]

炀帝狼狈回东都，命李渊率太原兵马和马邑郡守王仁恭"北边备朔"，李渊不得已而从命。李渊对王仁恭等人说："今上甚惮塞虏，远适江滨，反者多于猬毛，群盗所在蜂起。"[4]这个时候去打胡虏，怎么打啊！李渊深知突厥所长在骑兵，机动作战能力强大，"胜止求财，败无惭色"[5]，隋兵则相反。李渊本人善骑射，于是便组织起两千余人的骑兵队伍，针锋相对反击突厥，果

[1] 温大雅：《大唐创业起居注》卷1，上海古籍出版社1983年版，第2页。

[2] 《资治通鉴》卷182《隋纪》，第5698页。

[3] 《大唐创业起居注》卷1，第2页。

[4] 《大唐创业起居注》卷1，第2页。

[5] 《大唐创业起居注》卷1，第3页。

然令突厥不敢恋战，甚至惧战，不敢南下。

稳住太原局势之后，李渊见天下纷崩，“经纶天下之心”即发，“问鼎”之意油然而生。在谋士们几番策划之后，大业十三年（617）的六月，李渊建大将军府，并置三军，其子建成、世民分别被封为陇西公、敦煌公，统率左、右军。裴寂为长史，刘文静为司马，长孙顺德、刘弘基、窦琮等人齐集门下，新政权的构架已具雏形。

李渊的崛起，得益于反隋起义动摇了隋统治的“天时”，使他有乱中取胜的机会。但要实现“问鼎”野心，还需要两个因素：地利与人谋。所谓地利，指太原郡“人物殷阜”[1]，有足够的人力物力；所谓人谋，指李渊有一批足智多谋且善战的支持者，如晋阳宫副监裴寂，以资财支持李渊“起义”；晋阳令刘文静，倜傥而有权略，对李渊的军事行动贡献甚多，“乘虚入关，号令天下”的重要决策就是他提出的；此外还有唐俭、长孙顺德、刘弘基、殷峤、刘政会、温大雅、柴绍（李渊女婿）、武士彟（武则天之父）等。还有李渊的次子李世民，是他崛起、进军关中、夺取皇位的最得力助手。关于李世民的作用，两《唐书》有详细记述。

2. 唐朝再统一

唐朝建立后，经高祖李渊、太宗李世民两朝，国家统一事业出现新貌。贞观十九年（645），太宗对侍臣说：“朕自平定突厥、破高丽已后，兼并铁勒，席卷沙漠以为州县，夷狄远服，声教益广。”[2] 贞观十四年（640）平高昌置州县，当时魏

[1] 《隋书》卷30《地理志中》，第963页。

[2] 吴兢著，骈宇骞译注：《贞观政要》卷1，中华书局2011年版，第57页。

征不赞成改高昌为州，主张“存其社稷”[1]，以免守边之需，虚耗陇右。但太宗没有接受，以高昌辖境为西州，并置安西都护府于交河城，留兵镇守。“于是唐地东极于海，西至焉耆，南尽林邑，北抵大漠，皆为州县，凡东西九千五百一十里，南北一万九百一十八里。”[2]焉耆，今新疆维吾尔自治区焉耆回族自治县；林邑，唐至德以后改称环王，9世纪后期改称占城，故地在今越南中部。

贞观二十二年（648）十二月，安西都护府移治龟兹，设立龟兹（今新疆轮台、库车等地）、于阗（今新疆和田等地）、疏勒（今新疆疏勒）、碎叶（碎叶城于唐高宗调露元年置，在今吉尔吉斯斯坦的托克马克市附近）四镇。西域的广大地区被纳入唐朝版图。高宗显庆三年（658），苏定方破西突厥沙钵罗可汗贺鲁等，西域平，以其地置濛池、崑陵二都护府。复于龟兹置安西都护府，以高昌故地为西州。安西四镇以后有所变动，玄宗开元年间改置焉耆为四镇之一，弃守碎叶城。

统一、安定的唐朝，不仅为发展经济、改善民生提供了良好的社会环境，而且也开启了西部开发的历史。贞观之初，唐太宗“锐精为政，崇尚节俭，大布恩德”“是时，自京师及河东、河南、陇右，饥馑尤甚，一匹绢才得一斗米。百姓虽东西逐食，未尝嗟怨，莫不自安。至贞观三年，关中丰熟，咸自归乡，竟无一人逃散，其得人心如此。”加之政治清明，豪猾屏迹，治安良好，以致“商旅野次，无复盗贼，囹圄常空，马牛布野，外户不闭。又频致丰稔，米斗三四钱，行旅自京师至于岭表，自山东至于沧海，皆不赍粮，取给于路。入山东村落，行客经过者，必厚加供

[1] 《资治通鉴》卷195，第6155页。

[2] 《资治通鉴》卷195，第6156页。

待，或发时有赠遗。此皆古昔未有也”[1]。这段关于贞观时期国家治理社会效果的描述，虽有理想化之嫌，但其逻辑是可信的：良好的社会环境必然会形成良好的民风习俗，即所谓礼化天下是也。

唐朝国家再统一，促进了民族大交融，开启了我国西部开发的历史。贞观十四年（640）平高昌，改设西州，河西各州农业生产有了较快的发展。敦煌文书《周长安三年（703）三月括逃使牒并敦煌县牒》称：甘、凉、瓜、肃等州，“以田水稍宽，百姓多悉居城，庄野少人执作。沙州力田为务，小大咸解农功，逃并投诣他州，例被招携安置，常遣守庄农作”，以致“逡巡不归”。因此，敦煌县出台政策，凡逃户还乡，不问户等高下，给复（免田租）二年，其田地由官府借贷种子，交农户耕种，若逃户归来，“苗稼见在，课役俱免，复得田苗”[2]。这件牒文内容反映了武周时期招徕人户，实施优惠政策，发展农业生产的努力。

此外，唐前期西部兴修了许多水利工程，保证农业生产的持续发展。

[1] 《贞观政要》卷1，第53页。

[2] 池田温：《中国古代籍帐研究・录文》，中华书局2007年版，第198页。

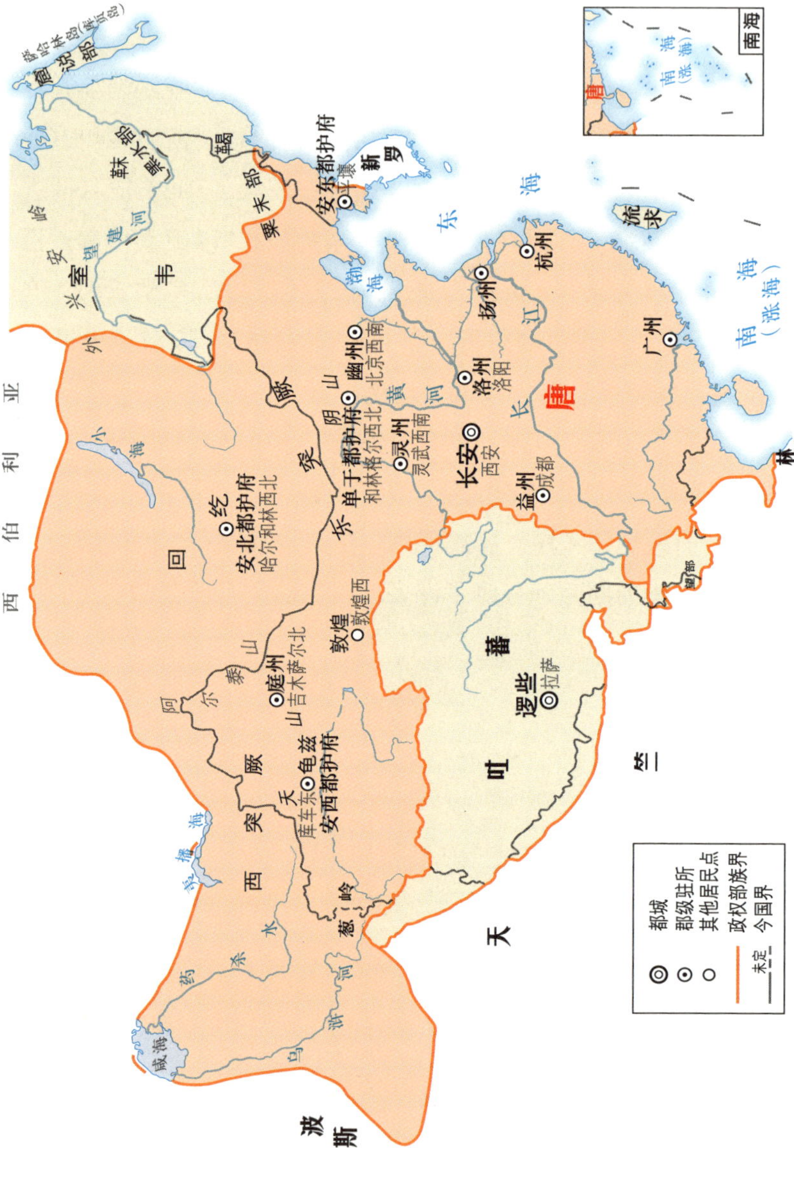
唐
长安
西安
洛州
洛阳
幽州
北京西南
扬州
杭州
广州
益州
成都
灵州
灵武西南
单于都护府
和林格尔西北
安北都护府
哈尔和林西北
回纥
东突厥
西突厥
安西都护府
龟兹
库车东
庭州
吉木萨尔北
敦煌
敦煌西
吐蕃
逻些
拉萨
天竺
波斯
安东都护府
平壤
新罗
流求
林邑
室韦
靺鞨
西伯利亚
东海
渤海
黄河
长江
南海
都城
其他居民点
政权部族界
今国界
未定

唐前期形势图

二　唐朝前期的国家治理

1. 唐朝前期国家治理的理念、模式

唐朝的国家治理，过去被概括为“唐承隋制”，意思是唐朝在政治、经济制度上是继承隋朝的。但是，历史是需要反复认识的。若是将隋唐两朝的政治、经济制度细加比较，可以发现唐朝的国家治理，无论治国理念、治理模式或政策措施，都大大超过隋和以前各朝，值得探讨。

唐朝的国家治理理念、模式，集中反映在吴兢撰写的《贞观政要》一书中。《贞观政要》撰于开元、天宝时期，详细记载了唐太宗李世民和当时参与执政的大臣房玄龄、杜如晦、魏征、长孙无忌、王珪等的治国理政思想与体会，是总结唐朝治国理念或治理模式的重要依据。从《贞观政要》的记述中，我们可以了解到唐太宗及其元勋们如何发微儒家经典的观点，替其治国理念寻找历史根据；如何构建治国的政体，致力于制度建设；如何推进法治，治国必据律令；如何实施“国以民为本”的民本主义、农本政策，以苏民力，恢复和发展经济，等等。

贞观二年（628），太宗问魏征：“何谓为明君暗君？”魏征引《诗经》所记唐、虞之时“辟四门，明四目，达四聪”的故事，形象地说明君主要像圣人一样，不塞、不惑，才能“兼听纳下”“下情上通”。故“太宗甚善其言”[1]。这就是“兼听则明，偏

[1]《贞观政要》卷1，第4页。

听则暗”的典故由来。贞观一朝，是历史上皇帝最重纳谏、从谏效果最好的时期。

唐太宗治国提倡“君臣共治”，其理念出自《礼记》。贞观十四年（640）魏征上疏，引《礼记》“人以君为心，君以人为体”和《尚书》“元首”与“股肱”的理论，论说元首（君）、股肱（臣）“齐契同心，合而成体”的道理，[1]为“君臣共治”提供论据。贞观十一年（637）唐太宗手诏答魏征疏，也说人臣尽忠，“所以共为治也”[2]，意思是臣能尽忠，才有“君臣共治”的局面。

法治是贞观之治成功的因素之一。唐太宗推崇法治，不仅用《管子》“圣君任法不任智，任公不任私”之说，还从魏征“是以为法，参之人情”之言。魏征之言，是以《左传·庄公十年》“小大之狱，虽不能察，必以情”[3]的记载为据。

以上三例说明，唐太宗治国以儒家经典为据，但有所发微、选择，取其所需，存其有用，杂以法家（如《管子》）。以儒家经典为据，是为了显示其统治的正统性、合法性，消除玄武门之变的舆论阴影，并且增加治国的权威性。作为君主，他确有过人的政治眼光。

2. 唐朝前期的政治制度改革

（1）官制

唐承隋之仪制，三师（太师、太傅、太保）为训导之官，赠予道德崇重者，其实多赠予亲王。三公（太尉、司徒、司空）为所谓论道之官，佐理国政，唐时也多授予亲王。中央政府是门

---

[1] 《贞观政要》卷1，第167页。

[2] 《贞观政要》卷1，第21页。

[3] 《贞观政要》卷1，第373页。

下、中书、尚书三省。唐朝的三省事权略有变动，臻于完善。

门下省。门下省长官为侍中，隋为避文帝杨坚之父杨忠的“忠”字讳，改为纳言，高宗朝复名侍中。其职“出纳帝命”“总典吏职”“赞相礼仪”，号称“佐天子而统大政者”[1]，军国之事与中书令参总。[2]贞观元年（627），太宗对黄门侍郎王珪说：“元置中书、门下，本拟相防过误。”[3]门下省对所拟的皇帝敕令有封驳权，以利形成正确的决策。这说明门下侍中或侍郎作为集体宰相之一员，在治国决策中的作用非常重要。

中书省。隋朝曾改中书省为内史省，但文帝时罢三公府僚，令中书令与侍中知政事，即中书令、侍中是宰相，处理国家事务。因为中书主发令，即皇帝的敕令由中书舍人草拟，从中书省发出，所以说“国政枢密皆委中书”[4]。中书省的中书令“掌军国之政令”，为“执大政者”[5]。贞观之初，唐太宗高度重视中书省的理政作用。“自是诏京官五品以上，更宿中书内省。每召见，皆赐坐与语，询访外事，务知百姓利害、政教得失焉。”[6]

“自武德至长安四年（704）已前，仆射并是正宰相”[7]。武德、贞观故事，以尚书省左右仆射及侍中、中书令为真宰相。以后，太宗以他官预议国政，即与宰相一起参议朝政，称为“平章国计”，或称“专典机密”“参议政事”，以削弱真宰相的职权。贞观十七年（643），太子太保萧瑀、太子詹事李勣，特诏同知政事，开始有“同中书门下三品”的官称。从此，仆射或其他非

---

[1] 李林甫等撰：《唐六典》卷8，中华书局1992年版，第241页。

[2] 《唐六典》卷8，第241页。

[3] 《贞观政要》卷1，第27页。

[4] 《唐六典》卷1，第6页。

[5] 《唐六典》卷9，第273页。

[6] 《贞观政要》卷1，第26页。

[7] 刘肃撰，许德楠等点校：《大唐新语》卷10《厘革》，中华书局1984年版，第150页。

两省长官预知政事者，都冠以“同中书门下三品”的官称。武则天以后，两省长官及同中书门下三品、平章事，为宰相；而仆射不带“同中书门下三品”之称者，不再是宰相了。高宗永淳元年（682），裴炎把政事堂从门下省移至中书省，玄宗朝张说改政事堂曰“中书门下”，因此，“中书门下”即中央政府，凡称“同中书门下平章事”者，均为宰相。

宰相由三省长官出任到选授非三省长官，如六部侍郎、各寺的长官（卿）等“同中书门下平章事”，形成特有的集体宰相制度，也就是所谓“君臣共治”模式。贞观三年（629），太宗对侍臣说：“君臣本同治乱、共安危。若主纳忠谏，臣进直言，斯故君臣合契，古来所重。若君自贤，臣不匡正，欲不危亡，不可得也。君失其国，臣亦不能独全其家。”[1]这一“君臣共治”言论是秦汉以来中央政制演变的一个重要结果，至唐则成为中央集权统治的模式，这一点在研究唐前期国家治理模式时应予注意。封德彝曾驳魏征的“太平可致”论时说：“三代以后，人渐浇讹，故秦任法律，汉杂霸道，皆欲理而不能，岂能理而不欲？魏征书生，若信其虚论，必乱国家。”[2]封德彝之言看似颇谬，细想却有启发。其实，秦以来的治国理政特点就是“秦任法律，汉杂霸道”。霸道就是集权，法律就是立法治国。唐太宗贞观之治本质，不在于魏征“虚论”，实在于集权和立法。贞观之治时期的集权亮点是“君臣共治”形式的集体宰相制度，优化执政体制，以纳谏形式提升执政效能。魏征的贡献在后者，他不避杀身之祸的直谏风格，塑造了“贞观之治”强有力的执政形象，为赢得“太平”盛世提供了历史上最好的政风环境。

从政府行政角度来说，“执大政”的宰相为中书、门下、尚

[1] 《贞观政要》卷3，第159页。

[2] 《大唐新语》卷1《匡赞》，第4页。

书省之长官、副长官或其他高官，他们集体决策。决策与行政权责分别隶属于不同部门，宰相和处理日常事务的尚书“八座”有明确分工。这样可以提高决策与行政效率，有利于国家在治理上理而不乱，既加强了皇权，又可以在皇权削弱时维持国家治理的正常运转，以求王朝的“长治久安”。这种国家治理模式在世界史上属于首创，应属“古代中国特色治理模式”，丰富了古代中国的政治文明内容。宰相及其主要僚属地位尊崇，各有专称：“宰相相呼为元老，或曰堂老；两省相呼为阁老；尚书、丞郎、郎中相呼为曹长；外郎（员外郎）、御史、遗补（拾遗、补阙）相呼为院长；上可兼下，下不可兼上。惟侍御史相呼为端公。”[1]

宰相怎么处理军国大事呢？唐初，“宰相常于门下省议事。谓之政事堂”。裴炎“以中书执政事笔”，移在中书省。张说奏改政事堂为“中书门下”，其政事印亦改为“中书门下之印”。各位宰相分值，称“执笔”，每一人知十日。至贞元十年（794）五月八日，又分每日一人执笔。[2]可见政事堂在门下省时，门下侍中是宰相班子的“执笔”；政事堂在中书省时，中书令是宰相班子的“执笔”；改政事堂为“中书门下”后，宰相轮流“执笔”。“执笔”相当于后世之“主持工作”，但没有法定的“首相”地位。宰相们在政事堂或中书门下办公，有“会食”制度。“故事，丞相方食，百僚无敢通见者。”但这个规定在德宗时已无法执行了。[3]宰相班子也是皇权的“共治”国务班子。宰相地位如此重要，所以后来的名臣裴度说：自古至今，未有不任辅弼而能独理天下的，“朝廷轻重，在于宰相”[4]。

---

[1]　李肇：《唐国史补》卷下，古典文学出版社1957年版，第49页。

[2]　王溥：《唐会要》卷51《中书令》，上海古籍出版社2006年版，第1036页。

[3]　《唐会要》卷51《识量上》，第1050页。

[4]　裴度：《请罢知政事疏》，董诰等编：《全唐文》卷537，中华书局1983年版，第5459页。

宰相处事的第一要务是贯彻皇帝的制、敕、册、诏。[1]一般说来，“制”是下达给百官执行的文书，并不下达给普通百姓；“敕”是告诫官员的文书；“册”是封爵文书；“诏”即诏告，行于先秦，后世则通常“诏”“令”连称。

武德三年（620），中书门下没有及时宣行一道敕令。高祖李渊责问内史（后改称中书令）萧瑀执行迟缓的缘由，萧瑀解释说：“易虽在前，难必在后。”凡事涉安危，恐有所失，令下之后，“臣必审勘”，“迟晚之衍，实由于此”。高祖听后才说：“卿能用心若此，我有何忧。”[2]

唐太宗比较开明，他即位后对侍臣说：“中书门下，机要之司，擢才而居，委任实重，诏敕如有不便，皆须执论。”他反对“阿旨顺情，唯唯相尚”[3]一句诤谏之言也没有的宰相。在执法问题上，他能倾听臣下意见。贞观元年（627），太宗要把“私役门夫”的县令裴仁轨处斩，殿中侍御史李乾祐说：“法者，陛下所与天下共也，非陛下独有也。”[4]太宗听了“悦”之，免仁轨死。太宗的治国理政风格，无疑对“贞观之治”的形成有着不可估量的影响。

唐太宗以后，皇帝尊重、许可宰相之议是比较常见的，这反映了宰相之职总的说来未曾虚设。贞观八年（634），左仆射房玄龄、右仆射高士廉，路遇少府监窦德素，“问北门近来更有何营造”。唐太宗知道了，对玄龄说：“君但知南衙事，我北门少有营造，何预君事？”南衙指中书门下，即政府，北衙指宫内。魏征听说后，进言说：宰相是“陛下股肱耳目，有所营造，何容

[1] 《唐六典》卷1，第6页。

[2] 《唐会要》卷54《中书省》，第1086页。

[3] 《唐会要》卷54《中书省》，第1087页。

[4] 《资治通鉴》卷192《唐纪》，第6044页。

不知？”太宗因此“深愧之”[1]。宪宗元和三年（808），浙西节度使李锜请求到长安“朝觐”，就是面见宪宗皇帝，以表忠心。宰相武元衡说“不可”，因为以前李锜也请求过“朝觐”，后以“病”食言，现在宪宗即位，他又“得遂其私”，不可。[2]李锜果然计穷而返回。

宰相可以对皇帝的提议持否定态度。仪凤元年（676），高宗因为“风疹”，下诏令天后武则天“摄理国政”，与宰相商量。中书令郝处俊认为帝后如日月、阳阴，各有所主，不能相夺。中书侍郎支持郝处俊，其议不了了之。[3]后来武则天称帝，郝处俊已去世，他的孙子郝象“竟被族诛”[4]。安禄山叛乱以前，曾进京奏事，中书令张九龄接见他后，对侍中裴光庭说：“乱幽州者，此胡人也。”安禄山当了平卢军军将，战败，范阳节度使（治蓟县，今北京）张守珪奏请将其斩首，玄宗惜其勇锐，将他免官了事。后来他举兵叛乱，玄宗逃蜀，追恨自己不听张九龄等之言。[5]

高宗不听郝处俊的谏言，玄宗不听张九龄、张守珪等谏言，改变了历史进程，破坏了“君臣共治”的传统。这两例反映出古代中央集权之稳定和效能，并不全系于皇帝一人，而是系于“君臣共治”的体制存续。

宰相是“君臣共治”体制中“臣”的核心，所以其政治风险极大。这在唐后期表现得特别明显，甚至成为党争的一个焦点。

皇帝的顾问系统——学士制度。历代皇帝均有顾问。唐武德以后，作为顾问被召入内廷草拟制、敕的有温大雅、魏征、李百

---

[1] 《贞观政要》卷2，第150、151页。

[2] 《唐会要》卷51《识量上》，第1051页。

[3] 《唐会要》卷51《识量上》，第1041页。

[4] 《大唐新语》卷2《极谏》，第24页。

[5] 《唐会要》卷51《识量上》，第1045页。

药、岑文本、褚遂良、许敬宗、上官仪等，但都“未有名目”。贞观时置弘文馆学士参谋、陪宴，当时有所谓“十八学士”。高宗乾封（666—668）以后，始有北门学士的称号，北门学士院院址在右银台门内。[1]学士的地位非常特殊。贺知章由太常少卿迁礼部侍郎兼集贤院学士，当时人以为“学者光耀”。

学士为什么有这样的“光耀”？张说作了解释：“侍郎，自皇朝以来为衣冠之华选”，非“望实具美”者难当此任，但终是“具员之英”，非往昔贤士所慕；而学士是“怀先王之道，为缙绅轨仪，蕴扬班之词彩，兼游夏之文学”者，才可处其位。[2]这就是当时精英才俊对“衣冠”和学士的看法。就是说“衣冠”朝士是一种功名、职责；而学士是缙绅模范、先王之道和文明的传承者，为朝野所尊崇，号为清流。这一导向，强化了顾问群体的作用，形成内廷政治集团，加强了皇权。所以我们不能忽视唐代的“学士文化”，它对后世政治有着不可估量的影响，为什么学士名儒总以清流为意？为什么皇帝总是利用内廷政治集团抗衡、取代外朝宰相集体？可见，从秦汉以来，特别是唐翰林学士制度建立以来，中央集权构架就已经是二元结构，这是研究中国古代政治制度应予注意的问题。

唐玄宗鉴于“诏敕文诰，悉由中书。或虑当剧而不周，务速而时滞”，在开元二十六年（738）置翰林学士院，专掌内命（内廷皇命）。[3]因为学士属顾问性质官员，不能与朝官等量，有名无职。德宗贞元时才明令“班列”，“与诸司知制诰例同”。“知制诰”专职草拟机密诏令，属近侍秘书官。宪宗正式置翰林学士承旨一职，为学士院之长。

---

[1] 《唐会要》卷57《翰林院》，第1145页。

[2] 《大唐新语》卷11《褒锡》，第165页。

[3] 《唐会要》卷57《翰林院》，第1146页。

学者归纳翰林学士的职能作用为两个方面：一是草拟诏命文书，二是充当侍从顾问参决政事。[1]他们是皇帝的近侍，在草拟机密诏令之际，便有预谋军政之机，甚至可与宰相分庭抗礼，权倾朝野。所以历史上有内廷与外朝之争，盖源于此。

尚书省是行政机构。古代皇帝之下，决策和行政不是区分得很清楚。贞观三年（629），房玄龄是左仆射、杜如晦是右仆射，都是宰相，“台阁规模，典章文物，皆二人所定”[2]，做的是决策工作。但是，直至贞观六年（632），太宗仍要求宰臣们不要对“乖于律令”的小事“遂不执言”[3]，因为大事皆起于小事。这个意见从逻辑上说，有点道理；但从理政上说，混淆了决策和行政的分工。

尚书省的长官为尚书令，正二品。副长官隋时称左、右仆射，唐开元时改为左、右丞相。唐太宗称“尚书省天下纲维，百司所禀”[4]。刘洎说“尚书万机,实为政本”。[5]他们对尚书省总揽行政事务职能，作了准确的概括。左、右丞相下有左、右丞。左、右丞相总领吏部（主管官吏的选授、勋封、考课政务）、户部（主管户口、土地政务）、礼部（主管礼仪、祭祀、宴享、科举和制举政务）、兵部（主管军卫、武官选授政务）、刑部（主管刑法及徒隶勾复、关禁政务）、工部（主管百工、屯田、山泽政务）等六部。贞观二年（628），唐太宗曾下敕尚书省：“细务皆付左右丞，惟冤滞大事合闻奏者，关于仆射。”[6]但据《唐六典》，左右丞“掌管辖省事，纠举宪章，以辨六官之仪制，而正

[1] 毛蕾：《唐代翰林学士》，社会科学文献出版社2000年版，第60页。

[2] 《贞观政要》卷2，第61页。

[3] 《贞观政要》卷1，第37页。

[4] 《旧唐书》卷70《戴胄传》，第2533页。

[5] 《贞观政要》卷3，第192页。

[6] 《贞观政要》卷3，第185页。

百僚之文法”[1]，似以履行监察职责为主。

地方行政机构。贞观元年（627），全国分为十道（关内、河南、河东、河北、山南、陇右、淮南、江南、剑南、岭南）。这十道在唐前期还不是地方最高行政机构。玄宗开元二十一年（733）分全国为十五道，山南、江南各分东西两道，余为京畿（西京）、都畿（东京）、关内、河南、河东、河北、陇右、剑南、淮南、黔中、岭南，置采访使。[2]武德、贞观年间在重要地区临时设置大、上、中、下都督府，也具有地方行政机构性质，但不久便被州一级行政机构所代替。节度使之名，出现在睿宗景云年间。[3]安史之乱后，各道陆续派遣节度使，逐渐成为地方最高行政机构。

隋时为郡、县制，唐武德元年（618）改郡为州（玄宗天宝元年至肃宗至德元年曾改州为郡，是年十二月恢复州、县制），为州、县制。州分上、中、下，长官为刺史，佐官有别驾、长史、司马、录事参军事及司功、司仓、司户、司兵、司法、司士等，分掌州务，各司其职，与尚书省六部对接业务。

唐太宗及臣僚们十分重视州县在国家治理中的作用。贞观二年（628），太宗对侍臣说：“朕居深宫之中，视听不能及远，所委者惟都督、刺史，此辈实理乱所系，尤须得人。”[4]贞观十一年（637），侍御史马周上疏说：“理天下者，以人为本。欲令百姓安乐，惟在刺史、县令。”县令众多，不能皆贤，“若每州得良刺史，则合境苏息”[5]。唐前期休养生息措施之所以成效显著，与此治国政策关系极大。唐初置十道，分遣黜陟大使，其职

[1]《唐六典》卷1，第7页。

[2] 杜佑撰，王文锦等点校：《通典》卷172，中华书局1988年版，第4479页。

[3]《资治通鉴》卷210，第6656页。

[4]《贞观政要》卷3，第186页。

[5]《贞观政要》卷3，第190页。

责是“观风俗，问疾苦”[1]。开元二十二年（734）初置十道采访使，其职权扩大了，“许其专停刺史务，废置由己”。至代宗大历年间，中书门下才奏请刺史犯赃，本道具状奏报，不得“专擅停务，差人权摄”[2]。节度使本是军职，因其持节领军镇守一方。开元元年（713）阳矩除陇右节度，“自此始有节度之号”[3]。安史之乱后，多数道均置节度使兼驻节州的观察使，成为地方的最高行政长官。

唐朝在州、县之下，置乡、里。乡是虚设，里是实置，所以里长就负责户口登记造册（户籍），造册前辖区内编户要自报本户丁、中、小、老及妇女等数据。脱漏户口及年状不实者，要加以刑罚。里正造籍后报县司，县汇总后报州司，州汇总后报户部的户部司，户部的户部司郎中（司长官）、员外郎（司副长官）“掌领天下州县户口之事”[4]。

（2）教育、科举与官吏的铨选

人才的培养和选拔，离不开教育、科举制度和官吏铨选制度。唐朝的教育制度，中央有管理教育的最高机关国子监（曾改名司成馆、成钧馆），长官为祭酒，副长官为司业，“掌邦国儒学训导之政令”[5]。国子监设有六学馆，分别是国子馆、太学馆、四门馆、书馆、律馆、算馆。国子馆招收三品以上官及国公的子、孙，从二品以上曾孙入学，教授《周易》《尚书》《毛诗》《左传》《礼记》等五经，学生有能通两经以上，“求出仕者，则上于监，堪秀才、进士者亦如之”[6]。太学馆招收五品以上官及

[1] 《唐会要》卷78《黜陟使》第1679页。

[2] 《唐会要》卷78《采访处置使》，第1681页。

[3] 《唐会要》卷78《节度使》，第1688页。

[4] 《唐六典》卷3《尚书户部》，第64页。

[5] 《唐六典》卷21《国子监》，第557页。

[6] 《唐六典》卷21《国子监》，第559、560页。

郡、县公的子、孙，从三品曾孙入学，考试合格如国子馆生办法，参加秀才、进士考试。四门馆招收正七品以上官及侯、伯、子、男（爵）之子为生，庶人（平民百姓）之子，获得乡选为“俊士”，也可入学，考试合格如国子馆生办法，参加秀才、进士考试。

地方州县教育机构有州学、县学、乡学。高祖武德四年（621）敕：“诸州学士及早有明经及秀才、俊士、进士，明于理体，为乡里所称者，委本县考试，州长重覆，取其合格，每年十月随物入贡。”开元二十五年（737）敕诸州贡士，上州每年贡三人，中州二人，下州一人。至于“必有才行，不限其数”[1]。这一敕令，为以“才行”著称者，广开晋升之路。此外弘文馆、崇文馆的学生和太庙斋郎也参加科举考试。

科举之外有制举。制举源于两汉，是皇帝亲诏临时举行的科举考试，名目繁多，如“志烈秋霜”“文艺优长”“才堪经邦”“文以经国”“直言极谏”“博学鸿词”等科。[2]有唐一代，制举是科举制的一部分，也为人才选拔开了另一扇大门。

唐朝的教育制度，虽然仍有明显的身份性政治限制，但与以前的教育制度相比较，家族、本人没有政治身份的“庶人”（平民百姓）可循乡选“俊士”途径进入秀才、进士考试，优秀者可脱颖而出。

唐朝秀才、进士考试是人才选拔的基本途径。其科目有秀才、明经、进士、明法、书、算六科。考试的儒家经典，分大经《礼记》《左氏春秋》；中经《毛诗》《周礼》《仪礼》；小经《周易》《尚书》《公羊春秋》《穀梁春秋》。评分标准是“通二经者，

---

[1] 王定保撰，姜汉椿校注：《唐摭言校注》卷1《贡举厘革并行乡饮酒》，上海社会科学院出版社2003年，第1、3页。

[2] 《唐会要》卷76《制举科》，第1641页。

一大一小，若两中经”；“通三经者，大、小、中各一”；“通五经者，大经并通”[1]。

秀才科考试在贞观以后停止了。明经科试帖经（将经书的某一行前、后、两边掩盖，中间一行可见，用纸帖去这一行的三个字，要求考生写出被帖的字，相当于后世的填空题）；明法试《律》《令》；明书试《说文》《字林》；明算试《九章》等算经。最重要的科目进士，“先时，进士但试策而已”，高宗调露二年（680），刘思立出任考功员外郎，奏“请帖经，及试杂文。自后因以为常式”[2]。加试的杂文及策，“文取华实兼举，策取义理惬当者为通”[3]。就是杂文（文章）要内容与文采皆俱，策论要理论与逻辑恰当。这种教育制度，仍有明显的身份性政治限制，但庶人可循乡选途径进入秀才、进士考试，优秀者脱颖而出。

学者指出：“科举取士虽肇端于隋，但至唐而始盛，并且逐步制度化，成为选拔人才的主要手段。各科之中，尤重进士，虽然每年取中的不过三十人上下，而其中‘位极人臣常十有二三，登显列十有六七’。”[4]

关于学术界或坊间流行的科举的故事中“及第”“登科”的含义，学者介绍《蔡宽夫诗话》的说法：“唐举子既放榜，止云‘及第’，皆守选而后释褐。选未满再试判为拔萃于吏部，或就制举而中，方谓之‘登科’。”[5]就是说，进士、明经及第后，待选铨注为官，称“释褐”；选未满再试判为拔萃，或就制举而中，称“登科”。

[1] 《唐六典》卷4，第109页。

[2] 《唐会要》卷76《贡举中》，第1633页。

[3] 《唐六典》卷4，第109页。

[4] 徐松：《登科记考》，赵守俨：《点校说明》，中华书局1984年版，第1页。

[5] 赵守俨：《赵守俨文存》，中华书局1998年版，第138页。《蔡宽夫诗话》作者有蔡居厚、蔡肇、蔡启三说，皆北宋人。

制度建设的核心是用人。贞观元年（627），太宗对房玄龄等引用经典说："《书》称：'任官惟贤才。'又云：'官不必备，惟其人。'"[1]太宗及其大臣们的贤才观，综合有关记载，最重要一条必须是"才行俱兼，始可任用"[2]。即具备才干与德行，而以德为先，为方可任用；用"六正"之人，戒"六邪"之徒，所谓"六正"指"圣""良""忠""智""贞""直"之臣，主要属于德的要求，也包括才，如"智"即智谋。不用"六邪"之人，"六邪"指"具""谀""奸""谗""贼""亡国"等六类之臣[3]，也就是政治品质不良分子。用人以德，德才兼备。科举制度为唐朝的用人提供了制度保障。

唐代官吏选用机构是尚书省的吏部。吏部尚书掌官吏的选授、勋封、考课，集选官、考核、奖励、用人与选人合一，对于确保理政队伍素质，加强理政效率具有重要意义。

唐有三铨：尚书主持的叫"尚书铨"，分管七品以上官选拔；两位侍郎主持的叫"中铨""东铨"，分管八品以下官选拔。任职在前的侍郎主中铨，后任侍郎主东铨。铨选内容为身（体貌丰伟）、言（言辞辨正）、书（楷法遒美）、判（判文文理优长）。六品以下集试（会试），考书、判。试毕而铨（选考），考察其身、言。考评结果如四项条件皆可取者，"则先德行；德均以才，才均以劳。得者为留，不得者为放"[4]。就是以德为先，德的评价相同，看才能；才能评价相同，看劳绩。铨选决定名单还要上报审批。批准后由皇帝"制授"（五品以上）或"敕授"（六品以下），经尚书省吏部发给"符"（印文曰"尚书吏部告身之印"），就是"告身"，相当于后世的任命书。武官"告身"则

---

[1]《贞观政要》卷3，第183页。

[2]《贞观政要》卷3，第189页。

[3]《贞观政要》卷3，第199页，注释（3）。

[4]《新唐书》卷45《选举志》，中华书局1975年版，第1171页。

由兵部发给。

五品以上铨注的官员，要送宰相（中书门下），听“制授”[1]，中书门下准贞观故事，“京常参官及外官五品已上”的官员任命时，均须“立簿书，谓之‘具员’。取其年课，以为迁授，此国之大经也”[2]。“具员”即编制内员额，他们按年资、考课，依例升迁他官。

隋唐官吏的选官过程大体如上，总的说来比较公正。代宗朝，宰相常衮排斥崔祐甫，妄称崔祐甫“分知吏部选事，所拟官又多驳下”[3]。而“史臣”则称其公正无私：“崔祐甫除吏八百，人无间言。开物成务之才，灭私徇公之道可知也。”[4]这就为中央和地方政治清明，提供了组织保证。我国古代王朝，有的之所以能延续几百年之久，原因之一是有应时之治国理政制度的建立，并非只靠暴力维系。

当然，在古代社会，官场的倾轧层出不穷，选人伪烂，道路侧目的事屡见不鲜。就在崔祐甫主管铨选之前，元载秉政，“天下官爵，大者出元载，小者自（卓英）倩、（李待）荣”[5]，贿赂公行，纪纲大坏。以后宰相常衮当政，“非辞赋登科者莫得进用”，失之甄别，也就是衡量评论有失公允，以致“贤愚同滞”[6]。常衮的“非辞赋登科者莫得进用”教条，有类于后世之唯学历论，不顾人才之多样性，结果导致人才良莠莫辨。

（3）田令

我国学术界对北朝、隋唐的“均田制”，一般没有什么怀

---

[1] 《唐会要》卷74《选部上》，第1579页。

[2] 《唐会要》卷54《中书省》，第1088页。

[3] 《旧唐书》卷119《常衮传》，第3446页。

[4] 《旧唐书》卷119《常衮传》，第3447页。

[5] 《旧唐书》卷119《崔祐甫传》，第3440页。

[6] 《唐会要》卷53《举贤》，第1073页。

疑，虽然对它的实行状况如何有所保留，但并不否认它的存在，也没有提出“均田制”的名称问题。多年前我曾对均田制的名称及所谓“请田制”产生怀疑，于是将秦汉至隋唐《田令》的实施情况和“均田制”的名称由来作一梳理，以就正于同仁，也对隋唐的土地制度作一概述。[1]

许多著作都提到北魏孝文帝首先实行均田制。孝文帝太和九年（485）冬十月丁未诏曰：

> 朕承乾在位，十有五年。每览先王之典，经纶百氏，储畜既积，黎元永安。爰暨季叶，斯道陵替，富强者并兼山泽，贫弱者望绝一廛，致令地有遗利，民无余财。或争亩畔以亡身，或因饥馑以弃业，而欲天下太平，百姓丰足，安可得哉！今遣使者，循行州郡，与牧守均给天下之田，还受以生死为断，劝课农桑，兴富民之本。[2]

但是，仅据这一条资料还不能把这种田制定名为“均田制”。这条诏令从“朕承乾在位”到“安可得哉”句为止，说的是实行田制改革的理由。“今遣使者，循行州郡，与牧守均给天下之田”句，说的是执行办法。所谓“均给天下之田”，系一指导方针或原则，不能理解为一种田制。

“均”的提法，在春秋时代已比较常见。《论语·季氏》记载孔子曰：“有国有家者，不患寡而患不均，不患贫而患不安。盖均无贫，和无寡，安无倾。”朱熹注：“均，谓各得其分。”朱注比较准确地解释了当时人对“均”字含义的理解。“均”即“各

[1] 《中国社会经济史论丛》（吴承明教授九十华诞纪念文集），中国社会科学出版社2006年版，第214—225页。

[2] 《魏书》卷7上《高祖纪》，中华书局2018年版，第185—186页。

得其分”，该多的多，该少的少，但都该有；“均”不是平均的意思。《汉书》记王嘉之奏云：驸马董贤奢华无度，朝野附势，以致“诏书罢苑，而以赐贤二千余顷，均田之制堕坏”。注云孟康曰：“自公卿以下至于吏民名曰均田，皆有顷数，于品制中令均等。今赐贤二千余顷，则坏其等制也。”[1]因此，汉代所说的均田指的是“于品制中令均等”，品高田多，品低田少，董贤只是驸马，一次就受赐二千余顷，破坏了各得其分的“等制”。《册府元龟》也记载东汉光武建武十五年（39）“以天下垦田多不实，又户口年纪互有增减，诏天下州郡检复田顷、人户、年纪，而刺史、太守多不平均，或优饶豪右，侵刻羸弱……”[2]。这里，平均意味着在检复田亩、人户、年纪时，贫富一视同仁。

通过对上述几条史料的分析，可以明白按等制和各有其分，是所谓均田的原则，均田非平均分田，是很明确的概念。太和九年（485）诏“均给天下之田”句，亦应是这个意思。关于太和九年均田的由来，又有其具体的原因，学者多有分析。如韩国磐先生说：“均田制确系由拓跋部的分土定居和对新民的计口受田发展而来。”“一夫受露田四十亩的规定，也是从计口受田而来的。”太和元年（477）三月丙午诏即有“一夫制治田四十亩，中男二十亩”句。韩先生又指出，“均田制带有农村公社的特征，在本质上它是封建的，而在形式上却有一些前封建的东西。如用以均田的土地由国家掌握以进行定期还授”“有无相通”，因罪配流和户绝者的田地，进行还授时要先给其所亲或者借其所亲等。[3]这些论述都是正确的。我所强调的是，无论是拓跋部的分土定居和计口授田或前封建的农村公社特征，都没有改变均田不

[1]《汉书》卷86《王嘉传》，中华书局1962年版，第3496—3497页。

[2]《宋本册府元龟》卷495《田制》，第1248页。

[3] 韩国磐：《魏晋南北朝史纲》，人民出版社1983年版，第440页。

是平均分配土地的事实。即以“丁男受露田四十亩，妇人二十亩，加倍田一百二十亩”这一条来说，就没有实行，实际受田不足且不等；再者，奴婢受露田依良这一条也会使受田不均。北魏“均田”并未改变秦汉以来的土地占有格局。

秦汉以来，都有“田令”。秦有“田令”，见之于《睡虎地秦墓竹简·语书》记载。汉代亦有“田令”和“田律”。《后汉书·黄香传》记载说：“香曰：《田令》‘商者不农’，《王制》‘仕者不耕’。”[1]北魏时有“地令”，源怀于宣武帝即位后，受命巡行北边六镇，上表称自景明以来，北蕃连年灾旱，那些主将参谋，专擅膏腴美田，百姓只有瘠土荒畴，因此困敝。于是奏请将诸镇水田按“先贫后富”的原则，“请依地令，分给细民”[2]。景明元年是500年，离太和九年（477）才20余年，源怀建议请依的“地令”即太和九年令，可知当时就不叫“均田令”，更不称“均田制”。

北齐和北周的田令也不叫“均田令”或“均田制”。据《隋书》记载，北齐、北周有关令文的名称已经省略，但仍可以判定为“田令”“地令”。《通典》卷2《食货田制下》称“北齐给授田令，仍依魏朝”。“给授田令”，即“田令”。至隋朝建立，颁布的新令也是田令。所谓“均天下之田”，意思是按“新令”去执行（均）土地的给授。炀帝大业五年（609）正月癸未“诏天下均田”，也是去执行（均）土地给授。

《唐会要》记载：“（武德）七年三月二十九日，始定均田赋税。”照字面理解，这里的“均田”似乎是一种制度，其实不然，从宁波天一阁藏书中发现的明抄本宋《天圣令》中的《田令》和《赋役令》说明：武德七年（624）、开元二十五年（737）的所

[1] 《后汉书》卷80上《黄香传》，中华书局1965年版，第2615页。

[2] 《魏书》卷41《源贺传附源怀传》，第1027页。

谓“均田令”都叫“田令”。《通典》述及“大唐开元二十五年令”的“公廨田”时称：“在京诸司及天下州府县监、折冲府、镇戍、关津、岳渎等公廨田、职分田，各有差。”[1]这个《田令》在有唐一代未闻被废除过，如果说成是“均田制”，则要承认它在安史乱后破坏了。现在，唐史著作或历史系学生，往往不明白所谓均田制的破坏，其实就是田令的土地还授程序逐步终止。田令其他的规定还在执行，无地少地的农民依然可以具牒（状）请授土地。所以从恢复历史真实而言，应该取消“均田制”的提法，恢复田令的原来名称。

那么，是谁最早把北魏以来的“地令”“田令”冠以“均田制”之名？到现在为止，至少我是无法准确无误地说出来。我只能说，从《册府元龟》卷495《田制》记北魏李安世上疏后称“后均田之制起于此矣”，推断宋人首先提出“均田制”这个词。1936年陶希圣和鞠清远合著之《唐代经济史》也引宋人刘恕的话说：“后魏均田制度，似今世佃官田及绝户田出租税，非如三代井田也。魏、齐、周、隋，兵革不息，农民少而旷土多，故均田之制存。至唐承平日久，丁口滋众，官无闲田，不复给授，故田制为空文。”[2]这样看来，宋人才是“均田制”冠名权的拥有者。那么他们所说又是什么意思呢？唐宋人习惯把格式律令叫制度，而北魏之地令，有“均给天下之田”句，就把它叫“均田制度”。这样的称呼，符合当时的习惯，但却留下了一个误区，耗费了多少历史学家的心血。

“均田制”的误区，首先在于丁男露田、口分田受田额的规定。如果说北魏丁男露田40亩的规定，来自计口授田一夫40亩

[1] 《通典》卷2《田制下》，第32页。

[2] 陶希圣、鞠清远：《唐代经济史》，商务印书馆1936年版，第14页；刘恕的话见《玉海》卷176《食货》，大化书局1978年版，第3337页。

的规定，征之有据。以后经北齐、北周、隋，至唐有丁男口分田80亩的规定。但这个受田额不符合实际情况。然而，因为有这个数额，论者于是有受田足与不足，以及“均田制”有没有实行的争论。尤其在西州受田额的看法上，因此而分歧更大。吐鲁番资料表明，西州受田额是一丁10亩。我认为学者们对这个问题的说明已经尽力了，主要误区是勉强把唐代“均田制”的受田额和吐鲁番的实际受田额视同一“制”。按唐武德、开元的“均田令”标准去求“制”的统一，结果是吃力不讨好。

另一个误区是在“均田制”瓦解以后，去寻找一个新制来衔接。陶希圣、鞠清远的《唐代经济史》指出：“均田制度只是将国有，或者说，国家力量能支配的土地，给与人民。自始这种制度，就不否认私田的存在。它反以永业田、赐田等，鼓励大的私有土地，以口分、永业等田，维持小的私有土地。由唐初起，大的土地所有形式，就继续以前一时代的形式，庄、墅存在着。有大量土地的人们，多半是贵族、官吏、寺院，有免课役的特权，在负担上，较轻于一般小农。所以，他们便利用他们的优越地位……吞并了小农的产业。”贵族大地主的大量土地，多数未能集中在一起，所以在经营上，便不得不分成若干单位，“这些单位在当时便称之为庄、墅。不过，土地即使集中在一起，因农业技术的关系，也不能不分成庄、墅。财富的表示，便是有庄若干所”[1]。就是说，学者们以为一种前代已存在，被称为庄、墅的大土地所有形式，在“均田制”时期仍在发展，“均田制”破坏后，代替它的必是这种制度了。后来，学者又提出了完整的从均田制到庄园制转变的理论，我也曾接受此说。但是，随着对欧洲庄园制认识的逐步深化，学术界有人对中国古代是否普遍存在庄园制，或唐代是否有一个从均田制向庄园制转变的问题产生

[1]《唐代经济史》，第47、48页。

了怀疑。

在吐鲁番文书出版以后，“请田”的文牒陆续公布，对照已有的敦煌文书，使一些学者相信，还有一个“请田”制度。“均田制”破坏后就由这个“请田制”来代替。但是杨际平同志认为：“请田”与“授田”“赐田”常是一个问题的两个方面。从官、民这一方面来说，曰“请”；从政府方面来说，也就是“授田”“赐田”[1]。均田制下的“授田”与“请田”实际上是一回事。均田制破坏后，百姓请射官荒地的做法，仍然继续存在。

其实“请田”是秦汉以来官、民获得土地应履行的程序或者手续。官、民所请土地，不限于官荒地，实际上凡涉及官田、官荒地、山林、牧地，即所谓“国有土地”，都必须提出申请，而不管是射、买、赐、假何种形式。大约因为公田可以请而不许买之故，如有官吏要买公田也来请，结果出了事。汉成帝时窦宪专权，郅寿在朝会上对他进行正色讥刺，“宪怒，陷寿以买公田、诽谤”，当诛。侍御史何敞上疏，谓寿“请买公田，人情细过，可裁隐忍”[2]。说明公田是不许买的，即使请买也不可，但只是“细过”，不算犯罪。汉代凡是请买、请占、请夺，都属于非法，为什么买、占、夺要加一个“请”字呢？就是因为有请田这种形式的存在，加一个“请”字，为了取得某种合法性。以请买来说，说明当时土地买卖还不是自由的交换行为。这种情况在北朝时也有发现，详情见吐鲁番文书。

北朝以来实行“均田制”时，所谓“请田”，成为“均田”的程序之一，也是手续之一。所以说“请田”与“授田”是一回事。从北魏《田令》（即所谓均田制）颁布后，官吏有了“授田之法”。而这个“请田”恰好成为“授田之法”的手续或程序之

[1] 杨际平：《唐末宋初敦煌土地制度初探》，载《敦煌学辑刊》1988年第1、2期合刊。

[2] 《后汉书》卷29《郅恽传附寿传》，第1033—1034页。

一。至唐代，请田同样是所谓“均田”的程序之一，也是手续之一。其最重要的证据是从宁波天一阁发现的宋《天圣令·田令》[1]附录之唐代田令。据戴建国《唐〈开元二十五年令·田令〉研究》一文揭示,《天圣令·田令》附录之唐田令关于请田的规定如下:“诸请永业者，并于本贯陈牒，勘验告身，并检籍知欠，然后录牒管地州，检勘给讫，具录顷亩四至，报本贯上籍，仍各申省计会附簿。其有先于宽卿（乡）借得无主荒地者，亦听回给。”这一段记载过去无人知晓，因此也就说不清“请田”问题，以至于认为“请田”是“均田制”破坏以后才普遍存在的一种土地管理制度。

因为请田作为一种手续或程序，无论在“均田制”实行时期或“均田制”破坏以后，都是存在的，它是官、民依法取得土地的必要程序或手续。履行请田手续后取得的土地是合法的；不履行请田手续而取得的土地是不合法的，叫“兼并”。官吏请田程序见上引天一阁所藏《天圣令·田令》附录之唐令。由于请田和给田、退田、借荒、置牧、勘检、登籍等程序或手续联系在一起，所以，不能只就请田说请田，必须结合上述各个环节说请田。

首先，从给田说请田。给田的程序事实上包含着请田的程序，因为批准给田一定先有受田者（官、民）的申请状。

其次，从退田说请田。退田和请田的关系，源于当时多以各户退田来授田。例如西州的授田多在有退田时进行，人有退田（老退、死退、绝户退或其他原因退）则经请而授之。所请所授之田有常田、部田。

上面引证的文书证明，在“均田制”实施时期，请田和给田、退田一样是口分田还受的一项手续，也是其程序之一。请田

[1] 天一阁博物馆、中国社会科学院历史研究所天圣令整理课题组校证:《天一阁藏明钞本天圣令校证（附唐令复原研究）》（上下册），中华书局2006年版。

不是“均田制”破坏以后才出现的。

再次，从“请射”“借荒”“置牧”说请田。其也是请田的一种方式。过去，学术界一般把“请射”列为“土地兼并”事例之一，把它和“均田制”对立，而没有把它和均田制联系起来。如《册府元龟》记载：天宝年间王公百官及富豪之家，“比置庄田，恣行吞并，莫惧章程。借荒者皆有熟田，因之侵夺；置牧者唯指山谷，不限多少，爰及口分、永业。”[1]该段记载，诸家多引为土地兼并的例证。如果把这条史料和唐代田令联系起来研究，就会发现：“借荒”是田令所允许的。宋《天圣令·田令》附录之唐田令已明确记载：“诸公私（田）荒废三年以上，有能佃者，经官司申牒借之，虽隔越亦听（易田于易限之内，不在备（倍）限）。私田三年还主，公田九年还官。”就是说，“借荒”应据田令规定，不得把熟田当作荒田来借，不允许将轮耕的易田在易限之内出借。借荒要“经官司申牒借之”，即提出“申请”手续，循章办事。但是，王公百官及富豪们“莫惧章程”，就是不遵守“申请”之规定。

至于“置牧”，系指私人请置牧场，所谓“无马置牧”者即是。“置牧”也是“章程”所允许的，并受“章程”约束。但和“借荒”一样，“置牧”要经过申请、符合“章程”。

最后，要补充说明有关请田的手续或者程序问题。无田少地的编户向官府（一般指县司）具《状》申请，官府经查证属实，予以同意。申请人连同原有的永业田等一起，列在自己的户口田亩帐内。宋《天圣令·田令》附录之唐田令（简称唐田令）说的“于本贯陈牒”，即向户籍所在县的县司呈状申请；“检籍知欠”即是依照田令规定的授田种类、数额，检查申请人的请田是否合法；“具录顷亩四至，报本贯上籍，仍各申省计会附簿”，即造

[1] 《宋本册府元龟》卷495《田制》，第1252页。

册入籍账，也就是正式将请来的田入户籍，登记在乡账，上报尚书省户部。

总之，“均田制”这个学术问题，由于宋《天圣令·田令》附录之唐田令的面世，真相终于大白，现存的这段土地制度史，应予改写。

（4）财政税务

尚书省户部的尚书、侍郎“掌天下户口井田之政令”[1]。户部的户部、度支、金部、仓部是唐前期国家财政税务管理机构。户部司的长官郎中、员外郎管理国家户口、赋役。

户口管理分别由县、乡、里负责，户口登记制度严格。男女分黄（1至3岁）、小（4岁开始）、中（16岁开始）、丁（21岁开始，神龙时改为22岁成丁，天宝时改为23成丁）、老（60岁，神龙时改为58岁）。“每一岁一造计帐，三年一造户籍。县以籍成于州，州成于省”[2]。户口统计、造籍过程中，因乡无实职，里是关键。唐律规定：“里正之任，掌案、比户口，收手实，造籍书”[3]，上报县司，县报州司，州报户部司。

户部四司中，度支司负责征收租赋，支度国用。唐前期的税目有租庸调、资课和诸色钱物等项。成丁男子称课丁，有课丁的户称课户。课户每丁租二石。每丁每岁服役二十天，“无事则收其庸”，每日三尺绢，布加五分之一；加役十五日则免课丁户调，加役三旬（三十天）租、调全免。[4]调“随乡土所产”，诸如绫、绢、絁等，课户每户纳二丈，布加五分之一。纳绫绢等，附纳绵三两，纳布附纳麻三斤。

岭南诸州税米，上户一石二斗，次户八斗，下户六斗。内附

[1] 《唐六典》卷3《尚书户部》，第64页。

[2] 《唐六典》卷3《尚书户部》，第74页。

[3] 长孙无忌等撰，刘俊文点校：《唐律疏议》卷12，中华书局1983年版，第274页。

[4] 《唐六典》卷3《尚书户部》，第76页。

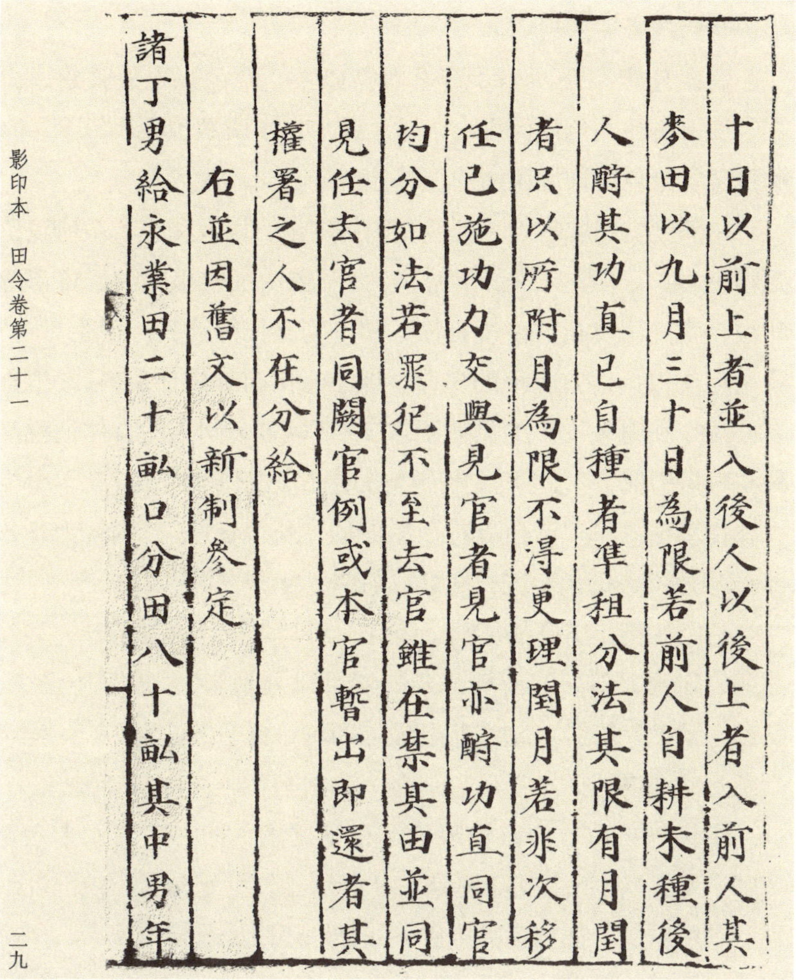
十日以前上者並入後人以後上者入前人其
麥田以九月三十日為限若前人自耕未種後
人酧其功直已自種者準租分法其限有月閏
者只以所附月為限不得更理閏月若非次移
任已施功力交與見官者見官亦酧功直同官
均分如法若罪犯不至去官雖在禁其由並同
見任去官者同闕官例或本官暫出即還者其
權署之人不在分給
右並因舊文以新制參定
諸丁男給永業田二十畝口分田八十畝其中男年

影印本　田令卷第二十一

二九

明钞本《天圣令·田令》文字节录

少数民族赋税另有规定，岭南的“夷”“獠”户税米减半，内附少数民族（蕃胡）按九等输丁税银或输羊。凡有水旱虫霜的灾年，有计损减免的规定。[1]

资课分资和课两类。资是四品以下、九品以上的散官、勋官、三卫所纳的色役代役金，课是课户白丁所纳色役代役金，合称资课。诸色钱物之税指的是其他出产、交易税入。

户部度支司职掌赋税征收和国用支出，以及和市（政府议价买物）、和籴（政府议价买粮）。为了依法征收租庸调、资课等赋税，度支司发布“诸色旨符”和《度支长行旨》。“诸色旨符”就是度支根据地方上报的户口、课丁、田亩等统计资料，“根据有关法令和财政支出的具体要求”“下达各个州县的具体征税品种与数量指标”[2]。《度支长行旨》是开元二十四年（736）宰相李林甫奏请改革“诸色旨符”编成的“长行旨符”，内容为各州“应支物数”，每州不过一两纸，简明易行。[3]

县令执行租庸调的征纳，将其“所管之户，量其资产，类其强弱，定为九等。其户皆三年一定，以入籍帐”。据丁中多少、贫富、强弱等差别，“过貌形状及差科簿，皆亲自注定”[4]。里正则负责向课户催征。

中央一再重申州县依限征纳租赋之责，如玄宗开元十六年（728）敕：“诸州租及地税等，宜令州县长吏专勾当，依限征纳讫，具所纳数及征官名品申省。如征纳违限，及检覆不实，所由官并先与替，仍准法科征。”[5]

据梁方仲先生编辑的《中国历代户口、田地、田赋统计》一

[1] 《唐六典》卷3《尚书户部》，第77页。

[2] 陈明光：《唐代财政史新编》，中国财政经济出版社1991年版，第37页。

[3] 《唐会要》卷59，第1198页。

[4] 《唐六典》卷30，第753页。

[5] 《唐会要》卷83《租税上》，第1816页。

书估计，玄宗天宝中租庸调估计收入数为：出丝绵郡县课丁3 700 000+，每丁粟二石，总收入7 400 000+石；每丁绢二匹，7 400 000+匹（绵1 850 000+屯），或出布郡县课丁4 500 000+，每丁2端1丈5尺，计10 350 000端+。总计课丁8 200 000+，岁入粟12 600 000+石，绢7 400 000匹，绵1 850 000+屯，布10 350 000端+。户税钱2 225 000+贯，地税（义仓）12 460 000+石。[1]

隋唐户口数最高年份是：隋大业二年（606）8 907 536户，46 019 956口；唐天宝十四年（755）8 914 709户，52 919 309口。[2]这样庞大的人口和日益增加的官员、兵员的开支成为财政的大课题。

唐前期财政支出可概括为军费支出、官员俸禄支出、赈灾支出、皇室支出、交通与行政支出等项。军费支出，主要在实行募兵制之后。府兵制下，检点课丁为府兵，他们自备资粮、装备服役，所以“国家财政无须直接拨付一大笔费用”[3]，只是因府兵服役免交租庸调，减少了部分财政收入而已。开元时期，实行募兵制，养兵的费用就成为一部分财政支出了。据《通典》卷148《兵典一》记载，开元初，每岁“边费”约200万贯，开元末已增至1000万贯，天宝末再加四五百万贯。[4]

官员俸禄支出，与官员数量有关。贞观六年（632）官员定额640人，高宗显庆二年（657）内外文武官员13 465人，开元末内外文武官员18 805人。开元二十四年（736）俸钱改革后，官员的俸禄（俸料）包括禄米、月俸和职田三项。禄米一项，有学者估计，“开元末年唐朝预算内支出的官员年禄总

---

[1] 梁方仲：《中国历代户口、田地、田赋统计》，第390页。

[2] 《通典》卷7，第137页。

[3] 《唐代财政史新编》，第61页。

[4] 《通典》卷148《兵》，第773页。

额为二百三十万石粟”[1]。唐高祖武德元年（618）即置“公廨本钱”，由捉钱令史经管。太宗贞观元年（627）诸司置“公廨本钱”，“以番官贸易取息，计员多少为月料”。月料即月俸钱。以后“公廨本钱”有停、复，月料钱之征收曾作改易。至贞观二十一年（647）诸司“公廨本钱”以令史、府史、胥士经管，“令回易纳利，以充官人俸”。高宗永徽元年（650）废除“公廨本钱”，以田租运送“脚直”（运输费）为京官俸料，后又征收税钱“以高户主之，月收息给俸。寻专以税钱给之，总十五万二千七百三十缗”[2]。月料钱以“公廨本钱”利息支付等方式，是件新鲜事，说明唐朝国家财政支出管理上，既严格又灵活。唐朝官员，按品级高下给职田，著于令。职田按规定只收“地子”（地租），开元十九年（731）敕定每亩“无过六斗，地不毛者，亩给二斗”[3]，租额较重。

赈灾支出，一类是以蠲免租、调形式的减入为出，如“凡水、旱、虫、霜为灾害，则有分数：十分损四已上，免租；损六已上，免租、调；损七已上，课役俱免。若桑、麻损尽者，各免调。”[4]另一类是灾害发生后，官员主动出粟、出钱救灾，构成钱物支出。如贞观十一年（637），礼部侍郎李百药论驳“世封”事时，称太宗自律甚严，“以安卑陋之居”，在“顷岁霜俭，普天饥馑”时，“矜愍”百姓，“勤加赈恤，竟无一人流离道路”[5]。高宗上元初，员半千授武陟尉，属时旱歉，县令不准开仓赈恤贫馁，等他上州府去时，员半千“悉发仓粟以给百姓”[6]，这件事

---

[1] 《唐代财政史新编》，第77页。

[2] 《唐会要》卷93《诸司诸色本钱上》，第1985、1986页。

[3] 《唐会要》卷92《内外官职田》，第1980页。

[4] 《唐六典》卷3，第77页。

[5] 《贞观政要》卷3，第228页。

[6] 《大唐新语》卷4，第64页。

员半千差点被治罪。这类赈恤支出，数亦不少。

隋和唐均设立义仓，专事赈恤。《通典》记载说："隋氏西京太仓，东京含嘉仓、洛口仓，华州永丰仓，陕州太原仓，贮米粟多者千万石，少者不减数百万石。天下义仓又皆充满，京都及并州库布帛各数千万，而赐赉勋庸，并出丰厚亦魏晋以降之未有。"[1] 贞观初年，戴胄上疏："今请自王公以下，爰及众庶，计所垦田稼穑顷亩，每至秋熟，准其见苗，以理劝课，尽令出粟，稻麦之乡，亦同此税，各纳所在，为立义仓，年谷不登，百姓饥馑，当所州县，随便取给。"太宗嘉其言，下达有司议立条制，王公以下人等土地，每亩纳二升，"贮之州县，以备凶年"[2]。太府寺常平署的常平仓，丰年籴谷，饥年粜粮，与义仓配合赈灾。

皇室开支包括皇室（包括太子、诸王、公主等）生活消费支出、兴造支出和皇室赏赐支出等项，其数甚巨。这些支出中，部分是由内库（大盈等库）提供，部分是通过封户的租调提供。如玄宗时，王𫓯进计，"非正额租庸，便入百宝大盈库，以供人主宴私赏赐之用"[3]，即为一例。皇室诸项开支与政局有关，皇帝昏庸或政局混乱，其开支阀门随意开启，用度就难以估算了。

政府的行政费用由公廨田的租入、公廨本钱入息及"食本"支付。前两项容易明白。所谓"食本"，指中央的中书、门下省，集贤殿书院，各借本钱一千贯为本，尚书省都司及各部可借一百贯为本，出贷"五分收利"[4]，用作办公时会餐的开支。

（5）府兵制

尚书省兵部主管军卫、武官选授等政务。兵卫之政包括组建兵府、番上宿卫、出征告庙等。兵部有职方司，主管全国地图测

[1] 《通典》卷7，第157页。

[2] 《通典》卷12，第290—291页。

[3] 《旧唐书》卷48《食货志》，第2086页。

[4] 《唐六典》卷6，第195页。

庸调银饼

绘和部署城隍、镇戍、烽候。此外还有管理车辆、传驿、马牧的驾部和管理兵器、仪仗的库部。

《新唐书·兵志》记载："府兵之制，起自西魏、后周，而备于隋，唐兴因之。"[1]隋置十二卫。武德初，始置军府，分关中为十二道，道置一军。中间一度废十二军，后复旧。军置将军一人；军有坊，置主一人，以检察户口，劝课农桑。太宗时，凡天下十道，置六百三十四兵府，皆有名号，而关内置二百六十一兵府，皆以隶诸卫。府兵来源于农民。成年男子征点为府兵，"成丁从军，六十而免"。[2]

贞观十年（636）改骠骑府统军为折冲都尉，副统军为果毅都尉。关内置261府，有兵士16万。全国有府兵卫士60万，名册上报兵部，以备调发。上府卫士1200人，中府卫士1000人，下府卫士800人。府以下置团，每团卫士300人，长官为校尉；团以下为队，每队50人，置队正；队以下为火，每火10人，置火长。卫士必须自备马驴、米粮、介胄、戎器、锅、幕，贮存府库，以备出征时使用。

府兵制的特点：兵农合一，是古代耕战政策的延续；义务兵役，且服役面较宽；"若四方有事，则命将以出，事解辄罢，兵散于府，将归于朝""将帅无握兵之重"[3]。这三点有利于国家安全与治理。高宗、武后时，府兵之法寖坏，宰相张说乃请募士宿卫，"更番上下，兵农之分，从此始矣"[4]。安史乱后，方镇崛起，将得专兵，军阀临民，唐朝开始走向政局不稳时期。

[1] 《新唐书》卷50《兵》，第1324页。

[2] 《资治通鉴》卷212《唐纪》，第6753页。

[3] 《新唐书》卷50《兵志》，第1328页。

[4] 《资治通鉴》卷212，第6753页。

唐描金石刻武士俑

（6）司法

陈寅恪先生指出："隋唐刑律近承北齐，远祖后魏。"[1]尚书省刑部，主管刑法及徒隶勾复、关禁之政令。

隋有《开皇律》《大业律》，唐有《武德律》《贞观律》《永徽律》《开元律》等主要律法。其中《开皇律》和《贞观律》最为重要。杨坚命高颎、郑译、杨素等更定新律，"多采后齐之制，而颇有损益"，蠲除了前代若干酷刑。[2]所以《开皇律》是魏晋南北朝以来的代表性律法之一。《贞观律》是以《开皇律》为基础，但有"除断趾法，为加役流三千里，居作二年"的改革。[3]这是一个有历史意义的进步。学者以为"改革以后的《贞观律》成为唐律的定本"[4]。

《唐律疏议》一书所定律500条，分为12卷：《名例》《卫禁》《职制》《户婚》《厩库》《擅兴》《贼盗》《斗讼》《诈伪》《杂律》《捕亡》《断狱》。试举《名例》《职制》《户婚》《贼盗》《断狱》诸律为例，以明其法治精神。

《名例》以五刑为重点：笞（鞭刑）、杖（杖刑）、徒（监禁）、流（流放边疆）、死（绞、斩）、十恶（十类"亏损名教，毁列冠冕"的极恶者）、八议（即八类人犯死罪，皆先奏请，议其所犯，由皇帝裁定，以示"重亲贤，敦故旧，尊宾贵，尚功能"，是一种请、减刑法规）。[5]《名例》条文体现了隋唐严刑特点，尽管它比前代有所减轻。

《职制》为"职司法制"。其对官员约束的法规，值得后世师法。如官署有员额，"署置过限"，就是"妄相署置""一人

[1] 陈寅恪：《隋唐制度渊源略论稿》，中华书局1963年版，第101页。

[2] 《隋书》卷25《刑法志》，第787页。

[3] 《新唐书》卷56《刑法志》，第1409页。

[4] 《唐律疏议》刘俊文《点校说明》第2页。

[5] 《唐律疏议》卷1《名例》，第24页。

杖一百，三人加一等，十人徒二年”。如果是前任所为，后任听任者，也要被罪，减罪一等而已。[1]官员“漏泄大事应密者，绞”。制书（皇帝诏书）下达，未及时传递，称“稽缓”，“一日笞五十”“一日加一等，六日杖一百，十日徒一年”[2]。官员长吏无政绩而立碑者，徒一年；若请人颂“善”并上报者杖一百。官员有所请求（请托）者，笞五十，主司许其请求者，同罪。官员接受他人财物，替人说项办事，有罪。“诸受人财而为请求者，坐赃论加二等；监临势要，准枉法论。与财者坐赃论减三等。”[3]这里所说的贿赂罪分三类：非主管官接受他人财物，为他人向主管官请托，以“坐赃罪”加二等论处；如果是主管官员，以“枉法”论处；行贿者也要以“坐赃”罪减三等论处。仅就此条来看，唐朝惩处官员受贿、行贿的法律是比较严格的。这也是中央集权体制能长久维持的一个原因，即以官规匡政。

《户婚》律首先严控户口。户口脱漏（漏报），家长处以三年徒刑。里正负责户口统计，如不知道本里的户口有脱漏增减的有罪，最轻的笞、杖，最多的徒刑三年。其次是严格控制土地。民户土地分为口分田、永业田、居住园宅地。口分田是国家授予（分配），成丁授田，入老退还。永业田、居住园宅地属于私有，可以继承。所以，口分田不许买卖。“诸卖口分田者，一亩笞十，二十亩加一等”，到杖一百下为止。“地还本主，财没不追。”[4]“占田过限”、盗耕公私田地等行为均入罪。《户婚》律还规定赋役差科的违法行为要入罪。同时规定悔婚、重婚等行为也要入罪。这些法律，对保护民户生存权利、社会和谐都有正面作用。

---

[1]《唐律疏议》卷9《职制》，第203页。

[2]《唐律疏议》卷9《职制》，第215页。

[3]《唐律疏议》卷11《职制》，第235页。

[4]《唐律疏议》卷12《户婚》，第282页。

《贼盗》律目的是维持王朝统治，但也对社会安定有正面作用。《贼盗》律第一条就是对"谋反"的定罪，"诸谋反及大逆者，皆斩"；父子十六岁以上，处以绞刑；十五岁以下及母女、妻妾等亲属没官做奴隶，伯叔父、兄弟之子处以三千里流刑。[1]"谋反""大逆"之罪，简而言之就是反对"人君""社稷"，即皇帝和他代表的王朝（国家），其维护王朝统治的本质是非常清楚的。《贼盗》律也有维持社会稳定作用。杀人越货、投毒、妖言惑众、盗窃、抢劫等不法行为，也影响社会稳定，威胁民众生存，将其入罪是正确的，对社会发展有正面作用，不可一概否定。

《断狱》律关于妨碍审判的入罪原则，也有现实意义。监狱的主守（典狱官）受财，导致犯人翻供，或"与通传言语，有所增减者，以枉法论"。受财物绢15匹加役流，30匹则处以绞刑。在监狱管理方面，该给犯人衣食医药的不给，该让家属探视的不让，该给犯人脱去枷、锁、杻的不去脱，监狱官要入罪，一律杖六十，造成犯人死亡的，徒刑一年。这些法律规定，有利于维持司法审判和执行的公正性，对社会稳定有正面作用。

《唐令》有日本学者编辑的《唐令拾遗》（仁井田陞）[2]、《唐令拾遗补》（池田温）[3]和《天一阁藏明钞本天圣令校证（附唐令复原研究）》（天一阁博物馆、中国社会科学院历史研究所天圣令整理课题组）。[4]现将天一阁藏《天圣令》钞本所附的《唐开元令》简要介绍如下。

天一阁藏《唐开元令》（《官品令》）包括《田令》《赋［役］令》《仓库令》《厩牧令》《关市令》《医疾令》《狱官令》《营缮

［1］《唐律疏议》卷17《贼盗》，第395页。

［2］日本东方文化学院东京研究所1933年。

［3］东京大学出版会1997年。

［4］中华书局2006年。

令》《丧葬令》《杂令》十篇。唐令的功能是“设范立制”[1]。所谓“立制”即立具体规定。《田令》《赋［役］令》的主要内容已见前述。

“格”和“式”是具体法规，即所谓“格者，百官有司之所常行之事也；式者，其所常守之法也”[2]。学者认为在执法过程中，各种律、令以外的“敕例”“被朝廷加以整理编撰”，分别被纳入格、式“这两种形态和性质不同于以往的新法典”[3]。

中央集权是隋唐的政体，即治国模式，其特点之一是法治。隋开皇五年（585），发生了侍官慕容天远纠都督田元案件，起因是始平县律生辅恩“释文陷天远”，文帝杨坚闻之震怒，下诏说：“杀生之柄，常委小人，刑罚所以未清，威福所以妄作。为政之失，莫大于斯。”[4]虽然《开皇律》保留五刑，仍是比较严厉的法律，但不影响隋以法治国的精神。

中国古代的国家治理，一向同时强调德治和法治。唐朝继续强调以德、法治国。但细读《贞观政要》的记载，可以发现，所谓德治，就是重视民之疾苦，以民为本，以德化民，存德于各项制度；所谓法治就是严格立法，但也“参以人情”（魏征语）[5]，“必本于仁恕”[6]。法治要“参以人情”“必本于仁恕”，正是“贞观之治”的特点之一，也是法治中包含德治原则，以区别于暴秦等朝的法治。

唐朝前期的法治以太宗贞观时期最佳。其一是前举之“除断趾法”；其二是处决死囚须“三覆奏”“五覆奏”规定。修改

［1］ 陈玺：《唐代刑事诉讼惯例研究》，科学出版社2017年版，第33页。

［2］ 《新唐书》卷56《刑法志》，第1407页。

［3］ 楼劲：《〈格〉、〈式〉之源与魏晋以来敕例的编纂》，《文史》2012年第2辑。

［4］ 《隋书》卷25《刑法志》，第789页。

［5］ 《贞观政要》卷5，第373页。

［6］ 《新唐书》卷56《刑法志》，第1412页。

的原因见太宗贞观五年诏："在京诸司，比来奏决死囚，虽云三覆，一日即了，都未暇审思，三奏何益？""自今后，在京诸司，奏决死囚，宜三日中五覆奏，天下诸州三覆奏。"[1]《新唐书·刑法志》作"自今宜二日五覆奏"[2],《旧唐书校勘记》云"其五覆奏，以决前一日、二日覆奏"[3]。所以应作"二日五覆奏"。"天下诸州三覆奏"，指决前一日和决日各三覆奏，只有"犯恶逆者，一覆奏"[4]。其三是修订律法，贞观十一年（637）"颁新格于天下"，凡律500条，令1590条，格700条。[5]贞观时期是一个慎刑时代。

高宗即位，"遵贞观故事，务在恤刑"[6]。高宗永徽二年（651）删定律令格式。编成律12卷，令30卷，式40卷，格分为两部，即曹司常务行用的《留司格》和全国行用的《散颁格》，继续完善法治。武后朝续编成《垂拱留司格》，"垂拱格、式,议者称为详密"[7]。又有《散颁格》《太极格》。但实际情况是"永徽以后，武氏已得志，而刑滥矣"[8]。这一评价，颇有过苛之嫌，但武后的恤刑态度与措施，不如高宗初期了。

"玄宗自初即位，励精政事，常自选太守、县令，告戒以言。而良吏布州县，民获安乐。二十年间，号称治平，衣食富足，人罕犯法。是岁，刑部所断天下死罪五十八人"[9]。法制完善，社

[1]《贞观政要》卷8，第536页。

[2]《新唐书》卷56《刑法志》，第1409页。

[3] 徐蜀编:《隋唐五代正史订补文献汇编》(1)《旧唐书校勘记》，北京图书馆出版社2004年版，第585页。

[4]《唐会要》卷40《君上慎恤》，第840页。

[5]《唐会要》卷39《定格令》，第819页。

[6]《旧唐书》卷50《刑法志》，第2140页。

[7]《唐会要》卷39《定格令》，第821页。

[8]《新唐书》卷56《刑法志》，第1414页。

[9]《新唐书》卷56《刑法志》，第1415页。

会安定，为历史上少见。开元三年（715）卢怀慎等编《开元格》。开元二十五年（737）李林甫等“共加删缉旧格式律令及敕”总7026条，删去1324条，“随事损益”2180条，保留3594条。总成《律》12卷，《律疏》30卷，《令》30卷，《式》20卷，《开元新格》10卷。[1]

刑部是司法主管机关，刑部尚书、侍郎“掌天下刑法及徒隶勾覆、关禁之政令”[2]，刑部兼有审判职能。最高审判机关是中书门下，即宰相会议。司法还没有从宰相、尚书省的行政职能中独立出来。唐朝大理寺依尚书省刑部的刑法（律令），审理（即鞫狱）定罪。“凡诸司百官所送犯徒刑已上，九品已上犯除、免、官当，庶人犯流、死已上者，详而质之，以上刑部，仍于中书门下详覆。”大理寺的副长官大理正，“参议刑狱、详正科条之事。凡六丞断罪有不当者，则以法正之”[3]。御史台是最高中央监察机关，但亦有司法职能，因为御史大夫有掌“刑宪”的职能。“凡天下之人有称冤而无告者，与三司诘之。”[4]三司即御史大夫、中书、门下。御史台是从监察角度介入司法平冤审理案件。

（7）监察

隋唐监察制度承袭秦汉之制，置御史台，由御史大夫掌邦国刑宪、典章之政令，肃正朝列。侍御史、殿中御史、监察御史分领监察任务。其特点是：依法监察，参掌刑宪，巡按纠察。唐有完整、有效的地方监察系统。

唐御史台是监察机关，所以它一不受词讼，二不设监狱。唐朝地方民户去县、州府诉讼，州府重要案件则去刑部投诉。贞元十二年（796），信州刺史举奏员外司马卢南史犯赃，刑部“鞫

[1] 《唐会要》卷39《定格令》，第822页。
[2] 《唐六典》卷6《刑部尚书》，第179页。
[3] 《唐六典》卷18《大理寺》，第502、503页。
[4] 《唐六典》卷13《御史台》，第378页。

按”（审问）。审问后，再由御史台的监察御史、刑部的员外郎、大理寺评事同往“覆按”。他们的“覆按”目的是“无令漏罪衔冤”[1]。此例说明御史台职在监察。所以大中元年（847）御史台奏云：“御史台临制百司，纠绳不法”，如“婚田两竞，息利交关，凡所陈论，皆合先陈县府，如属诸军诸使，亦合于本司披论。”[2]这道奏文说得很清楚，御史台职在“临制百司，纠绳不法”，婚姻、田地、债务之类诉讼，百姓应到县府，诸军诸使应到其属司。

刑部的比部司，对诸司百官俸料、公廨等经费、项目事实进行“勾覆”，重点是国家官员的俸禄、食本支出，兼及仓库、营造、赃赎、赏赐、军资、和籴等财政性开支。比部具有审计职能，加强了政府对财政开支的监督，是值得关注的一项国家治理的制度建设。

（8）礼制

“礼”和“仪”的内容包括吉礼（有“冬至祀圆丘”等55项仪式）、宾礼（包括“蕃国王来朝”等6项仪式）、军礼（包括“亲征类于上帝”等23项仪式）、嘉礼（包括“皇帝加元服”等50项仪式）、凶礼（包括“凶年赈抚”等18项仪式）[3]。

隋唐礼、仪之渊源，陈寅恪先生有概括之叙述：“隋文帝继承宇文氏之遗业，其制定礼仪则不依北周之制，别采梁礼及后齐仪注。”所谓梁礼，“即梁、陈以降南朝后期之典章文物也”。所谓后齐仪注，“即北魏孝文帝摹拟采用南朝前期之文物制度”[4]。由此可见，论治国，不能不论礼、仪文物制度。

隋之后，唐朝礼制的全面恢复和完善，是从太宗贞观年间

[1] 《唐会要》卷59《刑部员外郎》，第1216页。

[2] 《唐会要》卷60《御史台上》，第1231页。

[3] 《唐六典》卷4《尚书礼部》，第111、112页。

[4] 《隋唐制度渊源略论稿》，第11页。

开始的。太宗即位，命礼官学士修改旧仪，著吉礼61篇、宾礼4篇、军礼12篇、嘉礼42篇、凶礼6篇、国恤5篇，总130篇，于贞观七年（633）颁行。高宗时，初行用《贞观礼》，时因许敬宗、李义府用事，在行礼时“其取舍多依违希旨”，以致“异议纷然”，因此上元三年（676）高宗诏命以《贞观仪》为准，后又以《周礼》行事，行礼无凭，于是有武则天更令刊定之举，由给事中唐绍专知礼使，“绍博学，详练旧事，议者以为称职”[1]。绍即给事中唐绍。

唐礼的标志性工程是《大唐开元礼》的修订颁行。开元十四年（726）据集贤院学士张说奏请，修改《五礼仪注》，徐坚、萧嵩等先后参与，最后由起居舍人王仲丘于开元二十年（732）九月修成《大唐开元礼》，一共150卷，“百代之损益，三变而着明，酌乎文质，悬诸日月，可谓盛矣”。《大唐开元礼》内容繁多，难以尽述。《通典·礼序》引孔子语云：“夫礼，先王以承天之道，以理人之情。失之者死，得之者生。故圣人以礼示之，天下国家可得而正也。”说明礼与刑都是治国理政的大法。不过刑用于制民，而礼用于化民。礼既是国家意识形态的制度存在，也是民间相互关系的准则，甚至融入生活习俗，民不可须臾无礼。所以，礼的修订、颁行是在传承中华文明，它关系中华民族文明的存续。

综上所述：① 关于隋唐前期制度的渊源问题，陈寅恪先生的论述，向为学者所宗。陈氏《隋唐制度渊源略论稿》指出：《隋书·百官志》《新唐书·职官志》所云“高齐创业，亦准后魏”“(隋)高祖践祚，复废周官，还依汉魏”及“唐之官制大体皆沿隋故”数语，则隋唐官制之系统渊源已得其要领。[2]就是

[1]《通典》卷41《礼》，第233页。

[2]《隋唐制度渊源略论稿》，第84页。

说，隋唐职官制度近依北齐，远承汉魏，非为北周所行的《周礼》六官制度。隋唐官制之变革，主要是“中央政府之吏部夺取地方政府州郡县令自辟之权，以及县佐之回避本郡”[1]；陈先生又指出，实际上后魏、北齐州郡僚佐已多为吏部所授。[2]宋德熹教授总结有关学者的意见后认为：“唐代官制自有其发展演变的过程，即以三省制或宰相制度情况而论，由于他官参政（如同中书门下三品）、翰林学士、枢密使及计臣（如盐铁使）的侵蚀相权，造成了唐代中央决策集团逐步多元化与职权的调整。”[3]

② 唐前期在完善官制、教育、科举与官吏的铨选，实施《田令》、财政税务政策和府兵制，强化监察机构，修订礼仪等方面做了周详的制度实施和机构的调整工作，因而完善了国家治理的制度建设，和北朝、隋朝比较，唐前期的国家治理能力大大加强了，不但赢得了130多年（618—755）的“长治久安”，出现了太宗贞观之治、高宗武后之治和玄宗开天之治的三个“盛世”，使唐王朝成为西汉以后最繁荣昌盛的时代；其国家治理的若干重要制度，也为后世所沿用、借鉴。

③ 唐前期在制度设计和机构设置上，中央以宰相为治国之枢要，所以太宗说“中书、门下，机要之司”[4]；国事“皆委百司商量，宰相筹划”[5]。中书门下（宰相）集体决策，对皇帝负责；尚书省负责执行，军国大事一以统之。这种政治制度，国内学术界在相当一个时期内称之为“封建专制主义中央集权制度”。但是，自1978年改革开放之后，学术界不断有人对这个论

[1] 《隋唐制度渊源略论稿》，第86页。

[2] 《隋唐制度渊源略论稿》，第87页。

[3] 宋德熹：《陈寅恪中古史学探研：以〈隋唐制度渊源略论稿〉为例》，台湾稻乡出版社1999年版，第48页。

[4] 《贞观政要》卷1，第31页。

[5] 《贞观政要》卷1，第32页。

断提出质疑。关于“封建”定义之辩暂且不论，“专制”“集权”的含义应当适当加以分析。过去所指“专制”，多解释为“皇帝独裁”。从以上分析中可以明白，一般情况下，“皇帝独裁”是不存在的，集体宰相制所体现的“君臣共治”模式的集权则为隋唐政治制度的特点之一。今天我们应当把集体宰相制所体现的“君臣共治”模式上升到政治文明高度来看待。历史演进的车辙是不以后世人们意识形态评判的。从根本上说，历史上治国是基于其经济生活、文明生态而构建的制度模式。它的利弊客观存在，其合理性来自时代赋予，而不是后世的评判。

从中央行政机构演变的过程看，隋唐，尤其唐朝也不是完全做到政已理顺，行之高效的。如九寺三监，与六部职能有重复之嫌；又如中央决策，翰林学士和宰相（中书门下）之间，即内廷和外朝的矛盾时或发生，对决策有负面影响。中央使职的增加，牵制六部及地方州县行政，对政治生态的优化没有正面作用。

三　贞观之治、高宗武后之治和玄宗开元之治

1. 贞观之治

贞观之治是中国古代“治世”的样本之一，上比汉“文景之治”，下比清“康乾盛世”，特点是君臣协和、知人善任、宽仁慎刑、抚民以静、重视民生、以史为鉴等。

吴兢的《贞观政要》记载唐太宗总结历史经验，首先提出“为君之道必须先存百姓”问题。他说：“为君之道，必须先存百姓，若损百姓以奉其身，犹割股以啖腹，腹饱而身毙。若安天下，必须先正其身。未有身正而影曲，上治而下乱者。”[1]唐太宗把君民关系中的民放在前提的位置，“先存百姓”而后有君的存在。如果君主先损害百姓，就像割下自身的大腿和胳臂的肉来吃，吃饱之日，也是毙命之时。这是中国古代文明的精髓之一——民本主义。

唐太宗“为君之道，必先存百姓”的观点，不仅仅是一个政策或一个政治主张，也是一个哲学命题。唐太宗的“为君之道，必先存百姓”命题，是发生于人类社会文明开始（如中国的殷周时期）后的民本主义的一个哲学概括。“为君之道，必先存百姓”，是说百姓是第一性的存在，这是用朴素唯物主义观点解释人，因为人是高于任何动物的、能创造物质与精神财富的高智商动物，具有物质性。因此，承认人的多数——百姓是第一性的存

[1]《贞观政要》卷1，第1页。

唐太宗像

在，是一种包含朴素唯物主义思想的政治观，而不是一般意义上的政治观。为君之道的道是意识形态当无异议，自然是属于思想范围，所以，为君之道亦即今人所说的政治路线、道理，必先以存百姓为前提，它本身就变成第二性了。所以我们作出“为君之道，必先存百姓”这句话也是一个哲学命题的判断，并认为该命题是一个朴素的唯物主义思想，它是中国古代民本主义哲学在7世纪的一个发展，颇有学术价值。

唐太宗说：“民之所以为盗者，由赋繁役重，官吏贪求，饥寒切身，故不暇顾廉耻耳。朕当去奢省费，轻徭薄赋，选用廉吏，使民衣食有余，则自不为盗，安用重法邪！”[1]这番话的逻辑是极为清晰的。唐太宗的“去奢省费”的主张来自“存百姓”的观念。

原始的民本主义，重点在养民，视养民为德；视“民听”为“天听”，视“畏民”为“畏天”；节用爱民，使民以时；等等。唐太宗继承了这些思想，并把民提高到第一位，似有从前提论提高到本体论的意思。这种认识上的深化得益于对隋亡历史经验的总结。贞观六年（632）太宗感慨道：“可爱非君，可畏非民。天子者，有道则人推而为主，无道则人弃而不用，诚可畏也。”所以魏征说要居安思危，引古语云：“君，舟也；人，水也。水能载舟，亦能覆舟。”[2]但贞观二年（628）太宗又说：“古人云，君犹器也，人犹水也，方圆在于器，不在于水。”[3]民仍在君的掌控之中。比起历史上的许多帝王，唐太宗对民的认识比他们深刻得多，更重要的是，他切实施行了许多以民为本的政策，社会政治、经济状况迅速改善，一显治世风貌。民本主义政治实践的效

[1] 《资治通鉴》卷192《唐纪》，第6025、6026页。

[2] 《贞观政要》卷1，第16页。

[3] 《贞观政要》卷6，第195页。

果可以说前所未有。

贞观之治所体现的民本主义，蕴含于德治与法治实践中。德治就是“明德”，法治就是“慎刑”。“诸多诉讼观念也与民本主义相呼应，如原情、矜恤、上级监督下级司法等。”[1]中国古代“情、理、法”贯通的司法精神，就是一种特有的精神文明，世代相传，“并深刻根植于国人精神与血脉之中”，也反映在唐朝诉讼程序、惯例之中。[2]

唐太宗还有一些较为具体的治国理论和政策，反映了他以民为本的人文精神，如贞观时期的减免租税，不夺农时，防止滥征民力，反对劳役无时等。太宗甚至对侍臣说，“帝王之所欲，百姓之所不欲”“劳弊之事，诚不可施于百姓。”[3]他重视农民少地问题，诏令狭乡之民移居宽乡，以满足他们的土地要求。

唐代府兵的拣点之法，“当亦开始于贞观十年”[4]。由于府兵征发的原则（拣点之法）也使兵役负担一般落在财力富强而又多丁之户上，而贫下户百姓的兵役负担则可能减轻，有利于农村经济的恢复发展。

唐太宗接受臣僚王珪的“志尚清静，以百姓之心为心”[5]的观点。历经隋末社会动荡之后，唐初社会人心思定，迫切要求休养生息，谁懂得这一点，谁就懂得“以百姓之心为心”。君主清静（指不纵欲、不征求无已、不穷兵黩武），百姓这个国之根本就不会动摇，国家即可繁荣。在这一思想指导下，其政策措施必不以伤害老百姓为原则。唐初的情形应当说大致如此。

---

[1] 许晓英：《明德慎罚：从民本角度把握讼事》（《唐代刑事诉讼惯例研究》书评），《中国社会科学报》2017年12月21日。

[2] 陈玺：《唐代刑事诉讼惯例研究》，第17页。

[3] 《贞观政要》卷6，第186页。

[4] 胡如雷：《李世民》，中华书局1984年版，第90页。

[5] 《贞观政要》卷1，第14页。

什么是“贞观之治”留给后世的历史遗产？第一，民本主义。所谓“君是舟，民是水，水能载舟，亦能覆舟”之说。此句出自《荀子》，是民本主义的理论根据，也是唐太宗“贞观之治”的出发点和留给后世的最重要的思想遗产。这一民本主义，体现在慎选官员，特别是临民的州刺史、县令；以农为本，体恤民瘼，实行劝农政策。也就是说，他的民本主义存于治国实践，存于各项制度。

第二，纳谏。唐太宗对纳谏的态度，可以为后世楷模。唐太宗把君主纳谏比喻为吃药。唐太宗纳谏，并非只求臣子直言解答疑难，而是把臣子进谏作为一面镜子，发现自身的不足，兼听则明，偏听则暗，时时警惕自己。有名的“三镜”之说，即出自其口。魏征去世，唐太宗对侍臣说：“夫以铜为镜，可以正衣冠，以古为镜，可以知兴替，以人为镜，可以明得失……今魏征殂逝，遂亡一镜矣！”[1]

纳谏也是“君臣共治”模式存在的前提，没有臣子之谏，何来君主之明？所以应把纳谏提到治国原则的高度来看，可以说，贞观之治，成在纳谏。尽管唐太宗没有全部实践三镜的诺言，但他提出此说，足以垂范后世，令后世最高统治者敬仰莫名，也使哪些自鸣盖世的人无地自容。历史是一面镜子，无人可以逃脱其真实面目。

如果说民本主义是治国的指导思想，传之于前代儒家，而理政先要理官的思想，则是唐太宗将民本主义“存于事业”，并“以其事业存于制度”的创举。[2]“依太宗之理国，则百官以理，百姓无忧。故太山之安立可致矣！”[3]此处“理国”即理政。

---

[1] 《贞观政要》卷2，第65页。

[2] 郑学檬等：《李世民评传》，南京大学出版社2011年版，第4页。

[3] 《旧唐书》卷101《辛替否传》，第3159页。

中国古代民本主义源于三代以来农村公社成员地位较高的历史背景。《尚书·尧典》记帝尧的话说："克明俊德，以亲九族。九族既睦，平章百姓。百姓昭明，协和万邦。黎民于变时雍。"[1]最后一句是百姓和睦的意思。民在古代有亲近感、平等感，民本观念跃然纸上。今天再次弘扬民本主义，是历史学者义不容辞的责任。但是，民本主义不是古代西方的民主主义，更不是近代西方的民主主义。古代西方的民主制最早产生在希腊。公元前希腊城邦国的"所有的自由公民都有同样权利参与国家管理"。"希腊民主政治是对东方专制政治的回答，并且保证所有公民在法律面前人人平等的尝试。"在古代希腊，公民会议是其民主政治的灵魂和喉舌。18岁以上的男性公民便可参加会议，并参加投票表决。[2]这类民主制的特点首先是公民有投票权，重大事情票决，票决前要经过激烈的辩论，而辩论激发了某些科学思维，从而促使哲学、数学的发展；其次是选出的执政官实行任期制，因为任期制是保证选举制度能够反复进行的必要机制。但是，奴隶、妇女和外国移民没有公民权。

中国古代的民本主义与希腊民主政治的差别是明显的，民本是统治者的治国理政观念，在"君民"关系中，君是主导一面，民是被主导一面；正如"君臣"关系中，君是主导一面，臣是被主导一面那样。一旦主导一方走向反面，便会出现民被"倒悬"困局，造成社会动荡。而且，"君民"关系中，"德"是衡量是非的标准，"德"即是"礼"，按照统治者设计好的"礼"制行事就有"德"，民是没有选择权的。

虽然民本主义有其历史局限性，但在中国的历史长河中，它仍然是文明的一页，因为善待子民是文明的最基本含义，视民如

---

[1] 《尚书》卷1，中华书局1998年影印本，第3页。

[2] 德尼兹·加亚尔、贝尔纳代特·德尚等：《欧洲史》，海南出版社2000年版，第82、83页。

子者昌，视民如草芥者亡，这是文明的底线。西方古代民主制，给民带来了参与政治的权利，但其民也不是能完全成为主导面，这是历史上权力只能归于少数人的规律所决定的。

2. 高宗和武后之治

贞观二十三年（649）五月太宗逝世，六月李治即位，他就是高宗。他在位之初，许多方面继承了贞观之治的政策。

高宗继续奉行太宗的民本主义，永徽六年（655）京师米价暴贵，诏令出粜仓粟，并在京师东西二市建常平仓。显庆元年（656）高宗采纳中书令来济“人君之养人，在省其征役而已”的奏对，免征“岁别数万”的山东地区（泛指黄河中下游）役丁。[1]

高宗也重视纳谏，曾促群臣上奏，“极言得失，以匡不逮”[2]。永徽四年（653）派使者分察天下冤狱，诏文武官员多言政事得失。[3]

高宗在选人用人方面也有可称之处。进士科是唐选拔人才的重要途径。王定保的《唐摭言》认为：“进士科始于隋大业中，盛于贞观、永徽之际；缙绅虽位极人臣，不由进士者，终不为美”[4]。“咸亨之后，凡由文学一举于有司者，竞集于进士矣”[5]。说明进士科选人是在高宗时期进入盛世的。

但是，和太宗朝相比，高宗朝在纳谏和用人上还稍逊风骚，缺乏贞观时的风度和魄力。高宗甚至偏袒权臣，轻信谗言，贬杀

---

[1] 《资治通鉴》卷200，第6297页。

[2] 《旧唐书》卷4《高宗纪》，第68页。

[3] 《旧唐书》卷4《高宗纪》，第72页。

[4] 《唐摭言》卷1，《散序进士》，第10页。

[5] 《唐摭言》卷1，《述进士上篇》，第6页。

无辜大臣。如李义府枉法纳妾，被侍御史王义方弹劾，高宗置之不理，王义方反而被贬。许敬宗、李义府诬陷前中书令柳奭（时已被贬爱州），高宗竟准其诬，遣使杀了柳奭，奭“既死非其罪，甚为当时之所伤痛”。直到中宗神龙初，则天遗制，褚遂良、韩瑗、柳奭并还官爵，这几个冤案算是平反了。[1]

高宗朝发生的三件大事影响着贞观治国经验的全面继承。第一件事是废王（皇后）立武（昭仪）；第二件事是重修《显庆礼》；第三件事是修《姓氏录》。永徽六年（655）高宗以“莫大之罪，绝嗣为甚”为理由，提出废王皇后，立武（则天）昭仪为后。武则天年十四时曾以“美容止”吸引了唐太宗，被召入宫，立为才人，太宗死后又一度入感业寺为尼。高宗废王立武的根本原因可能有二：一是武则天的美貌、睿智，吸引了他；二是武则天进宫后，王皇后、萧淑妃的争宠与互相谗毁，弄恼了他。前者是“引力波”，后者是“反作用力”。对于常“苦头重”（风疹）的高宗来说，特别难以容忍皇后与嫔妃们争宠、谗毁。两种力量促使高宗不忌伦理（以父之才人为己之爱妃，实有乱伦之嫌）、不顾反对声浪，执意废王立武。

高宗召见了太尉长孙无忌、司空李勣、尚书左仆射于志宁、尚书右仆射褚遂良等商议。褚遂良表示不可曲从废后之议，他还把朝笏置于殿陛，说“还陛下此笏，仍解巾叩头流血”，准备挂冠而力谏。高宗见状大怒，喝令逐出褚遂良。长孙无忌谏阻说：“遂良受先朝顾命，有罪不加刑！”李勣则说：“此乃陛下家事，不合问外人。”于是，高宗即立武昭仪为皇后，褚遂良被贬。[2]

在废王（皇后）立武（昭仪为皇后）较量中，高宗本人为许敬宗、李义府等诬构之说所动，不足为训。长孙无忌是李唐王朝

[1]《旧唐书》卷77《柳亨传附奭传》，第2682页。

[2]《旧唐书》卷80《褚遂良传》，第2739页。

的功臣，而许敬宗竟然对高宗说："无忌与先朝谋取天下，众人服其智，作宰相三十年，百姓畏其威，可谓威能服物，智能动众。"他还说万一无忌知道反对废王立武的事败露，情急之下攘袂一呼，同党必为宗庙安危之忧。[1]许敬宗的荒谬逻辑，竟铸成长孙无忌的"谋反"之罪，流黔州后，被逼令"自缢"。支持废王立武的人不在少数，御史大夫、章句学大家崔义玄就是其中一个，长孙无忌等得罪，皆义玄"承中旨绳之"[2]。具有讽刺意义的是，他的儿子神基，在武则天朝只当了月余宰相，就被酷吏陷害，减死配流；神基弟神庆亦因推荐张昌宗而坐流于钦州。

在废王立武事件中除长孙无忌、褚遂良外，还有韩瑗、来济、柳奭、于志宁等一一被治罪。因长孙无忌和柳奭案被贬降者13人，于氏因于志宁案被贬者9人。所以，废王立武事件令唐王朝统治集团大改组，"政归中宫矣"[3]，即归于武则天皇后及其支持者李义府、许敬宗等。《新唐书·高宗纪》"赞"云："武氏之乱，唐之宗室戕杀殆尽，其贤士大夫不免者十八九，以太宗之治，其遗德余烈在人者未远，而几于遂绝"。"赞"评曰：太宗之昧于知子，高宗溺爱衽席，以致"贻祸邦家"[4]。废王立武之后，因统治集团的改组，治国理政方向自必改弦更张。

第二件事是高宗在废王立武的同时，重修《显庆礼》以代替《贞观礼》。学者指出，《显庆礼》的完成与龙朔二年（662）开始的第二次格的修撰却背道而驰。[5]它不仅颠覆了贞观、永徽的

---

[1] 《旧唐书》卷65《长孙无忌传》，第3455页。

[2] 《旧唐书》卷77《崔义玄传》，第2689页。

[3] 《资治通鉴》卷200《唐纪》，第6317页。

[4] 《新唐书》卷3《高宗本纪》，第79页。

[5] 唐刑书分别为律、令、格、式四种。格是尚书省各二十四司日常办事的细则及皇帝诏令汇编，是律、令的补充文件。

武则天像

礼法原则，也为武则天的册后及登台主政提供依据。[1]其实《显庆礼》“其文杂以式令，而义府、敬宗方得幸，多希旨傅会，事既施行，议者皆以为非”[2]。高宗朝《贞观礼》和《显庆礼》是兼行的，反映了当时政治上新旧势力的消长和不统一。“武太后临朝，又令有司删定格式。”[3]反映了她所代表的新贵集团修改法律文书，加强对政权的控制。

第三件事是修《姓氏录》。太宗朝曾新修《氏族志》，“升降去取时称允当，颁下诸州藏为永式”。至高宗朝李义府耻其家代无名，上奏修改《氏族志》，凡现任五品官者皆升士流，于是兵卒以军功升到五品者，尽于收录，更名为《姓氏录》；并奏收天下太宗朝的《氏族志》，一焚了之。许敬宗也为了改变自身和亲属的门第，曲意篡改历史，更修《姓氏录》。

许敬宗、李义府等的言行，说明一个新贵集团正在形成，他们迫不及待地取代太宗时代的功臣元勋。在政治上拥护立武则天为后，而后又将《氏族志》修改为《姓氏录》，使他们的权贵身份合法化。“贞观之治”开创的政风政纪，遭到破坏。过去，学者曾把拥武（则天）的政治精英说成是“新兴地主阶级”或科举新贵，其似乎代表一种新兴力量。但是，许敬宗、李义府等诬构长孙无忌、褚遂良、韩瑗、来济的行径以及许敬宗、李义府的腐败丑闻，很难说服读者相信这一论断。

武则天在群臣多数反对声中崛起。她的掌权称帝，为中国历史上罕见，因此而深刻影响着唐王朝的历史走向。但是，这一变革并未破坏贞观之治所形成的“君臣共治”的中央集权体制，只是“君臣共治”的成员构成重新组合了。国内相当多的学者认

---

[1] 吴丽娱：《试析唐高宗的礼法编纂与武周革命》，《文史》2016年第1期。

[2] 《新唐书》卷11《礼乐志》，第308页。

[3] 《通典》卷165《刑三》，第4244页。

为：支持武则天的是新兴利益集团，反对她的势力属于贵族官僚，多为功臣元勋。所以武则天称帝后，任用亲信和酷吏被认为是企图清除李氏宗室和功臣元勋。“周兴、来俊臣，罗织衣冠，朝野惧慑。”[1]所谓“衣冠”即指贵族官僚。

《剑桥隋唐史》这一章的作者则认为：“事实上双方成员的籍贯和社会背景相当复杂多样。”王皇后支持者来济是科举出身，支持武则天的李世勣则出身于门阀世族。[2]该书作者把王皇后和武后矛盾演变成的政治斗争，看成是维护既得利益的掌权官僚和企图上升的官僚之间的斗争。其实问题不完全在此。高宗、武则天的统治，是后贞观之治时期，不仅是科举制度，其他治国理政制度也随着社会变动，需要进一步改革，这就导致政治利益的再分配，引发了统治集团内部斗争，这就是当时的政局。

政治斗争的逻辑告诉我们：历史上朝代更替必然随之而有各阶层、集团之间的利益重组，而利益重组后的新集团必然由部分旧营垒分子和新上升分子组成。旧营垒分子加入新上升分子集团，有利于旧营垒的分裂和被尽快替代，同时又可平衡新旧势力，并满足新一代政治人物的奢望，这种复合作用是过渡阶段最稳定的形式。如果要彻底推翻旧营垒，排除旧势力，则易增加更替的难度，甚至可能引起失败。

武则天和武氏势力在反对声中崛起，也使儒家传统政治、道德观念受到强烈冲击。武则天“蛾眉不肯让人，狐媚偏能惑主”[3]。“惑主”是后宫干政的代名词，坏了儒家的政治底线。她竟然即皇帝位代唐，蔑视了儒家传嫡规矩。所以，旧史多予负面评价。武则天当政过程中承受着很大政治压力。她贬杀李唐宗

---

[1] 王谠撰，周勋初校证：《唐语林校证》卷3《方正》，中华书局1987年版，第221页。

[2] 《剑桥隋唐史》（第5章作者崔瑞德、霍华德·韦克斯勒），第249页。

[3] 段成式撰，曹中孚校点：《酉阳杂俎》前集卷1《忠志》，上海古籍出版社2012年版，第1页。

室，利用酷吏虐杀臣僚、百姓等记录，令读者惊悚与愤慨。她也杀亲信，如明崇俨；杀酷吏，如来俊臣等。武则天淫刑诛杀，既是她镇压宗室、大臣等反对势力的需要，也是她贵为女皇，备受政治、舆论高压而无自信的表现。

与此相应的是她频繁改元、加尊号、特赦，更衬托出她那“高处不胜寒”的政治困境。以特赦来说，证圣初，刘知几就批评说“每岁一赦，或一岁再赦，小人之幸，君子之不幸”[1]。她还用诅咒一类语言待人，如万岁登天元年（966）契丹首领李尽忠、孙万荣反，她居然诏令改李尽忠名为“尽灭”、孙万荣名为“万斩”。这种手法，在她与王皇后、萧淑妃的争斗中也见过，是很难出于皇帝之手的。

以上事例反映出，她的心理压力之大也是前无古人的，所以她有双重性格，会做出许多令人匪夷所思的事。她一面无情诛杀，另一面却有爱惜才俊之气度，即有识人之见。武则天任用唐休璟一事，也证明武有识人之智。唐休璟任灵武大总管期间，谙练边事，武则天对他说“恨用卿晚”，即委以政事，并对魏元忠说：“卿等十当一也。”据说武则天“革命”之际，“大搜遗逸，四方之士应制者向万人”[2]。颇有唐太宗“天下英雄，入吾彀中矣”[3]之气派。她又曾召文学之士周思茂、范履冰、卫敬业，令撰《玄览》及古今《内范》等书，藏于秘阁。这些记载表明她有文化、有见识，非妒妇之辈。她是一个试图改变某些旧传统，但又无法超越传统，只能一味报复的政治人物。在那个时代，儒家的道德观念深入人心，要改弦更张，难于上青天。

[1] 《新唐书》卷132《刘子玄传》，第4519页。

[2] 《大唐新语》卷8，第127页。

[3] 《唐摭言》卷1，《述进士上篇》，第7页。

3. 玄宗开元之治

杜甫《忆昔二首》之二云："忆昔开元全盛日，小邑犹藏万家室。稻米流脂粟米白，公私仓廪俱丰实。九州道路无豺虎，远行不劳吉日出。齐纨鲁缟车班班，男耕女桑不相失。宫中圣人奏云门，天下朋友皆胶漆。百余年间未灾变，叔孙礼乐萧何律。……"[1]这首诗所描述的"开天盛世"景象，令人难忘。诗里所说的"公私仓廪俱丰实"，指国家和民户都富足；"九州道路无豺虎"，指社会安定，行路无虞；"云门"，指黄帝时代的乐曲；"叔孙礼乐萧何律"，指汉叔孙通宗庙之礼乐，萧何九章之律。此诗记录了玄宗开元年间社会状况。

唐朝开元、天宝盛世是继太宗、高宗（武则天）之治以后的又一个辉煌时代。玄宗即位，顺应历史潮流，改革一些不适应社会发展的治国理政政策，促使开元天宝（前期）新时期——"开天盛世"的出现。

那么，"开天盛世"盛在何处？主要表现在宽容治国和文明的提升上。如果说贞观之治旨在恢复社会经济和改善因隋末社会动乱带来的民不聊生局面，强调"为君之道必须先存百姓"，要存百姓就必须改善吏治，所以有强化"君臣共治"的举措如纳谏、三镜之说以及法治的实行；那么"开天盛世"盛在宽容治国和物质文明和精神文明的同步提升上。

玄宗和太宗、高宗（武则天）不同，虽继续贞观以来的治国大体，但尽显其宽容治国的特色。中国古代治国有一张一弛之说，《礼记》云："子曰：百日之蜡，一日之泽，非尔所知也。张而不弛，文武弗能也；弛而弗张，文武弗为也。一张一弛，文武

[1] 《全唐诗》卷220，第2325页。

唐玄宗像

之道也。”[1]历经拨乱反正的贞观之治以及严酷的易后、易姓之争的武则天统治，迎来了皇朝的拨乱反正与社会繁荣的开元时期，治国之“张”必然转为治国之“弛”。那就是包容、和谐以及与日俱增的享乐。王仁裕的《开元天宝遗事》曾记载其中一些生动例子。包容如右拾遗张方回，“每朝政有失，便抗疏论之，精彩昂然，进不惧死”，玄宗称他为“忠贤人”[2]。勤政殿开讲经义、时务，张九龄辩论风生，获升座之荣，时论称美。[3]富豪王元宝冬月办“暖寒之会”，亲自在其坊巷迎立宾客。[4]富豪王元宝、杨崇义、郭万金等家延约科场文士聚会。[5]还有诗歌、绘画、音乐、舞蹈创作的繁荣，在弘扬儒家思想的同时，也在接纳异域传入的各种宗教信仰等，出现了一个空前未有的艺术、宗教的包容时代。

物质文明本身蕴含着创造、享受的时代需求和风尚，也就是蕴含着文明元素。开元天宝盛世的精神文明在这一环境中吸收物质文明蕴含的元素，发展丰富，产生了时代精神和风尚。这是一个值得专题探讨的课题。

开元天宝盛世的主要表现：第一，社会经济进入全面繁荣阶段。开元天宝时期玄宗注意减轻农民的赋役负担，曾多次诏令蠲免租税和减轻差科役负。[6]同时放宽租调的完纳期限，曾将庸调资课征收下限从八月延至九月或十月。天宝三年（744）《赦文》称：“每载庸调八月征。以农功未毕，恐难济办。自今已后，延

[1] 陈浩注：《礼记》卷7《杂记下》，中国书店1985年版，中册，第238页。

[2] 王仁裕撰，曾贻芬点校：《开元天宝遗事》卷上《痴贤》，中华书局2006年版，第13页。

[3] 《开元天宝遗事》卷1《七宝山座》，第13页。

[4] 《开元天宝遗事》卷1《扫雪迎宾》，第13—14页。

[5] 《开元天宝遗事》卷1《豪友》，第17页。

[6] 王钦若：《册府元龟》卷490《蠲复第二》，台湾中华书局1996年版，第5862—5864页。

至九月三十日为限。”[1]此外，还在租调输纳各个环节作些改革，减轻民户负担，以利农民休养生息。

社会经济全面繁荣的标志之一是人口增加。据统计，贞观十三年（639）仅3 041 871户、12 351 681口；到开元廿八年（740）已达8 412 871户、48 143 609口；天宝十四年（755）达到8 914 709户、52 919 309口。若以贞观十三年为户口基数，后两年比上一年户数增长率分别为10.1%、9.3%；口数增长率分别为13.6%、12.6%。[2]社会经济全面繁荣的标志之二是垦田面积的增加。据《通典·食货典》统计，天宝中应受田14 303 862顷13亩。注云：按14年有户890万余计，每户合1顷60余亩。[3]这个数字说明民户无地少地的状况有了明显改善，农业生产力的提高得到保证。学者以天宝年间人口数和当时欧洲某些时期作比较：8世纪东法兰克王国从塞纳河到莱茵河之间的人口仅200万—300万。而直到16世纪，地中海地区的人口才5000万—6000万。“唐玄宗时期人口的繁盛，反映了当时中国总的经济实力是独步于世界民族之林的。”[4]

农业生产的发展，刺激了手工业、商业的繁荣。当时的陕郡太守、水陆转运使韦坚，穿广运潭以通舟楫，各船皆署牌表示。广陵郡船，堆积广陵所出锦、镜、铜器、海味；丹阳郡船，即京口绫衫段；晋陵郡船，即折造官端绫绣；会稽郡船，即铜器、罗、吴绫、绛纱；南海郡船，即玳瑁、真（珍）珠、象牙、沉香；豫章郡船，即名瓷、酒器、茶釜、茶铛、茶碗；宣城郡船，即空青石、纸笔、黄连；始安郡船，即蕉葛、蚺蛇胆、翡翠。船

[1] 《旧唐书》卷48《食货志》，第2090页。

[2] 参阅杨际平主编：《中国经济通史》（第4卷），湖南人民出版社2002年版，第62页。统计数来自王育民：《中国人口史》，江苏人民出版社1995年版，第204页。

[3] 《通典》卷2《食货二》，第32页。

[4] 张国刚：《资治通鉴与国家兴衰》，中华书局2016年版，第380页。

中皆有米，吴郡即三破糯米、方文绫；等等。[1]百货所集，正是“忆昔开元全盛日”富裕景象的反映。

第二，法制的健全，其标志是《开元律》的颁行。玄宗即位以后，继续发扬贞观之治时期的法治精神，命臣下删定《开元格》，开元六年（718）删定律令格式，至七年（719）三月删定《开元后格》。开元二十二年（734）由宰相李林甫主持汇编成《律》十二卷，《律疏》三十卷，《令》三十卷，《式》二十卷，《开元新格》十卷；又撰《格式律令事类》四十卷。[2]即使在天宝年间，也注意减刑，曾除绞、斩酷刑，但决重杖。

天一阁藏明《天圣令钞本》附《唐开元令》，说明《令》修订的情况。这部《唐开元令》清本包括《官品令》的《田令》《赋役令》《仓库令》《厩牧令》《关市令》《捕亡令》《医疾令》《假宁令》《狱官令》《营缮令》《丧葬令》《杂令》十篇。比较完整地反映了开元时期的法治状况。但是，天宝时期法令败坏的案例已经比较多了。李林甫使杨慎矜、杨国忠、王鉷、吉温等构陷韦坚，之后杨慎矜亦被诬赐死。

第三，重视吏治。玄宗继承了贞观之治以民为本、理国先理官的治国理政方针。玄宗初即位，“体貌大臣，宾礼故老。尤注意于姚崇、宋璟，引见便殿，皆为之兴，去则临轩以送。其他宰臣，优宠莫及”[3]。而姚崇、宋璟，还有苏颋，“皆以骨鲠大臣，镇以清静。朝有著定，下无觊觎。四夷来寇，驱之而已；百姓富饶，税之而已。继以张嘉贞、张说守而勿失”[4]。其实还有源乾曜、李元纮、杜暹、韩休、张九龄等名臣，存恤百姓，宽以待下；刑赏无私，敢犯颜直谏；强化地方治理，“选京官才望

[1] 《旧唐书》卷105《韦坚传》，第3222—3223页。

[2] 《旧唐书》卷50《刑法志》，第2145—2148页。

[3] 李德裕：《次柳氏旧闻》，上海古籍出版社2012年版，第2页。

[4] 柳芳：《食货论》，《全唐文》卷372，第3777页。

者”为都督、刺史。后来的李林甫、宇文融等理政亦有新举措，如宇文融括户、劝农、定赋，李林甫主持删定《律》《令》《格》《式》，修撰《唐六典》，这些都值得一提。

选官重视德行才望。门下侍中（宰相之一）源乾曜的儿子为李林甫求做“司门郎中”。这个司门郎中是尚书省刑部司门司的长官，从五品，管理全国关、门政令。谁知源乾曜却说：“郎官须有素行才望高者，哥奴岂是郎官耶？”[1]“哥奴”，即李林甫的小名。当时的政风确实较好，皇亲国戚李林甫想做个管关门的郎中，也得有“素行才望”的条件。吏治良，则理政直，政风自然正。

玄宗朝萧嵩为宰相，萧与同列韩休不和，请求辞职。当晚玄宗下诏书给萧嵩，说：“朕惜卿欲固留，而君臣始终贵全大义，亦国家之美事。”所谓“贵全大义”，就是君待臣以诚，臣待君以忠。这一儒学解释是对贞观以来“君臣共治”下君与臣关系道德内涵所作的最贴切表述。

后人如北宋王谠评论说：玄宗朝“留心理道，革去弊讹，不六七年，天下大治，河清海晏，物殷俗阜”[2]。但是，相较于贞观时期，当时用人吏治与节俭之风还是差距多多。文宗曾经问宰臣：“新修《开元政要》如何？”杨嗣复答道：“陛下欲以此书传示子孙，则宣付臣等，参定可否。缘开元政事与贞观不同，玄宗或好畋游，或好声色，选贤任能，未得尽美。”[3]

但是，宰相和其他大臣中，并不是都坚持民本主义，如开元二十四年（736）玄宗拟从东都洛阳返回长安，宰相裴耀卿（稷山）、张九龄（曲江）进谏说：“百姓场圃未毕，请待冬中。”以

[1]《旧唐书》卷106《李林甫传》，第3235页。

[2]《唐语林校证》卷3《夙慧》，第309页。

[3]《旧唐书》卷17下《文宗下》，第577页。

免影响秋收，当时初拜相的李林甫却说：假使有妨碍秋收，蠲免沿路租税就是。玄宗听后大为高兴，起驾回长安。“旬月，耀卿、九龄俱罢，而牛仙客进焉。”[1]可见这时玄宗的民本思想已淡薄如雾矣。

第四，礼制全面恢复和完善。其标志是《大唐开元礼》的颁行。开元十四年（726）据集贤院学士张说奏请，修改《五礼仪注》，徐坚、萧嵩等先后参与，最后由起居舍人王仲丘于开元二十年（732）九月修成《大唐开元礼》，一共150卷，“百代之损益，三变而着明，酌乎文质，悬诸日月，可谓盛矣”[2]。《大唐开元礼》内容繁多，难于尽述。

第五，文学和文化产业昌盛，精神文明水准进一步提升。高宗武后时期，绛州王勃与华阴杨炯、范阳卢照邻、东阳骆宾王以文辞知名海内，称为“王杨卢骆”。崔融与张说评论说：勃文章宏放，非常人所及，炯、照邻可以企之。说曰：“不然。盈川之文如悬河，酌之不竭，优于卢而不减王。”[3]

开元天宝时期是中国文学史上最为辉煌的时代之一，推动文学繁荣的因素之一是诗赋在科举考试中的权重，所谓“进士者，时共贵之。主司褒贬，实在诗赋，务求巧丽，以此为贤”[4]。当时文坛群星灿烂。玄宗朝张说为丽正殿学士，常献诗曰：“东壁图书府，西园翰墨林。讽《诗》闻国政，讲《易》见天心。”玄宗深嘉赏之，亲自用八分体在彩笺上书写诏书。诏曰：“得所进诗甚为佳妙，风雅之道斯焉可观，并据才能略为赞述，具如别纸宜各领之。”张说赞称：“德重和鼎，功逾济川。词林秀发，翰苑

[1] 《唐国史补》卷1，第15、16页。
[2] 《通典》卷41《礼一》，第1122页。
[3] 《新唐书》卷201，第5742—5743页。
[4] 《登科记考》卷29，第1171页。

光鲜。”[1]徐坚以下并有赞述。张说还手写诸人名与坚一同评论，徐坚问张说：“诸公昔年皆擅一时之美，敢问孰为先后？”张说道：“李峤、崔融、薛稷、宋之问之文皆如良金美玉，无施不可。富嘉谟之文如孤峰绝岸，壁立万仞，丛云郁兴，震雷俱发，诚可畏乎！若施于廊庙，则为骇矣。阎朝隐之文，则如丽色靓妆，衣之绮绣，燕歌赵舞，观者忘忧，然类之风雅，则为俳矣。”徐坚又问：“今之后进，文词孰贤？”张说道：“韩休之文，有如太羹玄酒，虽雅有典则，而薄于滋味；许景先之文，有如丰肌腻体，虽秾华可爱，而乏风骨；张九龄之文，有如轻缣素练，虽济时适用，而窘于边幅；王翰之文，有如琼林玉斝，虽烂然可珍，而多有玷缺。若能箴其所缺，济其所长，亦一时之秀也。”[2]以上张说的评论，虽属个人之见，但也可体会到盛唐“百家争鸣”的风采，文士作文、赋诗、论文，都直抒己见。所以，开元、天宝年间的“百家争鸣”风尚，无疑是千百年以来中华文明史上最动人的乐章之一。

在群星灿烂的诗坛上，李白、杜甫最为耀眼。天宝初年，李白来长安，将诗篇《蜀道难》寄送贺知章，知章读后叹道：“子谪仙人也。”[3]李白号为诗仙，即源于此。《蜀道难》这首诗豪放洒脱，一唱三叹，清人沈德潜评论说：“笔势纵横，如虬飞蠖动，起雷霆于指顾之间。”[4]虬，传说中的龙；蠖，步曲虫。他的另一首诗《将进酒》：“君不见黄河之水天上来，奔流到海不复回。君不见高堂明镜悲白发，朝如青丝暮成雪。人生得意须尽欢，莫使金樽空对月……”叹人生之易老，惜生命之短促，视生命之宝

[1] 《大唐新语》卷8《文章》，第129页。

[2] 《大唐新语》卷8《文章》，第130页。

[3] 傅璇琮主编：《唐才子传校笺》（一），中华书局1987年版，第385页。

[4] 爱新觉罗·弘历编：《唐宋诗醇》卷2《陇西李白诗二》，中国文学出版社2000年版，第26页。

贵，这正是盛世之人对生命的留恋和期许。杜甫的诗亦名于世，《新唐书·杜甫传》赞云：“（唐律诗）至甫，浑涵汪茫，千汇万状，兼古今而有之。”故元稹说：“诗人以来，未有如子美者。”[1]杜甫，字子美。盛世兴文学，文学咏盛世，这就是开元天宝时期的文坛景象。

此外还有崔颢（开元十一年进士及第）、王昌龄（开元十五年进士及第）、王维（开元十九年状元及第）、岑参（天宝三年进士及第）、李嘉祐（天宝七年进士及第）等。当然也有未举进士的名人如高适（天宝八年制举“有道科”及第）、孟浩然（未举，开元十七年到京，其诗才获张九龄、王维赞赏）、王之涣（未举）等。他们的诗作誉满海内。他们的作品，讴歌了盛世气象。

文化的繁荣，意味着文化产业的发展。教育、科举制度的普及，书法成为铨选必试科目，绘画成时尚，带动了笔、墨、砚、纸等文房产业的发展。苏易简《文房四谱》记载：宣城产笔，用鹿细毛制作者佳。因为江南少兔，兔毫不易取用，所以商人携兔皮“南渡以取利”。至宋，江南民间用山羊毛制笔，蜀中也以羊毛制笔，质量不亚于兔毫。[2]制笔，养兔、鹿、山羊，做兔、鹿、山羊毛生意，形成一条产业链。

宋晁氏《墨经》记载，制墨的原料有松脂、煤、胶，唐朝采易州、潞州的松脂，上党的松脂尤其见贵，后来宣州、黄山、歙州黟山、松罗山之松脂见贵。松脂有上、中、下品，松脂如珠，属上品。煤贵轻，旧日以东山煤轻，西山煤重，宋时则相反。胶以鹿胶为上，鹿胶叫作白胶，也叫黄明胶，把鹿角锉成粉和牛皮一起煎，《唐本草》注文有说明。制墨时除上述原料外，还要加入名贵药物。唐王君德用醋、石榴皮、水犀角屑、胆矾三物。李

[1] 《新唐书》卷201《杜审言附甫传》，第5738页。

[2] 苏易简：《文房四谱》卷1《笔谱》，中华书局1985年版，第9页。

廷珪用藤黄、犀角、真（珍）珠、巴豆等十二物。由此可见，制墨产业链也不简单。

砚出唐、温、端诸州，端砚最为著名，端溪的紫石和内邱的白瓷瓯，“天下无贵贱通用之”[1]。纸的产地更多，据《唐国史补》记载：“纸则有越之剡藤苔笺，蜀之麻面、屑末、滑石、金花、长麻、鱼子、十色笺，扬之六合笺，韶之竹笺，蒲之白薄、重抄，临川之滑薄。”[2]

画，既是艺术品，又是商品。唐代山水画本来有两种风格：一种以李思训为代表的金碧山水，用青绿着色，色彩丰富，金碧辉煌；一种以王维为代表，“于山水平远尤工”[3]。王维的画“气韵高清”，张彦远评论说：“（王维画）草木敷荣，不待丹碌之采；云雪飘扬，不待铅粉而白；山不待空青而翠，凤不待五色而綷。是故运墨而五色具，谓之得意。”[4]有个故事说：有人画了幅《奏乐图》，王维细看后微微一笑，有人问他何故，王维说：“此是《霓裳羽衣曲》第三叠第一拍。”好事者集乐工验之，一无差谬。[5]王维之下有郑虔，他的山水画，名亚王维，劝善坊吏部尚书王方庆宅院有郑虔的山水之迹，为时人所重。

天宝中，御史毕宏善画古松，吴道玄画鬼神，韩干画马，都知名当时。“尔后画者甚众，虽有所长，皆不能度越前辈矣。”[6]另有李师诲善画蕃马。[7]玄宗李隆基“英断多艺，书画备能，人谓墨竹肇自明皇。善八分书，章草丰茂英特”[8]。可见一个文明

[1]《唐国史补》卷下，第60页。
[2]《唐国史补》卷下，第60页。
[3]《唐国史补》卷上，第18页。
[4] 张彦远：《历代名画记·论画体工用拓写》，中华书局1985年版，第72页。
[5]《唐国史补》卷上，第18页。
[6] 封演：《封氏闻见记》卷5，中华书局1985年版，第66页。
[7] 李绰：《尚书故实》，《教坊记》（外七种），上海古籍出版社2012年版，第125页。
[8] 彭蕴璨：《历代画史汇传》卷1《古帝王门》，广陵书社2015年版，第49页。

光芒闪耀的时代是和一个有文化修养的皇帝及其臣僚分不开的。反之，统治者及其臣僚若是一群酒囊饭袋之类的草包，那就不会有文明的“得意”时代。

时尚。科举考试制度化，造就了一批勤奋读书、科举擢第的“神童”。贾嘉隐七岁时因“神童”而被皇帝召见。贾言忠数岁就能读书，每日读万字，七岁“神童”擢第。[1]读书早慧成俗。虽然刻意制造“神童”是功名心萌发的表现，但早慧早熟也意味着拥抱知识时代的雄心，有其积极一面。

赏花。开元、天宝时代的审美情趣，反映出时代精神风貌。赏花风俗即是一例。据记载，开元中，禁中（皇帝所居之宫苑）原来特爱木芍药，而后特爱牡丹。牡丹花得四本，花色以红、紫、浅红、通白为最美。移植于兴庆池东沉香亭前的牡丹花开放时，皓月当空之夜，玄宗召太真妃（杨贵妃）同乘步辇（代步轿车），沿池缓缓品赏，梨园弟子乐舞助兴。后人编了故事，玄宗说：“赏名花对妃子，何用旧乐曲，唱个新曲吧。”于是命翰林学士李白进《清平调》词三章，李白欣然承诏旨，援笔而成。

> 云想衣裳花想容，春风拂槛露华浓。若非群玉山头见，会向瑶台月下逢。一枝红艳露凝香，云雨巫山枉断肠。借问汉宫谁得似，可怜飞燕倚新妆。名花倾国两相欢，常得君王带笑看。解得春风无限恨，沉香亭北倚阑干。

李龟年把李白写的《清平调》词进上，玄宗命梨园弟子调抚丝竹，李龟年放歌，太真妃端着“颇梨七宝杯”，酌满“西凉州

[1] 《大唐新语》卷8《聪敏》，第119页。

蒲（葡）萄酒”，笑意情浓，玄宗则“调玉笛以倚曲”和之。[1]

我们不必以月下花前的浪漫生活去斥责玄宗的纵情，不妨换个角度去理解那个时代的赏花意境和审美情操。试想，月夜、花容、花香，伴随着一吐衷肠的歌词乐曲，玄宗、贵妃的爱情热度会上升到何种程度？此情此景带来的美的境界是何等富有回味感觉。帝王贵妃在审美视角上并无专利性，因为美的境界蕴藏在时代的深层，属于一切开发者和理解者，包括后人。时代的文明如朝霞，弥漫而灿烂，彩被九洲，神及人间。月夜牡丹即其一也。

上面玄宗、贵妃月夜赏牡丹的故事有续篇，文宗大和、开成中，有个叫程修己的画家，文宗问他：“今日京师里传唱牡丹花诗，哪位诗人最出色？”修己回答说：“我知道公卿们多吟中书舍人李正封的诗句：天香夜染衣，国色朝酣酒。”文宗闻之嗟赏。[2]

第六，宗教、哲学的繁荣，社会意识形态多元兼容局面的出现。

佛教。佛教是汉魏之际经中亚（或经海路）传入中国北方和南方的。

隋唐佛教史上值得后人关注的大事应该是玄奘和义净赴印度取经、禅宗的发展和武宗毁佛这几件大事。前两件大事都和开天盛世有关。

晋唐佛教史上，法显、玄奘和义净三大法师“西天取经”的故事，家喻户晓。其中玄奘和义净是唐朝的高僧。

玄奘生于开皇二十年（600），俗姓陈名祎，洛州缑氏（今河南偃师东陈河村附近）人。他出身于儒学世家，少年、青

---

[1] 李濬：《松窗杂录》，上海古籍出版社2012年版，第62页。

[2] 《松窗杂录》，第68—69页。

年受儒佛经典熏陶，对印度的新兴大乘佛教有浓厚兴趣。为了弄清大乘经典《瑜伽师地论》，玄奘决心到印度取经。他到了印度摩揭陀王舍城，[1]“时有大乘居士，为奘开释《瑜伽师地（论）》”[2]。关于玄奘的佛教信仰问题，王邦维先生有一段文字作了概括：“玄奘想解决佛性问题。”“小乘佛教声言必须经过累世修行，积累功德，然后才能成佛。这就需要个人的艰苦努力。结果有些人望而却步。”“大乘空宗应运而起，它不要求累世修行，只须皈依三宝，礼拜如来，就能达到目的。这是对一般老百姓的说法。对义学高僧则讲一套‘空’的道理。玄奘所服膺的是大乘有宗。”“有宗在承认我法两空的同时，在否认物质世界的同时，小心翼翼地保护着‘真如佛性’的‘有’。”[3]贞观十九年（645）玄奘回到了长安，受到盛大的欢迎，唐太宗还接见了他，誉隆华夏，声震五岳。他的最直接的贡献，是带回了一大批印度佛教原典，计有大乘经224部，大乘论192部，上座部经律论14部，大众部经律论15部，三弥底部经律论15部，弥沙塞部经律论22部，迦叶臂耶部经律论17部，法密部经律论42部，说一切有部经律论67部，因论36部，声论13部，一共520夹，657部。[4]

玄奘回国后，先是完成《大唐西域记》一书，奏呈朝廷；之后，他便在慈恩寺译场组织规模宏大的佛经翻译工作，这是唐朝文化史上的盛举，也是唐朝文明史上灿烂的篇章，永垂史册。高宗麟德元年（664）玄奘去世。玄奘还曾奉敕将老子的《道德

[1] 今在印度国比哈尔邦那兰达县拉杰吉尔镇。

[2] 释道宣：《续高僧传》卷4，中华书局2014年版，第108页。

[3] 玄奘、辩机撰，季羡林等校注：《大唐西域记校注》（上），中华书局2000年版，第106页。

[4] 《大唐西域记校注》（上），第111页。

经》翻译成梵文。但因译文争议，与道教徒不协而停止。[1]这也是翻译史上的一桩公案。

义净生于贞观九年（635），齐州（治历城，今山东济南）人，他于永徽六年（655）受具足戒，学习律学，精研佛教律典。咸亨二年（671）年秋他自扬州去广州，十一月，搭波斯货船去印度。他在印度大乘佛教中心那烂陀寺[2]驻足十年，于武则天长寿二年（693）循海路回到广州。证圣元年（695）义净回到洛阳时，居然受到武则天的亲自迎接，殊荣过于玄奘。佛教的地位进一步提高。

义净注重戒律，"回国以后翻译的经典又以律藏为主；传授学徒，以持律为先"[3]。他和玄奘一样企图学习印度大乘佛教的典范，来挽回当时佛教界的颓风。义净先是协助实叉难陀翻译《华严经》，久视元年（700）起至睿宗景云二年（711）独立主持译场，翻译佛经56部，230卷。他"遍翻三藏，而偏攻律部""其传度经律，与奘师抗衡"。[4]开元、天宝时期鉴真和尚就是律宗大师，他于中宗神龙元年（705）从道岸律师受菩萨戒，开元时始驻锡扬州，并从扬州出发去日本弘扬佛教律宗。僧人昙玭受戒于鉴真；另一刘姓僧人，天宝四年（745）也受戒于鉴真。律宗在开元年间盛行于江淮地区。

开元时期，印度高僧来华传经，促进了佛教的发展。南印度僧人金刚智（释跋日罗菩提），泛舶而来，开元七年（719）到达广州，驻锡荐福寺，建大曼拏罗灌顶道场。"智理无不通，事

[1] 释道宣：《集古今佛道论衡》卷丙，《文帝诏令奘法师翻老子为梵文事第十》，大正新修大藏经本，第52册史传部，台湾新文丰出版公司1983年版，第386—387页。

[2] 那烂陀寺，古中印度摩揭陀国首都王舍城北方的寺院，今印度的巴达加欧。

[3] 义净撰，王邦维校注：《南海寄归内法传校注》，中华书局1995年版，第35页。

[4] 释赞宁：《宋高僧传》卷1《译经篇第一》，中华书局1987年版，第3页。

无不验，经论戒律秘咒余书，随问剖陈。”[1]

禅宗。禅宗的传承可从菩提达摩在嵩山面壁的记载说起。达摩传慧可，慧可传僧璨，僧璨传道信，道信传弘忍，弘忍传神秀和慧能。慧能是禅宗南宗的开山祖师，从此，慧能成为禅宗正统传人，誉隆天下，独尊禅林。据记载，弘忍传法时，对众徒们说：“汝等各自随意述一偈，若语意冥符，则衣法皆付。”众僧以“学通内外，众所宗仰”的神秀出来应试，于是神秀就在廊壁写上一偈：“身是菩提树，心如明镜台。时时勤拂拭，莫使惹尘埃。”有个处士卢珍，正在碓坊（水碓），听到有人吟诵此偈，就问同学是何章句，同学告诉他弘忍传法，神秀作偈。卢说：“美则美矣，了则未了。”同学们以为狂言。卢说：“你不信吗？我愿以一偈和之。”到了夜里，他密告一童子引至廊下，自己秉烛，请别驾张日用于神秀的偈侧写上一偈：“菩提本无树，明镜亦非台。本来无一物，何处惹尘埃。”弘忍见到此偈，说：“此是谁作，亦未见性。”到了晚上，弘忍祖悄悄去碓坊，问：“米舂白了吗？”卢回答说：“白了还没筛。”弘忍祖用杖在碓上击三下，卢即以三鼓（更）入室，弘忍祖告诉他诸佛出世“随机大小而引导之”的传承秘诀，宣布“以法宝及所传袈裟用付于汝。善自保护，无令断绝”。[2]这个处士卢珍就是慧能，禅宗南宗的祖师。但是，“六祖之道，至肃宗时方盛，肃宗尝自曹溪请其衣钵供养”[3]。

道教。唐初道教虽未极盛，但因道教崇拜的始祖李耳和李渊同姓，也颇得攀龙之机。所以当时道教的地位较高。《封氏闻见记》云：“国朝以李氏出自老君，故崇道教。”[4]武德三年

[1] 《宋高僧传》卷1《译经篇第一》，第5页。

[2] 普济：《五灯会元》卷1，中华书局1984年版，第52页。

[3] 杜甫著，仇兆鳌注：《杜诗详注》卷19，中华书局1979年版，第1714页。

[4] 《封氏闻见记》卷1《道教》，第2页。

（620），晋州有个叫吉善行的人，据说在羊角山见到一位白衣老父，对他说："你去告诉唐朝天子，我是老君，即你的祖宗啊！今年无贼，天下太平。"高祖李渊知道后，遣使致祭立庙，改羊角山所在的浮山县为神山县（一作神仙县），还拜善行为朝散大夫。唐太宗继续崇道，曾有"尊黄老，令在僧前"之举。[1]高宗也曾亲往老君庙追尊老子为玄元皇帝。[2]武则天时期，道教的传播不及佛教之声势。武则天载初二年（690，天授元年）四月"令释教在道法之上，僧尼处道士女冠之前"[3]。有学者认为：至韦后被诛，睿宗复位，道教始走向"声势临臻颠峰"。有唐一代，"玄宗享国最永，惠于道教之政尤伙。论及诸种举措中，最益于道教发展，且夫影响后世深远者，首要当推天宝初年所建立之'太清宫制度'。"[4]

太清宫即老子庙。天宝八年（749）玄宗敕老君加号为"圣祖大道玄元皇帝"，后又上尊号"圣祖高上大道金阙玄元天皇大帝"。关于太清宫（东京称太微宫）的制度，可述者有两点，一是太清宫的宗教活动。太清宫例有三纲主持庙务。道观的三纲指观主、上座、监斋。他们是太清宫和所有道观的管理者。他们受宗正寺崇玄署（原属鸿胪寺）主管，因为老子姓李，唐帝也姓李，视为同宗。道士分属法师、威仪、律师三个称号，德高思精者称为炼师。道士职事除祭祀老子外就是修炼、齐醮（设坛祭祀祈福禳灾仪式）、写经等功课。二是教育训练活动。开元年间置崇玄学于玄元皇帝庙中，天宝元年（742），两京崇玄学置博士、助教及学生，以老、庄、列、文诸子书为"经"，一一讲习。[5]

---

[1] 释道宣：《集古今佛道论衡》卷丙《太宗下敕道先佛后僧等上谏事第四》，第383页。

[2] 《封氏闻见记》卷1《道教》，第2页。

[3] 《旧唐书》卷6《则天皇后本纪》，第121页。

[4] 丁煌：《唐代道教太清宫制度考》（上），台湾成功大学《历史学报》1979年第6号。

[5] 参阅丁煌：《唐代道教太清宫制度考》（下），台湾成功大学《历史学报》1980年第7号。

据崇玄学而设置的道举，成为制科之一。

隋唐时期，道教与佛教争夺影响力的斗争值得回味。唐初太史令傅弈的反佛言论，极具代表性。傅弈说：佛在西域，汉译的“胡书”（佛经）任意假托，“故使不忠不孝，削发而揖君亲；游手游食，易服以逃租赋”“虚规将来之福，布施一钱，希万倍之报”。他还说：“且生死寿夭，由于自然；刑德威福，关之人主。”把贫富贵贱说成功业所招，皆由佛所致，“窃人主之权，擅造化之力，其为害政，良可悲矣”“礼本于事亲，终于奉上。此则忠孝之理著，臣子之行成。”[1]而佛教却反之：抗天子，悖所亲。应当说，傅弈对佛教的批判，是击中其“抗天子，悖所亲”这个要害的。清虚观道士李仲卿、刘进喜，也加入傅奕的反佛合唱，“唇齿结构，诛剪释宗（佛教）”，促使高祖沙汰了一批僧尼。好在唐太宗能够包容佛道，他对傅弈说：“佛道玄妙，圣迹可师，卿独不悟，何也？”[2]傅弈则重申他的观点，多少影响唐太宗的态度，这就是太宗敕令“自今已后，斋供行立，至于称谓，道士、女道士可在僧尼之前，庶敦反本之俗”的缘由。[3]

僧法琳力驳李、刘毁佛之论，力陈其谬。内云：“琳闻：情切者其声必哀，理正者其言必直。”“佛是众生出世慈父，又为凡圣良医，欲抑而挫之、罪而辱之，不可得也。”傅弈说信佛是“出臣子之门，入僧尼之户，立谒王庭，坐看膝下，不忠不孝，聚结连房”。法琳驳道：“夫出家者，内辞亲爱，外舍官荣，志求无上菩提，愿出生死苦海，所以弃朝宗之服，披福田之衣，行道以报四恩，立德以资三有。”无可指责。法琳又引老子《升玄

[1] 《旧唐书》卷79《傅弈传》，第2715—2716页。

[2] 《唐会要》卷47《议释教上》，第979页。

[3] 释道宣:《集古今佛道论衡》卷丙《太宗下敕道先佛后僧等上谏事第四》，第383页。

经》云：天尊告道士张陵，使往东方诣佛受法。《张陵别传》也载，张陵在鹤鸣山中供养金像（佛像），转读佛经。[1]法琳的驳论，言之凿凿。

其实，道教、佛教均致力于阐扬本宗教义，以博取皇帝大臣和信众的青睐。同时我们也发现，隋唐时期，道教、佛教都与中国传统的儒家思想有所交融。如道教宣称：其道在“内道德而外仁义，先素朴而后礼智，将敦其本以固其末，犹根深则条茂，源浚则流长，非弃仁义、薄礼智也”[2]。僧人智实听到道在佛前的敕令后也上表称：“窃闻父有诤子，君有诤臣，某等虽预出家，仍在臣子之例，有犯无隐，敢不陈之。”[3]坚守儒家伦理（君君、臣臣、父父、子子）。更有趣的是佛道信徒多有莫逆之交者：“孙思邈尝隐终南山，与宣律和尚相接，每来往互参宗旨。”[4]孙思邈与律宗大师道宣“互参宗旨”，因为他们在理念上有相通之处，因此《旧唐书·孙思邈传》记载说：“孙思邈处士居之，邈道合古今，学殚数术，高谈正一，则古之蒙庄子；深入不二，则今之维摩诘耳。其推步甲乙，度量乾坤，则洛下闳、安期先生之俦也。”[5]数术，指古代方士之学；正一，指南北朝以来正一派道士的科仪、学说；蒙庄子，指庄子，他是蒙县人；维摩诘，佛经中在家的大乘佛教居士，是著名的在家菩萨；推步，推算天象历法与人事，如西汉洛下闳、神仙安期生。可见，孙思邈是融佛道理念的大医者，所以能与道宣这样律宗宗师互参。

---

[1] 释道宣：《广弘明集》卷11《对傅奕废佛僧事并启》，景印文渊阁四库全书本，子部第1048册，第377页。

[2] 吴筠：《玄纲论》上篇《明道德·明本末章第九》，景印文渊阁四库全书本，集部第1071册，第761页。

[3] 释道宣：《集古今佛道论衡》卷丙《太宗下敕道先佛后僧等上谏事第四》，第383页。

[4] 《酉阳杂俎》前集卷2《玉格》，第11页。

[5] 《旧唐书》卷191《孙思邈传》，第5095页。

值得重视的是佛教“顿悟”“渐悟”主张的分化。学者指出：相传为僧肇所著的《涅槃无名论》已站在“顿悟”立场上驳斥“渐悟”。至隋唐宗派佛教出现后，“顿悟”倾向愈演愈烈。天台宗在其判教学说中，就把“顿悟”推到最高的地位，其创始人智者大师的法门就带有“六经注我”色彩。至禅宗，更视“顿悟”为“唯一法门”[1]。

由此可见，隋唐时期道、佛两教，虽有教义、仪制的区别，并锐意竞逐，但在浸染儒学的社会里，不可避免地与儒学相互交融，为中国古代文明注入新的内容。对文明的演进，不仅仅要看其分化和异化一面，更重要的是要看其交融渗透、异质同质化的一面，并发现其新的解释、新的价值观。所以说，隋唐历史其雄其盛，不仅指物质文明，还指精神文明，那就是道、佛、儒逐渐冶于一炉，意识形态发生深刻的变化。

基督教。唐太宗贞观九年（635），大秦国主教阿罗本来唐，太宗皇帝派遣宰相房玄龄，带领臣仆们到西郊欢迎，迎宾入宫，并邀至皇帝藏书室，翻译经典，皇帝在禁宫内亲自问道。皇帝深感此道之正义和真实，下令传授于民。太宗下诏说：“详其教旨，玄妙自然，观其元宗，源于真理。言辞清晰，道理隽永。济物利人，宜行天下。”《大秦景教流行中国碑》碑文记载了基督教最早传入中国的情况。唐有大秦寺，实际上就是基督教寺，天宝四载（745）诏称：“波斯经教，出自大秦，传习而来，久行中国”。令两京波斯寺，改为大秦寺。[2]

摩尼教。新疆吐鲁番地区胜金口石窟寺院内，考古人员共清理发掘了13座洞窟、26间居址，面积约1000平方米。出土大批精美壁画残片、泥塑像残块、汉文、回鹘文等纸质文书，壁画

[1] 赖永海：《佛法真义》，商务印书馆2019年版，第220、115页。

[2] 《唐会要》卷49《大秦寺》，第1012页。

上还发现有汉、回鹘文题记等，在生活区还发现土炕、灶、台阶等生活痕迹。考古工作者确定这是古代僧侣修行场所，内有摩尼教文物。考古人员发现了摩尼教典型的生死树壁画，即同株大树一半生，一半死。在吐鲁番的柏孜克里克石窟群的第38窟也有一幅展现生死树的壁画，两者如出一辙。有着摩尼教痕迹的还有一个特殊形态的主尊佛或菩萨的莲花宝座残体。与中国典型佛教造像的莲花基座不同，这尊主尊佛的六边形莲花座的莲花瓣不是向上盛开，而是向下倒覆，每个花瓣上都绘有不同风格的花卉图案，色彩斑斓，绚丽多姿，且莲花图案的细部特征与传统的佛教莲花纹样稍有区别。据史料记载，840年西迁回鹘的一支到了高昌（今吐鲁番地区），将摩尼教带入，这一地区的石窟中遂出现了摩尼教的一些元素。考古人员在高昌故城就发现一幅描绘一群白衣白冠、长发肃立的摩尼教徒形象的壁画，据说左侧一个头戴高冠、头部有光环的人物就是教主摩尼的肖像。[1]这说明，摩尼教在西部某些回鹘人居住地流行。在中原地区，元和二年（807），曾诏许回鹘在河南府、太原府建摩尼寺。

---

[1] 《光明日报》2013年3月26日。

第三章 唐朝后期政局和政体的变化

开元盛世在其发展繁荣过程中，新的社会矛盾不断积累、深化。一方面一系列危机在酝酿发酵之中。安史之乱、官宦干政，是其政治危机；田制、租庸调制被破坏，是其经济危机；货轻钱重，是其货币危机；两税法及其税法混乱，是其财政危机；等等。另一方面，唐王朝坚持反分裂斗争，维护国家的统一，而藩镇割据一时难以瓦解统一的帝国；在国家治理层面上，民本主义和“君臣共治”官僚制度仍为君臣所倡导和艰难地坚持，延长了唐王朝的存续时间，直至唐末。

一 社会危机

1. 安史之乱

开元盛世铸就了大唐的东方强国地位，大唐也是世界历史上可与波斯帝国、罗马帝国、阿拉伯帝国相提并论的泱泱大国，以致以后移居海外的中华子孙，均自称“唐人”，其聚居地为“唐人街”，其服饰曰“唐装”。唐朝是享誉五大洲的中华文明符号。

但是，“福兮祸所伏，祸兮福所倚”。盛世之后，出现了社会动乱。安史之乱起因于边境民族矛盾和唐王朝的治边政策。唐朝建立以来，边境少数民族强盛，武力侵边事件史不绝书，其中突厥、吐蕃威胁最大。早在太宗朝，李靖平定突厥后就对太宗说:“陛下五十年后，当忧北边。”[1]至高宗末年，突厥果然为患。突厥刚平定时，温彦博建议迁其部落于朔方，“以实空虚之地”。魏征以为不可，说：“夷不乱华，非长久之计。”安禄山的叛乱，证实魏征预言不虚。[2]

玄宗朝重视东北、北方边防。姚崇为宰相兼兵部尚书，“缘边屯戍斥候，士马储械，无不默记”[3]。勃海军（驻莫州北）、恒阳军（驻恒、定）、怀柔军（驻妫州）总兵力5万；横野军（驻蔚州）兵力3万。河东节度使、朔方节度使管辖的朔方至云中段

[1] 《大唐新语》卷7《知微》，第111页。

[2] 《大唐新语》卷7《知微》，第111页。

[3] 《资治通鉴》卷210《唐纪》，第6690页。

鎏金舞马衔杯纹银壶

防区（今河套至晋北、河北北部）悉列城堡。[1]所以边患不易成灾。但是，唐王朝实行安边政策，将拔曳固、奚、契丹等内附九姓，安置在大武军北（朔州北），以其酋长为统领，相当于“民族自治”区。陈寅恪先生曾注意到8世纪河北边境的“胡化”问题，只是没从政治上加以进一步解释，而《剑桥中国隋唐史》的作者认为要归因于“这一区域取得的事实上的政治自治”[2]。根据河北边境少数民族势力集结的形势，当时并州长史王晙就警告说，这些归附部众叛与不叛难定，边将与之勾结，隐患很大。但是王晙的警告没引起重视。安禄山就是在这个环境中拥兵坐大的。他在获得玄宗宠信后，利用“修文偃武”的盛世发动叛乱，改变了历史发展方向。这一教训十分深刻。

安史之乱的另一个原因是玄宗听从李林甫之计，用蕃将守边，“冀固其权”[3]。玄宗本人也特别宠信安禄山，不听大臣的警告。《资治通鉴》对此有简要记载：禄山“外若痴直，内实狡黠”；他派人在京师探听“动静”，在玄宗面前“应对敏给，杂以诙谐”，讨得玄宗喜欢；玄宗在勤政殿设宴，竟许安禄山“置榻使坐其前，仍命卷帘以示荣宠”；安禄山还与杨氏兄弟、姐妹以兄弟相称。[4]

安史之乱还和气候变迁有关。8世纪前半期，唐王朝确实遇到过短期干旱期，边境的牧场沙化，牧草枯萎，少数部族生存环境恶化，易被煽动聚众叛乱。

朝中文武大臣，也有人识破安禄山的叛乱图谋。王忠嗣曾任河东节度使、朔方节度使，天宝元年（742）又兼灵州都督。“忠嗣少以勇敢自负，及居节将，以持重安边为务，尝谓人云：

[1]《资治通鉴》卷215《唐纪》，第6864页。

[2]《剑桥中国隋唐史》（第八章作者C.A.彼得森），第470页。

[3]《大唐新语》卷11《惩戒》，第173页。

[4]《资治通鉴》卷215《唐纪》，第6876、6877页。

国家升平之时，为将者在抚其众而已。吾不欲疲中国之力，以徼功名耳。”“天宝四载（745），又兼河东节度采访使。自朔方至云中，缘边数千里，当要害地开拓旧城，或自创制，斥地各数百里，自张仁亶之后四十余年，忠嗣继之，北塞之人，复罢战矣。”[1]就是这样一个忠勇的边将，因为劝玄宗不要急于攻取吐蕃据守的石堡城，引起玄宗不快；而李林甫以忠嗣“功名日盛，恐其入相”[2]“日求其过”[3]。安禄山谋反，曾“请忠嗣助役，因欲留其兵”。忠嗣见不到禄山，“数上言禄山必反，林甫益恶之”。[4]李林甫厌恶王忠嗣，因为怕他功高入相，取代自己的地位，连他的举报也十分反感。李林甫与安禄山勾结，成为安的保护伞：“李林甫为相，朝臣莫敢抗礼。禄山承恩深，入谒不甚罄折。林甫命王铁，铁趋拜谨甚。禄山悚息，腰渐曲，每与语，皆揣知其情而先言之，禄山以为神明。每见林甫，虽盛冬亦汗洽，林甫接以温言，中书厅引坐，以己披袍覆之，禄山欣荷，无所隐，呼为十郎。”[5]李林甫不但是安禄山的保护伞，使安禄山成功地隐藏在唐明皇卧榻之旁，他还是废止府兵制的决策者。

府兵制之破坏有一个过程。《新唐书·兵志》记载说：“自高宗武后时，天下久不用兵，府兵之法寖坏，番役更代多不以时，卫士稍稍亡匿，至是益耗散，宿卫不能给。宰相张说乃请一切募士宿卫。（开元）十一年，取京兆、蒲、同、岐、华府兵及白丁而益以潞州长从兵，共十二万，号长从宿卫，岁二番，命尚书左丞萧嵩与州吏共选之。明年更号曰彍骑。”“自天宝以后彍骑之法又稍变废，士皆失拊循。八载，折冲诸府至无兵可交，李林甫遂

[1] 《旧唐书》卷103《王忠嗣传》，第3199页。

[2] 《资治通鉴》卷215《唐纪》，第6877页。

[3] 《旧唐书》卷103《王忠嗣传》，第3200页。

[4] 《资治通鉴》卷215《唐纪》，第6877页。

[5] 《旧唐书》卷200上《安禄山传》，第5368页。

请停上下鱼书。”其后徒有兵额，番上宿卫的尽是市人。“富者贩缯彩、食粱肉，壮者为角觝、拔河、翘木、扛铁之戏。及禄山反，皆不能受甲矣。”[1]

安禄山叛乱还有宗教因素。有学者认为：唐朝社会中祆教已有广泛影响，河北祆教势力强大，安禄山曾经利用祆教作为他起兵的号召。[2]这也是一个历史教训。

唐中枢也有人知道安禄山会出事。如开元二十二年（734），范阳节度使张守珪因安禄山在讨伐契丹之战中失利，要求玄宗“请行朝典”，张九龄也上奏说“禄山狼子野心，面有逆相”“请因罪戮之，冀绝后患”。玄宗未予照准，放禄山归藩。[3]杨国忠就称禄山必反。玄宗派宦官去查，宦官受贿，回话说安禄山忠。所以，安禄山发动叛乱后以诛“逆贼杨国忠”为号召。[4]

张守珪、王忠嗣、杨国忠认定安禄山有罪，“禄山必反”论属于“职务感知”，因职务接触形成的判断，并无明显的利益冲突。唐玄宗忽视或否认这种感知的真实性，反而给予安禄山“恩幸”，证明他作为皇帝的“职务感知”能力丧失，也就是治国能力丧失。而作为宰相的李林甫与安禄山勾结，败坏了“理政”的用人宗旨。所以安禄山叛乱，从制度上说是贞观之治时期建立的治国理政“君臣共治”模式破坏的结果。

安禄山叛乱开始后，拱卫京师的府兵徒有虚名，不堪一击。肃宗于灵武临危受命，号召各地节度使、州兵勤王。九节度之师云集平叛。此时，玄宗思张九龄先见之明，为之流涕。[5]

---

[1]《新唐书》卷50《兵志》，第1327—1328页。

[2] 荣新江：《中古中国与外来文明》，生活·读书·新知三联出版社2001年版，第44—45页。

[3]《旧唐书》卷99《张九龄传》，第3099页；《大唐新语》卷1《匡赞》，第12页。

[4]《旧唐书》卷200上《安禄山传》，第5370页。

[5]《资治通鉴》卷219《唐纪》，第7022页。

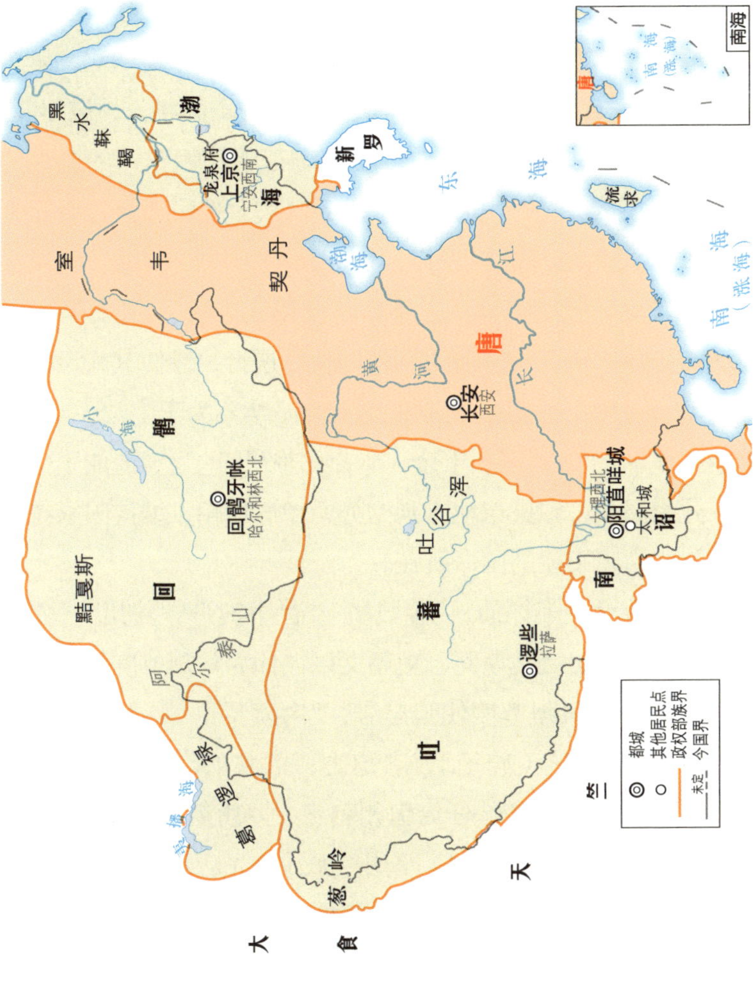
唐
长安
西安
回鹘
回鹘牙帐
哈尔和林西北
黠戛斯
阿尔泰山
小海
葛逻禄
葱岭
吐蕃
逻些
拉萨
吐谷浑
南诏
阳苴咩城
大理西北
太和城
契丹
室韦
黑水靺鞨
渤海
上京龙泉府
宁安西南
新罗
渤海
黄河
长江
东海
流求
南海（涨海）
大食
天竺
南海
都城
其他居民点
政权部族界
未定
今国界

唐朝中期形势

2. 藩镇割据与治国政体的变化

平定安史乱后，有两类矛盾突出了。一类是安史之乱时守边军队被征调入关勤王，边境地区渐被少数民族势力“蚕食”，“数年间，西北数十州相继沦没，自凤翔以西，邠州以北，皆为左衽矣”[1]。民族矛盾加剧。另一类是众多安史降将一一被招降，摇身一变成为河北等地节度使，成为唐王朝尾大不掉的割据势力，所以史臣云：“安、史乱天下，至肃宗大难略平，君臣皆幸安，故瓜分河北地，付授叛将，护养孽萌，以成祸根。乱人乘之，遂擅署吏，以赋税自私，不朝献于廷，效战国，肱髀相依，以土地传子孙，胁百姓，加锯其颈，利怵逆污，遂使其人自视由羌狄然。一寇死，一贼生，迄唐亡百余年，卒不为王土。”[2]这些节帅割据称雄，“大者连州十余，小者犹兼三四”[3]，造成了中唐的地方分裂局面，中央与地方割据势力矛盾加剧，维护国家统一的斗争就成为唐王朝的国命所在。

伪范阳节度使李怀仙，“柳城胡”“世事契丹守营州”，安禄山的部将。在安史之乱期间，史朝义以怀仙为幽州节度使，降唐后仍领旧职。伪恒州节度使张忠志，“内属奚也”，被范阳将张锁高收养为“假子”（养子），名忠志；因善射，成为安禄山的射生、“假子”，被安庆绪任为恒州刺史，降唐后为成德节度使，赐姓名曰李宝臣。[4]田承嗣，平州卢龙人，先后从安禄山、安庆绪、史朝义叛乱，后与张忠志、李怀仙、薛嵩等一起降唐，为莫州刺史，三迁至贝博沧瀛等州节度使，此人“沈猜阴贼，不习礼义。既得志，即计户口，重赋敛，厉兵缮甲，使老弱耕，壮者在

[1] 《资治通鉴》卷223《唐纪》，第7146—7147页。

[2] 《新唐书》卷210《藩镇魏博》，第5921页。

[3] 《新唐书》卷50《兵志》，第1329页。

[4] 《新唐书》卷211《李宝臣传》，第5945—5946页。

军，不数年，有众十万。又择趫秀强力者万人，号牙兵，自署置官吏。图版税入，皆私有之”[1]。代宗鉴于乱后国势艰难，只得迁就，允其加兼宰相，于魏州立天雄军以处之。

以上资料说明，收编安史降将，授其节镇，实际上承认其割据“自治”局面。就是说平定安史之乱，并没有阻止河北的分离政治势力的膨胀，却因通过诸多妥协结束叛乱，“妥协的代价证明是昂贵的。”[2]

《新唐书·兵志》云：“及府兵法坏而方镇盛。武夫悍将虽无事时，据要险，专方面。既有其土地，又有其人民，又有其甲兵，又有其财赋。以布列天下，然则方镇不得不强，京师不得不弱。”[3]节度使如何专有土地、人民、甲兵、财赋的？这要从节度使介入并接管州县行政系统说起。

唐朝因隋旧制，置大总管，后改为大都督，总领若干州军事。总管、大都督带使持节，称节度使，“不带节者，不是节度使”[4]。节度使的节，古之“瑞信”（信物），意思是“持节必尽人臣之节操耳”。据《三礼义宗》，节长一尺二寸。[5]春秋时，握节而死者谓之“死节”，是一种崇高荣誉。持旌节，表示已被授予相应的权力。这也是唐朝礼存于制度，即文明存于制度的一个例子。

睿宗景云二年（711）始有节度之号。开元二十二年（734）置十道采访处置使，并置使印。本来采访处置使和以前的黜陟使职权相似：观风俗，问疾苦，黜陟官吏。天宝年间，还敕采访处置使“察访善恶，举其大纲。自余郡务所有奏请，并委郡守，不

[1] 《新唐书》卷210《田承嗣传》，第5924页。

[2] 《剑桥隋唐史》（第八章，作者C.A.彼得森），第483页。

[3] 《新唐书》卷50《兵志》，第1328页。

[4] 《唐会要》卷78《节度使》，第1686页。

[5] 苏鹗撰，吴企明校注：《苏氏演义》卷下，中华书局2012年版，第31页。

须干及”[1]。肃宗乾元时，改采访使为观察处置使，此举似为了扩大观察处置使干预地方行政事务的权力。因此，节度使若兼有观察处置使，则由军事长官转变为道的最高军政长官。这样道、州、县地方三级行政建制取代了州、县二级行政建制。节度使集军政大权后，离心力增强，削弱了“君臣共治”的中央集权治国政体，出现了节度使抗命自保或发动兼并战争，分裂割据形势显现，动摇了唐王朝的统治。

藩镇割据局面对唐朝贞观以来治国的影响可以概括为以下几点：其一，藩镇拥兵割据，动辄叛乱，破坏了唐帝国的统一局面；其二，藩镇子袭父官爵、自署官吏侵蚀了中央官吏铨选之权；其三，藩镇图版税入，不归中央，破坏了赋税制度；其四，藩镇淫刑厚敛，劳民伤财，破坏河北、河南、山东社会经济；其五，藩镇相互联姻，造成新的军事门阀家族；其六，藩镇勾联宦官，干扰朝政；等等。可见，唐后期之政局出现严重的变化，正如史家所言：“破制削法，角为尊奢。”[2]破唐之政制，削唐之法治，竞相自大奢侈。唐之衰亡，可以预见！

当然，藩镇节度使中，也非千人一面。其中智多谋深者，间或有之，能于复杂的政局中，游刃有余，堪称枭雄。如王武俊其人就是。

3. 财政危机

早在开元年间，御史宇文融献策括籍外剩田（未登记在户籍的土地），检括隐户（未向里正、县司申报的户口），向归籍逃户征税。宇文融因此升为户部侍郎。宇文融败落，又有杨崇礼

[1]《唐会要》卷78《采访处置使》，第1681页。

[2]《新唐书》卷210《藩镇魏博》，第5922页。

为太府卿，“善勾剥，分寸锱铢，躬亲不厌”。其子慎矜为御史，专管太府出纳；其弟慎名又专管京仓，“皆以苛刻害人，承主恩而征责”[1]。就是说，开元、天宝时期，明亮的天空已有乌云浮现。繁荣的时期，往往也是容易滋生腐败的时代。

战争、腐败导致财政危机。收复兴元之后，唐朝“府藏尽虚”[2]。于是诸道“进奉”不息，“进奉”意味着节度使、刺史加紧搜刮民脂民膏。在古代，税制健全、支出有节时，则财政稳定。安史之乱后，税制发生了变化。代宗永泰元年（765），因京师地区小麦丰收，京兆尹第五琦奏请每十亩官税一亩，仿效古代“什一之税”[3]。但未知执行结果如何。租庸调制下,租是每丁二石。按当时授田实际情况推算，每丁年产出粮食大约三十石就算不错了。[4]所以，“什一之税”若真的实施，每丁要交租三石，税率上升了。

安史之乱破坏了盛唐稳定的政局，民户流亡，生产下降。开元中期以后，已经常发生逃户问题。安史乱后，更为严重。肃宗至德二载（757）敕文说：“诸州百姓，多有逃亡，或官吏侵渔，或盗贼驱逼，或赋敛不一，或征发过多。”代宗宝应元年（762）的敕文也说：“近日已来，百姓逃散，至于户口，十不半存。”[5]敕文所指的民户逃亡原因中，“盗贼驱逼”“征发过多”是战时、战后情况；而“官吏侵渔”“赋敛不一”，则是玄宗后期的治国理政的问题。政府管理不善，腐败事件如影随身，“量入支出”

[1] 《旧唐书》卷48《食货志》，第2086页。

[2] 《旧唐书》卷48《食货志》，第2087页。

[3] 《旧唐书》卷48《食货志》，第2091页。

[4] 《唐会要》卷85《逃户》记载：开元十八年（730）宣州刺史裴耀卿论时政疏指出安置逃户建议：每丁给私田50亩，“任其自营种”，十丁共营公田100亩，平收每亩1石“纳随近州县”。据此，可以每丁耕田30亩，亩收1石计算产出。第1853页。

[5] 《唐会要》卷85《逃户》，第1855页。

的财政模式难于维持，财政危机必然出现。

代宗改革户税之举，可以认为是解决危机的尝试。大历四年（769）改革户税，凡现任内外官、工商业户、寄庄户、寄住户、浮客及权时寄住户，都按指定的户等纳税，借以解决户口减少、税源锐减问题；同时提高税准，如八、九等户的户税钱，由原来的452、222文提高到700、500文。这样一来那些逃户，即逃到外地的寄庄户、寄住户、浮客及权时寄住户，不但不再能漏征，而且还可多收。工商业户列入二等征税。[1]代宗的户税改革旨在应对安史之乱后出现的财政危机，体现了“户无主客，以见居为簿；人无丁中，以贫富为差”的制税原则。[2]

4. 货币危机

在汉唐时期，主要货币是铜币。铜矿开采量决定铸钱量，铸钱量决定货币投放量，货币投放量又影响商品流通量。隋唐时期，货币支付手段简单，没有现代那样的金融危机，主要是货币不足与币制混乱、物价波动等问题。

货币不足与币制混乱。东汉至魏晋南北朝时期的冶铜、铸钱业衰落，货币供应严重不足，私铸问题突出，币值下降，物价波动，影响社会商品生产和流通。隋统一后，着力恢复冶铜铸钱业，恢复或新开二十五个铸钱炉。其后，全国性恶钱泛滥再起，用恶钱易货者，有被执处死者。经此严打，“私铸颇息”。大业以后，局势转殆，又多私铸。私铸、盗铸虽属不正当行为，立法打击，理所应当。但究其原因，一是铜的产量不足，铸钱量不敷流通量，钱币供不应求，在这一情势下，私铸、盗铸不可避免，

---

［1］《唐会要》卷83《租税上》，第1818页。

［2］《唐代财政史新编》，第194页。

或私铸、盗铸成为正常铸币的伴生物；二是官铸本身掺假，引发钱币贬值，也会导致私铸、盗铸，前述现用之钱掺和锡镴，而“锡镴既贱，求利者多，私铸之钱，不可禁约”。再者私铸、盗铸必然引起钱恶，民间不得不转而改用物物交易或其他的钱币替代物，隋末甚至“剪铁鍱，裁皮糊纸以为钱，相杂用之”[1]。到了大业以后，王纲弛紊，“货贱物贵”，社会危机爆发。

唐朝的冶铜铸钱业情况总体上比隋朝好，但是，因为社会经济繁荣，商品交换发达，货币供给问题突出了，于是也出现相当严重的货币危机。

从已有资料看，唐朝铜矿的开采、铜的冶炼规模上超过前代应无问题。[2]唐朝冶铜技术也有进步。当时铜的冶炼是以火法炼铜为主，这应无疑问。因此，铸钱的成本是比较高的。当然就新技术而言——水湿炼法——即胆铜法是最重要的技术进步。唐末五代，已用胆铜法生产出“铁铜”。

关于唐朝铸钱量和通货问题，诸家多有论述。一说认为穆宗时户部尚书杨於陵所言“(开元中)铸钱七十余炉，岁盈百万”之说有“很高的可信度”。[3]另一说认为开元中“岁盈百万”的记载是个别年份最高的铸钱量的记载；开元、天宝有两组铸钱量记载，分别为29.4万余和39.7万贯。[4]这两个数字基本上能反映出唐朝常年的铸钱量。

古代铸钱量相当于现代的货币投放量。宋以前铸钱量，以汉唐两朝最大，这是因为其时商品流通量比较大，市场对货币的需求量相应地增大。由于官铸钱的数量不足，以及币材铜又属贵重器皿材料，富人往往将铜钱作为储藏手段，所以部分钱币或被销

[1] 《隋书》卷24《食货志》，第767页。

[2] 徐东升：《唐代铸钱散论》，《中国社会经济史研究》2007年第2期。

[3] 徐东升：《唐代铸钱散论》，《中国社会经济史研究》2007年第2期。

[4] 钱兴龙：《唐代钱币量考》，《中国社会经济史研究》2010年第2期。

毁或被窖藏，减少了钱币流通量。货币（铜钱）不足，又引发盗铸、私铸。从汉唐朝铸钱量、流通量看，两者是互相联系的。社会经济的繁荣与否、自然经济与商品经济之间关系变动与这两个变量都有密切关系。但这种关系有时候在重大历史研究中常常被忽视。20世纪50年代的中国古史分期问题讨论，持“魏晋封建说”者视东汉以后商品经济萎缩为社会农奴化的标志，或者认为魏晋隋唐时期封建经济制度的“基本特征庄是园农奴制”[1]，唐中叶以后才有变化。殊不知西汉至唐小农经济结构和发展水平有差异，但断不至于达到两种社会形态之落差的地步。一个关键原因是东汉以后出现的铸钱停止或铸钱量减少之故，从而引起货币投放量终止或严重不足，商品流通停滞、受阻，自然经济在相当时间、相当程度上故态复萌。这是某种经济停滞，而很难说是制度上的倒退——农奴化的表现。

铜钱不再是计重货币，而是靠钱币的含铜量来表示其价值。开元年间，随着农业生产的发展、交通条件的改善，商品经济繁荣起来了。但是货币供应量不足的矛盾也成为经济问题。开元二十二年（734），玄宗因为钱币紧缺，诏令绢帛兼用，但绢帛又不能以尺寸交易，所以想开放铸钱。张九龄“奏请不禁铸钱”，而裴耀卿、李林甫、萧炅等不同意开放铸钱，认为“一启此门，但恐小人弃农逐利，而（钱）滥恶更甚，于事不便”。加上刘秩的一番反对论说，开放铸钱之事遂罢。[2]但是从历史经验看，张九龄支持开放铸钱是对的，唐朝缺钱，即市场货币投放量不足，其原因是没有开放铸钱。不开放铸钱是怕恶钱泛滥。所谓钱恶，就是掺和铅铁等金属，减少含铜量。铸钱之所以要掺和铅

[1] 漆侠主编：《中国经济通史·宋代经济史（上）》，经济日报出版社1999年版，第15页。

[2] 《旧唐书》卷48《食货志》，第2097页。

铁等金属，是因为币材供给不足。所以刘秩说："夫铸钱不杂以铅铁则无利，杂以铅铁则恶。"[1]

其实恶钱就是开元通宝钱单位货币的实际价值发生变化，形成贬值，冲击"积十文重一两，一千文重六斤四两"的法钱，出现劣币驱逐良币的局面，导致金融混乱。唐时恶钱产生实际上反映了冶铜业的水平不高，产量不足；产量不足导致法钱的铸钱量受限制；铸钱量受限制又促使盗铸四起，恶钱泛滥。所以计重货币被单位货币替代后，私铸、盗铸问题依然存在。铸大钱也是一个办法，但"乾元重宝""重轮乾元钱"因为币值与面值不一致，是为不足值货币，失去货币的市场信用，结果导致物价上涨。

货币危机还表现在实施两税法以后的财政危机、两税征收、货币、物价四个问题的关联上。概括地说，建中以后至咸通（德、顺、宪、穆、敬、文、武、宣八朝，780—860）唐王朝出现了慢性社会经济危机，这一危机过程中，财政、两税、货币、物价发生互相影响的结构性的慢性综合征。其表现就是财政增收、减支的叠加危机（恶性循环）引发政府政治危机；两税从"按虚估计征，以实估收纳"到"钱货均纳""一例作中估折纳"，引发上中下层官员的利益寻租热；钱轻（贬值）货重（物价上涨）到钱重（升值）货轻（下跌），导致物价波动。其中，货币（铜制钱）因为币值太小，投放量不足，很难起调节税收、稳定物价、缓解财政（危机）作用，反而成为上中下层官员垄断、利益寻租的工具。现有两税法研究没有从财政、两税、货币、物价发生互相影响的结构性慢性综合症方向去思考，就事论事，难于解惑、答难此类深层次问题。

关于贵金属金、银替代铜钱的可能性。战国、汉时期已出现金银准货币。但金、银矿是有限的，产量不足通货之需，难以取

---

[1]《旧唐书》卷48《食货志》，第2098页。

代铜钱以承担货币职责。马克思说过："商品交换越是打破地方的限制，商品价值越是发展成为人类劳动的一般体化物，货币形态也就越是归到那种天然适于担任一般等价物这种社会职能的商品，那就是贵金属。"[1]唐朝商品交换也已打破地方的限制，商品价值也渐能体现劳动价值，所以需要贵金属货币出现以代替铜钱货币，但是，唐统治者没有把白银（已在西域、南方流通）作为货币或作为货币本位；也由于生产力限制，贵金属货币出现以代替铜钱货币这一过程未能出现。

唐朝信用证券和纸币的出现。唐宪宗时，富商大贾到京师，把钱交给诸道进奏院或其他军政高官富人，然后可在其他地方"合券乃取之，号飞钱"[2]。又有柜坊，存钱凭类似支票的"帖"付款。飞钱的券和柜坊的帖，均是信用凭证（也有用帽子等信物），但是否催生了纸币也可追究，宋代四川交子本是"私券"。又李义山诗有"楮叶成来不直钱"句[3]，可能晚唐已有楮币（纸币）。宋代纸币交子、会子多用楮树造的纸印刷，又称楮币。

总之，货币危机过程反映了唐王朝的经济发展受到政治、经济环境的制约，盛世之下，危机频至。影响经济环境的外部因素就是周边民族问题和藩镇的崛起，使中央集权体制面临分权离心力的挑战，威胁经济的发展；内部因素就是税制改革和货币短缺问题，以及由此引起的财政危机与物价波动，动摇了帝国的权力基础并恶化了民众的生存环境。唐朝不可逆转地走向终点。

---

[1] 马克思：《资本论》第1卷，人民出版社1963年版，第66页。

[2] 《新唐书》卷54《食货四》，第1388页。

[3] 李商隐撰，叶葱奇疏注：《李商隐诗集疏注》上册，人民文学出版社1985年版，第322页。

二 德宗、宪宗两朝及晚唐政局

安史之乱后，肃、代两朝已不可逆转地走向衰落。那么继位的德宗、宪宗如何应对这样的局势呢？在这一背景下，德宗、宪宗两朝政局如何？“中兴”有望吗？需要讨论。

1. 德宗朝政局

在维护国家统一上的努力。代宗朝曾尝试削弱诸州团练防御等使兵权：“元载既伏诛，代宗始躬亲政事，励精求理。时常衮当国，竭节奉公，天下翕然，有升平之望。衮奏罢诸州团练、防御等使，以节财省费。便令刺史主当州军事，司马同副使，专押军案。”[1]但是此议未行，也就是兼此职的节度使握兵如故。

德宗朝藩镇跋扈，以致叛乱之事频发。其一，平定刘文喜之乱。建中元年（780），宰相杨炎欲筑原州城，恢复秦、原二州，以李怀光为邠宁节度使，并兼领泾原，刘文喜是泾原裨将，恐李怀光军令严峻，众心不安，不受诏。刘还要求旌节。诸事未能满足，他就发动叛乱。德宗说“微孽不除，何以令天下！”[2]拒绝刘文喜旌节之求，在李怀光、朱泚等率师讨伐下，刘被其部将杀死，叛乱结束了。其二，成德节度使李宝臣死，其子李惟岳阴谋继袭，魏博田悦也出面请求，德宗“欲革前弊，不许”，说：

[1] 《大唐新语》卷10《厘革》，第155页。

[2] 《资治通鉴》卷226《唐纪》，第7281页。

“贼本无资以为乱，皆借我土地，假我位号，以聚其众耳。”“命与不命等耳！”[1]李惟岳、田悦及淄青李正已等联合叛乱。德宗调兵自西、北向东、南进军，给叛军以巨大压力。其间山南东道节度使梁崇义也趁火打劫，欲起兵呼应。“时内自关中，西暨蜀、汉，南尽江、淮、闽、越，北至太原，所在出兵”，[2]形势相当紧张。但是，唐王朝仍然是军民心目中的正统，河东节度使马燧、昭义节度使李抱真、神策军都知兵马使李晟，大破田悦军于临洺（今河北永年），并继续进击叛军。原李宝臣的部将王武俊因李惟岳的猜疑，遂与卫常宁、王士真等联兵攻入恒州府城，杀了李惟岳，成德镇叛乱总算平定了。其三，建中三年（782）朱滔、王武俊、田悦、李纳筑坛同盟，分别称冀王、赵王、魏王、齐王，史称“四王之乱”。此时淮西李希烈秘密与李纳、朱滔联络，自称天下都元帅、太尉、建兴王。

自此之后，叛乱频发，平叛将领、重臣或有投向叛军者。如泾原节度使姚令言，本来奉命救襄城，以阻李希烈军的围攻；但他的部队因邀赏不成，发生哗变，入城抢劫。京城一乱，德宗逃往奉天（今陕西乾县）。姚令言竟与乱兵谋，把闲居的老牌军阀朱泚请出来，朱泚在源休的策划下，准备称帝。凤翔、泾原的将领和工部侍郎蒋镇，还有李忠臣等一批高官也投向朱泚。朱泚于是粉墨登场，做了大秦皇帝，并联络各方叛军，进攻奉天。唐王朝危在旦夕。

好在忠臣总是湮灭不完的，历经战斗洗礼的李晟报国忠君之心不减。“是时朱泚盗据京城，怀光图为反噬。河朔僭伪者三，李纳虎视于河南，希烈鸱张于汴、郑，晟内无货财，外无转输，

---

[1] 《资治通鉴》卷226《唐纪》，第7293页。

[2] 《资治通鉴》卷227《唐纪》，第7302页。

以孤军而抗剧贼，而锐气不衰，徒以忠义感于人心。”[1]兴元元年（784），李晟等军克复京师，朱泚逃窜泾州被杀。

德宗维护统一，平定藩镇叛乱的决心是有的，虽然他在将领、节帅的矛盾中妥协，但还是坚持平叛的。当时人对德宗的平叛政策提出过质疑，元和元年（806），宪宗与杜黄裳论及藩镇，杜说“德宗自经忧患，务为姑息”，劝宪宗“宜稍以法度裁制藩镇”[2]。德宗对藩镇叛乱是否“务为姑息”，学者们是有不同意见的。英国学者认为：“人们常常谴责德宗在挑起一次武装对抗时过于莽撞，但应该看到，他对局势的最初估计绝不是没有道理的。”“当时德宗的主要错误与其说是这个时候采取行动，倒不如说他未能认识到他的目标应该有限制，进行时应该深思熟虑。叛乱的目标不过是保存自己。”[3]清代著名学者王夫之十分公允地指出：德宗削藩“事虽劳而固有功矣”[4]。历史事实说明，德宗平叛态度坚决，也取得不少成功，杜黄裳说不全面，有失偏颇，不足为信。[5]这是比较客观的评论。

最可歌可泣的是颜真卿。李希烈陷汝州，德宗派颜真卿前往“宣谕”，河南尹郑叔则劝他别去，他却说：“君命可避乎？”见到李希烈时，李的养子千余拔刀拥上，差点把他碎尸而食，但真卿面不改色。他痛斥希烈有负朝廷，说我兄长颜常山（颜杲卿），安禄山反后首举义旗，被俘后骂贼不绝口。我八十岁了，官至太师，我会“吾守吾节，死而后已，岂受若等胁邪”！[6]颜真卿代表着忠诚于唐王朝的官吏和百姓。古代社会把对皇帝和王

[1]《旧唐书》卷133《李晟传》，第3666页。

[2]《资治通鉴》卷237《唐纪》，第7627页。

[3]《剑桥中国隋唐史》（第八章作者C.A.彼得森）第502、503页。

[4] 王夫之：《读通鉴论》卷24《德宗》，中华书局1975年版，第832页。

[5] 刘玉峰：《唐德宗评传》，齐鲁书社2002年版，第55—61页。

[6]《新唐书》卷153《颜真卿传》，第4860页。

朝的忠诚作为德的标准。所谓“气节”，就是这类忠诚。在叛乱年代，对皇帝和王朝的忠诚自然是一种凝聚力，所以应予肯定，而不可以一般的忠君观念论之。“时穷节乃见”，这是一种民族气节，也是中华文明的内涵之一：高尚节操与正气。

德宗朝“君臣共治”的治国理政模式虽无贞观、开元之盛，但也有某些可道之处。如德宗继位后，确有“励精求治，不次用人”[1]的新气象，表示他是一个有所作为的皇帝。因此有史书说他“英明果断，无以比德。每进用公卿大臣，莫不出自宸衷。若闻一善可录，未尝不称奖之”。他也注意纳谏，百官如应对称旨，“无不即抬眉耸听。朝退，即辄书其姓名于座侧”[2]。他用崔祐甫为相，“悉以国务委之，而祐甫事无巨细悉皆陈谏。上曰：‘朕与卿道合，天下细事，卿宜随便剖奏，无乃多疑朕也。’自是祐甫之道，益所公当。及杨公南、卢杞执政，报恩复仇，紊乱纲纪，朝野为之戢手”[3]。杨公南即杨炎。崔祐甫还劝谏德宗“虚心理道，亦望以无逸为元龟，则天下幸甚”[4]。“无逸为元龟”就是“无为而治”。虽然这是不切当时实际之言，但对于德宗这个“励精求治”的皇帝来说，可以戒其躁进而乱作为，也许有些好处。总之，德宗“建中初政声蔼然，海内想望贞观之理”[5]。其实，崔祐甫有点志大才疏，他做宰相未满二百日，命官八百人，德宗也惊其所为。后来，崔祐甫因被常衮诬陷而贬为河南少尹。

德宗治国，也有可议之处。贞观时期，用人方面注意精简，[6]但德宗似乎不予重视。建中三年（782），德宗“诏中书、

---

[1] 《资治通鉴》卷226《唐纪》，第7267页。

[2] 苏鹗：《杜阳杂编》卷上，中华书局1985年版，第6页。

[3] 《杜阳杂编》卷上，第9页。

[4] 《旧唐书》卷119《崔祐甫传》，第3442页。

[5] 《旧唐书》卷135《卢杞传》，第3714—3715页。

[6] 《贞观政要》卷3，第192页。

门下两省，分置待诏官三十，以现官、故官若同正、试、摄九品以上者，视品给俸，至禀饩、干力、什器、馆宇悉有差。权公钱收子，瞻用度”。沈既济谏阻，说现在“患在官烦，不在员少”，而“置钱取息，有司之权制，非经治法”。[1]又据丘丹撰的韦应物墓志铭记载，代宗、德宗两朝之交，“朝廷以京畿为四方政本，精选令长”[2]。说明安史乱后，朝廷仍然重视地方官员的简选。

德宗也有自省之时。他自奉天回京师后，曾检讨说：“致寇之由，实朕之过。”[3]他还贬斥“阴狡而愎，持权而贪”的窦参。贞元八年（792）德宗贬窦参之后，以尚书左丞赵憬、兵部侍郎陆贽为中书侍郎、同平章事。陆贽入相，“不负恩奖，悉心报国，以天下事为己任”[4]。政局为之一新。《旧唐书·陆贽传论》的赞词说：“近代论陆宣公，比汉之贾谊，而高迈之行，刚正之节，经国成务之要，激切仗义之心”[5]，可为良臣。虽然他的切谏未为所用，但其卓识时论，亦有利政局的稳定。

刘晏任户部侍郎兼御史中丞判度支时，“综大体，议论号为称职”。他在户部侍郎判度支位上“举真卿自代”，可见其正直品格。宝应二年（763），刘晏迁吏部尚书平章事、领度支盐铁转运租庸使。罢相后再“授御史大夫领东都、河南、江淮、山南等道转运租庸盐铁使如故”。当时正值安史之乱后，粮食供应非常困难，京师米价每斗涨到一千钱。有鉴于此，刘晏致书元载，提出经潇、湘诸水，漕运潭、衡、桂阳积谷以济京师，“若使江、湖米来每年三二十万，即顿减徭赋”[6]，利民利国。他克服不法

[1]《新唐书》卷132《沈既济传》，第4539页。

[2] 张忱石：《唐尚书省郎官石柱提名考补考》，中华书局2018年版，第8页。

[3]《旧唐书》卷139《陆贽传》，第3799页。

[4]《旧唐书》卷139《陆贽传》，第3800页。

[5]《旧唐书》卷139《陆贽传》，第3818页。

[6]《旧唐书》卷123《刘晏传》，第3512页。

节帅的阻截，保证王朝的赋入不减。又在诸道置巡院、递铺，监测物价，上报户部。这些开创性的措施，展现了他的理政才能，成为经济史上佳话。刘晏廉洁奉公，《唐国史补》记载他理财有方，“通百货之利，自言如见地上钱流”。但他每次入朝，乘劣马，居无华屋，食则取饱而已。[1]

虽然如此，刘晏却屡次遭到打击。他在户部侍郎兼御史中丞判度支时被酷吏敬羽陷害，贬通州刺史；在吏部尚书平章事（宰相）位上，又因交通宦官罢相。大历十二年（796）元载案发，刘晏奉诏审讯，他鉴于元载党羽密布，不敢专断，请御史大夫李涵、右散骑常侍萧昕、兵部侍郎袁傪、礼部侍郎常衮、谏议大夫杜亚一同审理。就是因为这件事，在德宗即位后，宰相杨炎为元载报仇，追怒前事，诬称元载之得罪，“晏有力焉”。又有流言说晏密请立独孤为皇后。[2]崔祐甫尽管奏言“此事暧昧”，结果德宗仍依杨炎之诬陷，贬刘晏忠州刺史，并予诛杀。

崔祐甫和刘晏被贬、被杀，暴露了德宗统治集团的阴暗一面。一是德宗不察，轻信常衮、杨炎诬奏。贬崔祐甫，是常衮冒郭子仪、朱泚之名罗织的罪名。等到弄清郭、朱未尝诬奏时，德宗大骇，改贬崔为贬常。刘晏案因牵涉“密请立独孤为皇后”事，德宗拒绝崔祐甫的讽谏，充当杨炎的帮凶。

这些事件的政治背景如何？需要加以探讨。高宗武后以来，明经、进士科地位渐渐显赫，《封氏闻见记》记云：“（唐初）秀才试方略策三道，进士试时务策五道。”“其后举人惮于方略之科，为秀才者殆绝，而多趋明经、进士。”“元宗时，士子殷盛，每岁进士到省者常不减千余人。在馆诸生更相造诣，互结朋党，

---

[1] 《唐国史补》卷上，第22页。

[2] 注：德宗的亲生母亲为沈氏，因洛阳沦陷而失踪。其父代宗宠幸独孤贵妃，甚至有册立皇后之嫌，因此与太子李适早有嫌隙。

以相渔夺，号之为棚，推声望者为棚头，权门贵盛，无不走也。”[1] 以上记载，不但说明科举（明经、进士）日渐显赫，士子奔竞；而且告诉我们，为了抢占入仕时机，举子们也开始“互结朋党”，推举“棚头”，奔走“权门”，广织关系网。科举选人以文章为标准，即重视文化素养。但其政治取向是谋取“治国理政”大位。因此，在争夺“治国理政”机会过程中，“互结朋党”事属必然。“互结朋党”背后是政治经济利益的再分配。这应该是分析德宗、宪宗时期政治的出发点。

有学者以为，德宗朝“发生了几个使进士科一跃而成为宰相和高级官吏主要来源的重要变化”[2]。关切社会现实和自身利益的士子即精英分子，不断通过科举进入仕途。其实，自高宗、武后至玄宗朝，这类精英分子已渐成气候；德宗朝，他们的政坛明星地位日显夺目。

元载虽非进士科出身，但也是制科出身，属于自学成才的精英士子。他早年因家世非豪门，而妻韫秀乃宰相王缙之女、诗人王维侄女，属于“侯门闺秀”，但妻门视其夫妻为“乞儿，厌薄之”，尝尽人间艰辛。于是元载乃游关中，寻找出路，作诗告别妻子韫秀。诗云：“年来谁不厌龙钟，虽在侯门似不容。看取海山寒翠树，苦遭霜霰到秦封。”其妻要求同往，赋诗云：“路扫饥寒迹，天哀志气人。休零离别泪，携手入西秦。”到了长安，他屡陈“时务”（政见），深符肃宗意旨，始获擢用。[3] 这一段经历，令元载的凌云抱负转为弥天的功名心。

元载有识人之才，做了宰相以后，“常选擢朝士有文学才望者一人厚遇之，将以代己。初，引礼部郎中刘单，单卒，引吏

---

[1] 《封氏闻见记》卷3《贡举》，第20页。

[2] 吴宗国：《唐代科举制度研究》，辽宁大学出版社1997年版，第174页。

[3] 范摅：《云溪友议》卷下《窥衣帷》，上海古籍出版社2012年版，第130页。

部侍郎薛邕，邕贬，又引炎。载亲重炎，无与为比”。[1]炎即杨炎。正当元载野心勃勃、不可一世之时，众怒上闻，代宗遂将其治罪。

杨炎进入政坛，也在谋划自身的抱负。元载任度支转运使时，嫌职务繁碎，“虑伤名阻大位”，就把钱谷之务悉委他的友人刘晏，并荐晏自代。“炎即构刘晏之罪贬官，司农卿庾准与晏有隙，乃用准为荆南节度使，讽令诬晏以忠州叛，杀之，妻子徙岭表，朝野为之侧目。”[2]

杨炎为元党的核心人物。《旧唐书·杨炎传》结束语云：“炎早有文章，亦励志节，及为中书舍人，附会元载，时议已薄之。后坐载贬官，愤恚益甚，归而得政，睚眦必仇，险害之性附于心。唯其爱憎，不顾公道，以至于败。”[3]他的仕途和政治倾向与元载相似。过去我们可能忽视这类现象：科举制度造就的部分精英士人，因切切于仕进，而具有强烈的功名心，又因其功名心，随之而来的是政治排他欲膨胀，并由此产生执着的复仇心态。杨炎即为一例。所以，功名心高者，或会害人一世，斯言不虚也！

一个政治集团形成，往往也是它的对立面出现之时，政治无通途，古今如此。杨炎继元载之后，也是一个能以片言移人主说的政治人物。他的政治抱负一如元载，为替元载报仇，嫁祸刘晏，导致刘晏被贬杀。杨炎排斥刘晏可能还有更深层的原因，刘晏在任内可能形成了以江淮物流、盐利和大盐商为基础的新权力中心，杨炎打击刘晏，德宗诏令贬死刘晏事件，暴露了京师新贵元载、杨炎和代表江淮富户商人利益的刘晏的矛盾。

从这一系列政争和贬杀中，我们可以悟出唐朝“君臣共治”

---

[1] 《旧唐书》卷118《杨炎传》，第3419页。

[2] 《旧唐书》卷118《杨炎传》，第3423页。

[3] 《旧唐书》卷118《杨炎传》，第3452页。

治国模式的脆弱性、不稳定性。元载和鱼朝恩是两强，结果两败俱伤；杨炎和刘晏是两强，也是两败俱伤。在政治集团更替过程中，必有不断的政争，处于裁判地位的皇帝若偏听偏信、步步失察，这些政争会恶化为仇杀。所以德宗应对刘晏案件负领导责任。我们还可以悟出，科举制度代替九品中正制，推动门阀政治向科举官僚政治转型过程中，所谓科举出身的士人，因为利益的再分配或其他原因（地望、性格、志趣），会形成“利益同盟”（“朋党”），这种政治现象是很难用士庶斗争之类的理论来解释的。

2. 宪宗朝政局

宪宗即位后，首先处理顺宗朝以王叔文为首的党案，贬韩泰为抚州刺史、韩晔为池州刺史、柳宗元为邵州刺史、刘禹锡为连州刺史，因为他们是王叔文党羽。王伾、王叔文在宪宗即位前已被贬，后又被赐死。关于王叔文案，史家早有评价，认定这是宦官藩镇势力反对革新派的一次政治斗争。斗争的焦点是财权与军权。王叔文任户部侍郎、盐铁转运副使，掌握财权，所以《资治通鉴》说：“先是叔文与其党谋，得国赋在手，则可以结诸用事人，取军士心，以固其权。”[1]所谓军权指范希朝为左右神策军统帅、京西诸城镇行营节度使，韩泰为行军司马。因此宦官俱文珍，朝官武元衡、窦群、贾耽等人均视王叔文等为专权朋党，欲灭之而后快。

据史书记载，永贞革新之“党争”性质，似另有助推因素。如顺宗病重，不能与宰相理政：“时上久疾，不复延纳宰臣共论大政。事无巨细皆决于李忠言、王伾、王叔文，物论喧杂，以为

[1] 《资治通鉴》卷236《唐纪》，第7612页。

不可。藩镇屡上笺于皇太子，指三竖之挠政。”[1]也就是“君臣共治”机制失灵，引发统治集团内权力斗争加剧，王叔文等处于要津，自然是众矢之的，用现代政治术语来说，就是替罪羊。其次是地域因素，王伾“吴语”，未见有科举出身资历。王叔文山阴（今浙江绍兴）人，也非科举出身。“好言理道，德宗令直东宫，太子尝与侍读论政道，因言宫市之弊。”[2]宫市是宦官的财路，王叔文言宫市之弊，宦官能不恨他吗？他还“密结当代知名之士而欲侥幸速进者”[3]。非科举出身的王叔文，团结了一批新进的知名人士，包括科举出身的士人。这一现象说明，德宗以来，中枢和京城的政治势力迅速重组了，政经利益驱动各类出身的士子，他们认为“侥幸速进”才是“王道”。“侥幸速进”加速了新的政治集团的形成，也铸成他们的失败。另一些进士出身的官僚则视之蔑如，如杜黄裳，“王叔文之窃权，黄裳终不造其门”[4]。

宪宗继续德宗的削藩事业维护国家的统一。宪宗即位后，西川节度使刘辟求领三川未果，发兵围梓州，欲兼并东川，宪宗命神策军使高崇文率军讨伐。宪宗与杜黄裳讨论藩镇问题，黄裳说：“陛下必欲振举纲纪，宜稍以法度裁制藩镇，则天下可得而理也。”他认为德宗对藩镇“务为姑息”[5]。这一次平叛，以高崇文克梓州，刘辟落败、被削夺官爵告终。但刘辟又东山再起，与高崇文鏖战不止，最后在逃往吐蕃的途中被俘，槛送长安处死。在平定刘辟之乱的同时，韩全义的外甥杨惠琳知夏绥留后，宰相杜黄裳以右骁卫将军李演为夏绥节度使，惠琳以兵拒李到任，于是朝廷命河东、天德军出兵平定。“夏、蜀既平，藩镇惕

[1]《旧唐书》卷14《顺宗纪》，第408—409页。

[2]《旧唐书》卷135《王叔文传》，第3733页。

[3]《旧唐书》卷135《王叔文传》，第3734页。

[4]《旧唐书》卷147《杜黄裳传》，第3973页。

[5]《资治通鉴》卷237《唐纪》，第7627页。

息，多求入朝。”[1]但藩镇叛乱威胁仍未解除，镇海节度使李锜也阳顺而阴逆，发动叛乱。常州刺史颜防“矫制”自称副诏讨，击败来犯之敌，传檄浙西各州，李锜落败被俘，械送京师，父子双双被腰斩。

河北三镇，暂时稳定。元和四年（809）成德节度使王士真卒，其子副大使王承宗自为留后。“河北三镇，相承各置副大使，以嫡长为之，父没则代领军务。”[2]也就说三镇节度使世袭已成常态。宪宗欲破除其世袭制，裴垍、李绛都不赞成，李绛深陈以为未可。”[3]他认为：“成德自武俊以来，父子相承四十余年，人情贯习，不以为非。况承宗已总军务，一旦易之，恐未必奉诏。”又恐范阳、魏博、易定、淄青各镇内自不安，互为党助。[4]李绛等没有说服宪宗，因为宦官吐突承璀为首的主战派鼓动宪宗出兵制服王承宗。元和四年（809），吐突承璀率左右神策军，并河中、河阳、浙西、宣歙各军，讨伐成德。白居易等特别反对用宦官为统帅。结果是诸军讨伐，损兵折将，久而无功。在双方相持的形势下，王承宗表示受人离间而对抗朝廷，愿输贡赋、请官吏，请求“自新”。宪宗有了台阶可下，于是罢兵，一切回归原状。

淮西吴少诚死后，其将吴少阳自为留后，朝廷也认可，遂以少阳为彰义军节度使。吴少阳也是个不法军阀，寿州出茶，他就抄掠茶山，作为军资。其子吴元济为蔡州刺史，是个祸根。元和九年（814）吴少阳死去，吴元济发兵四出，揭起反叛旗帜。朝廷以李光颜为彰义军节度使，以严绶为申光蔡等州招讨使，发兵进讨吴元济。当时吴元济向河北王承宗、淄青李师道求救。王承

[1]《资治通鉴》卷237《唐纪》，第7640页。

[2]《资治通鉴》卷237《唐纪》，第7657页。

[3]《旧唐书》卷164《李绛传》，第4287页。

[4]《资治通鉴》卷237《唐纪》，第7659页。

宗、李师道替吴元济向宪宗求情，未果。武元衡是力主平叛的，所以李师道派刺客暗杀元衡，并击伤裴度头部，好在裴度戴的毡帽厚实，未能致命。由此京师震动，宪宗盛怒，说道："吾用度一人，足破二贼。"[1]元和十二年（817），在宰相裴度坐镇谋划下，李愬、李光颜、乌重胤等名将努力奋战下，终于攻克蔡州城，吴元济被俘，械送京师。裴度抚恤民众，"蔡人始知有生民之乐"[2]。趁火打劫的王承宗、李师道辈亦不敢再张牙舞爪。

宪宗平定西川刘辟、浙西李锜、淮西吴元济等军阀叛乱后，声誉一度甚隆，政局初安。但他没能从根本上削弱藩镇兵权、政权和财权。直到元和十四年（819），横海军节度使乌重胤上奏，才提出制度改革意见："河朔藩镇所以能旅拒朝命六十余年者，由诸州县各置镇将领事，收刺史、县令之权，自作威福。"所以乌重胤认为如果恢复刺史的职权，就是有安禄山、史思明这类奸雄，也"必不能以一州独反"。他率先牒谕"各还刺史职事"，即节度使、都团练使、防御经略等使"所统支郡兵马，并令刺史领之"[3]。可惜，宪宗没有、也不可能接受这项改革，因此，他的"中兴"也改变不了唐王朝分裂、削弱和败亡的命运。

在治国理政的理念上，宪宗曾在"勤劳庶政"还是"端拱无为"犹豫过，但当时的现实不允许他"端拱无为"。这一点已前述，可以明了。所以他能听了杜黄裳的规劝，不做秦始皇"衡石程书"[4]及魏明帝、隋文帝一类躬亲细务、勤于求理之君。[5]其他如杜佑、李绛、武元衡、裴垍、裴度、元稹都是宪宗比较信任

[1] 《资治通鉴》卷239《唐纪》，第7714页。

[2] 《资治通鉴》卷239《唐纪》，第7744页。

[3] 《资治通鉴》卷241《唐纪》，第7768页。

[4] 指秦始皇理政，大小事必亲决，以至于文书（竹木册）成捆，日夜兼程。衡即衡器，指重量；石，重四钧，现代百斤为一石。

[5] 《资治通鉴》卷237《唐纪》，第7628页。

之人，就连白居易，也多次奏疏，指陈朝政之失。当时崔群为相，清名甚重。元和中他自中书舍人知贡举，罢任后，其夫人李氏劝他买庄田以为子孙之计，他笑着回答说：我前年放春榜三十人，不就是良田吗？[1]这种惜才爱才的高见，足以说明古贤的远见卓识。

宪宗朝宦官势力继续膨胀。李绛“尝极言宦官骄横，侵害政事，谗毁忠贞”。宪宗不以为是，说：“此属安敢为谗！就使为之，朕亦不听。”李绛进谏说：“自古宦官败国者，备载方册，陛下岂得不防其渐乎！”宦官吐突承璀讨王承宗无功而回，朝议汹汹。李绛奏称：“陛下不责承璀，他日复有败军之将，何以处之？”[2]在舆论的压力下，宪宗罢去承璀的神策军中尉之职，降为内诸司之一的军器使，让他去管军器。

德宗建中元年（780）颁布了两税法。两税法的出台，杨炎是主要推手。实施多年，税额三分（留州、留使和上供）及“量出为入”的原则都没有变化。[3]宪宗元和时，两税虽然“定税计钱”（陆贽语），但实际征收时，往往折纳匹段，因为纳税人没有钱或缺钱。当时按虚估计征，以实估收纳，物价下行时，对政府有利，对纳税人不利。李翱《进士策问》说，元和五年（810）的情况是“钱直日高，粟帛日卑”，“钱数不加，而其税以一为四”。这和元稹《为河南府百姓诉车状》所说“虚估正段绢一匹，约估四千已上，时估七百文”的情况差不多。李翱、元稹的估计可能说重了，不可能税负陡增4倍的。贞元初，米斗千钱，元和初米斗百钱以下，米价下跌90%，绢估也会下跌。大致上增估20%~30%可能性较大。而且两税钱（户钱、青苗钱、榷

---

［1］ 李冗撰：《独异志》卷下，中华书局1985年版，第39页。

［2］ 《资治通鉴》卷238《唐纪》，第7668页。

［3］ 《唐代财政史新编》，附录《“量出制入”与两税法的制税原则》，第302—320页。

酒钱等）并不需要折纳。实际税额上升，本质是增税。于是反对之声四起。

为了加强宏观调控，限制匹段折纳现钱。宪宗曾敕："所纳匹段并依中估，明知加价纳物，务在利及疲人，若更征剥实钱，即是重伤百姓。自今已后，送省及留使匹段，不得剥征折估钱。"[1]至于州县官俸料内一半现钱数，须"编入今年旨条，以为常制"。这样可以控制藩镇"皆以实估敛于人，虚估闻于上"[2]的欺上瞒下问题。同时，加强两税定额管理。先有如元稹在同州均定田税。宪宗元和四年（809）十二月监察御史里行元稹的《同州奏均田状》称：该州将"两税元额""均配"七县田地数内，也就是说，两税元额未变，但据该州七县实有田地数均摊。该州的"两税地"册是贞元四年简择而成的，至今已有26年，其间人户逃移，田地荒废，又近河诸县，每年河路侵沙苑，侧近日有砾填掩，百姓税额已定，都是按虚额（指原额）征税，显然很不合理。更有豪富兼并，广占阡陌，十分田地，才税二三，以致穷独之家逋亡，赋税不办。元稹令百姓自行申报现有耕地（自通手状），里正书手等认真审核，不派官吏入乡村，使"百姓等皆知臣欲一例均平，所通田地略无欺隐"。这次土地申报工作，"逃户荒地及河侵沙掩等地"从"虚额"中删除，其余现有土地，摊征两税。[3]可见元稹的同州均定田税，没有减少两税税额，而是在核定实有土地数，据地摊征两税，以免将"逃户荒地及河侵沙掩等地"计入计征田亩，减轻民户税负。

《元和十四年册尊号赦》对定税作出规定："比来州县并不定户，贫富变易，遂成不均，前后频有制敕，长吏不尽遵守，今宜

[1]《全唐文》卷61《停实估敕》，第654页。

[2]《唐会要》卷83《租税上》，第1822页。

[3]《宋本册府元龟》卷495《田制》，第1253页。

三年一定，必使均平。”[1]强调三年一定税的制度安排。

元和十三年（818）九月，宪宗切于财赋，以户部侍郎、判度支皇甫镈和卫尉卿充诸道盐铁转运使程异为宰相，“群情惊骇”，裴度、崔群极谏不可。但是宪宗不纳。因此裴度上《请罢知政疏》坚求自退，并申述“朝廷轻重，在于宰相”的观点。其疏说道：自古至今，未有不任辅弼而能独理天下的，“然华夏安否，系于朝廷，朝廷轻重，在于宰相”，“宰臣失人，则天子不得尊矣”。说皇甫镈掌财赋以苛为察，以刻为明。京北、京西城镇及百司并远近州府，凡是仰给支度的，“无不苦口切齿，愿食其肉”[2]。

围绕皇甫镈、程异两人入相的争论，引起一阵不小的政治震动。宪宗自平淮西胜利之后，以为世道渐平，就肆意娱乐，程异、皇甫镈揣摩圣旨，频送“羡余”，所以宪宗独排物议而准其入相。尽管有裴度之疏，宪宗仍不省悟。[3]而皇甫镈“知公议不可”，“益以巧媚自固”。在宪宗的纵容下，他“益无忌惮”，嫉妒裴度的军功，与宰相李逢吉、令狐楚合势排挤裴度，让度出镇太原。崔群有公望，为缙绅所重，屡言时政之弊，镈恶之，借议宪宗“尊号”的机会，构陷崔群，激怒宪宗，黜群为湖南观察使。皇甫镈又厚待宦官吐突承璀，结其欢心，与金吾将军李道古互为奸谋，荐引方士柳泌、僧人大通，蛊惑宪宗，以固其宠。[4]由此可见，皇甫镈入相，不仅仅是一两个人的进退，而是影响到一批人的进退。

宰相为股肱之任，如被小人所窃据，“君臣共治”的体制会发生质变。在“共治”模式下，皇帝、宰相和御史形成一个更加

---

[1] 李敏求：《唐大诏令集》卷10《帝王》，中华书局2008年版，第60页。

[2] 裴度：《请罢知政事疏》，《全唐文》卷537，第5459页。

[3] 《旧唐书》卷135《皇甫镈传》，第3739—3741页。

[4] 《旧唐书》卷135《皇甫镈传》，第3741页。

密不可分的整体，犹如一驾马车，皇帝是驾驭力量，宰相与御史好比两个轮子，当其相互协调，配合默契时，皇权的作用就得到充分发挥，故而有利于中央集权体制的稳定，有利于社会经济的发展。总的说，宪宗朝政局，“君臣共治”之模式，依然余绪尚存。正如《唐宪宗传》作者所指出的：“宪宗在元和年间（806—820年）比较好地处理了君臣关系，在大多数情况下，都能注意充分发挥臣下的作用，因而终于平定了藩镇，取得了‘元和中兴’的功绩。”[1]

元和期间，朝野舆论还是比较振奋的，歧见少于一致，颂声多于责难。欧阳修说：“宪宗刚明果断，自初即位，慨然发愤，志平僭叛。能用忠谋，不惑群议，卒收成功。自吴元济诛，强藩悍将皆欲悔过而效顺。”[2]但至末年，舆论就发生变化。从元和十三年至穆宗长庆四年这七年中，社会矛盾重新激化，朝野舆论中已出现若干值得注意的思潮。这一思潮以裴度、李德裕之言论最有代表性。裴氏言论已见前述，李德裕的《朋党论》引东汉仲长统“同异生是非，爱憎生朋党”的名言，指出“朋党致怨隙是也”，即“朋党”是制造矛盾的祸根。他认为东汉桓、灵之朝，政在宦官，纪纲乱，风教衰。所以有一批党锢之士，“议论疵物”“危言危行”“刺讥当世”，他们志在于维持名教，斥责并疏远那些佞邪小人，“虽乖大道，犹不失正”。而“今之朋党者，皆依倚幸臣”，他们诬陷君子，交游滋事，帮着佞幸之臣做坏事。“汉之党锢，为理世之罪人矣，今之朋邪，又党锢之罪人矣”[3]。

“朋党”问题前辈史学家多有论述。一种观点是把“朋党”

[1] 李天石：《唐宪宗传》，人民出版社2017年版，第75页。
[2] 《新唐书》卷7《宪宗纪》，第219页。
[3] 《全唐文》卷709《朋党论》，第7282页。

的党争定位于科举出身的新官僚集团与旧士族集团之间的斗争”，如“牛李两党之对立，其根本在两晋、北朝以来山东士族与唐高宗、武则天之后由进士词科进用之新兴阶级，两者互不兼容”[1]。这些结论是有史实根据的。

但是，实际情况要更复杂一些。回顾历朝中枢政争，似不能全据陈寅恪先生给出的山东士族与进士“新兴阶级”之争的公式验证。如张九龄和李林甫的政争，李林甫是李渊从弟长平王叔良的曾孙，李氏乃陇西望族，关陇集团后裔；张九龄，岭南曲江（今广东韶关）人，进士及第，应列入进士“新兴阶级”。朔方节度使牛仙客有政能，玄宗欲予实封，张九龄以为不宜。李林甫把张的意见泄给牛，于是牛在玄宗前，故意哭着推让，玄宗决定实封牛仙客，张再执奏反对。玄宗脸色一变，说：事总由你吗？你认为牛无“门籍”吗？那你有何“门籍”？张只好自称“荒徼微贱”，但坚持称牛“目不识丁”，不能当大任。再因王元琰贪赃事，“以九龄有党”，玄宗把他和裴耀卿一起罢知政事，用李林甫代替张九龄为中书令。[2]这件事从另一面说明，玄宗不是因为张九龄无“门籍”而予以罢官，也不是李林甫的小动作起了作用，主要是张坚持己见，反复陈奏，干扰他的决定。显然不能把这件事纳入士族与新兴阶级之争。李稹，酒泉公义琰侄孙，门户第一而有清名，常以爵位不如族望，官至司封郎中、怀州刺史，与人书札，唯称陇西李稹，而不衔。张燕公好求山东婚姻，当时皆恶之。及后与张氏为亲者，乃为甲门。[3]这个例子说明在玄宗朝门第仍是身份的象征，官宦们比较重视。中唐以后，情况发生了变化，但门第依然为舆论所关注和标榜。

[1]　陈寅恪：《唐代政治史述论稿》中篇，上海古籍出版社1982年版，第87页。

[2]　《旧唐书》卷106《李林甫传》，第3237页。

[3]　《唐国史补》卷上，第21页。

再看大历、建中年间的“党争”发展情况。元载家境贫寒，也非进士科出身，他上升的关键引路人是宦官李辅国，就是李以元载兼京兆尹，走向权力中枢。他和王缙要好，王缙应制举入仕，非进士及第的“新兴阶级”。元载亲近的杨炎虽以文辞见长，但亦非进士及第的“新兴阶级”。刘晏也非进士及第的“新兴阶级”。所以，元载、杨炎与刘晏的“党争”，实为政争，是政见争议演变出来的斗争。秦汉以来，以言治罪，以政见治罪，贬官或有赐死者，正说明当时法治的局限性，这就提供了政敌作孽的法律空缺，增强了陷害的残酷度。政争有是非，有黜陟，但不能动辄监禁、赐死。从唐朝“党争”事例中我们感觉到中华文明的负面内容，它流毒后世，自残文明风骨。

顺宗朝“永贞革新”的党争性质见前述，非科举出身的王叔文与进士科出身的韦执谊联合。韦为宰相于外，王则自专于内。反对王叔文集团的杜黄裳，却是韦执谊的岳父。反对派中多是进士出身。

元和之后的“朋党”是著名的“牛李党争”。牛僧孺是隋仆射牛弘之后，进士及第，元和时已升任侍御史，知台杂（判御史台日常事务，管理公廨杂事）。他在穆、敬两朝历任要职，文宗大和三年（849）由李宗闵推荐入相。“僧孺素与德裕仇怨”，反对西川节度使李德裕奏请对吐蕃用兵，接受吐蕃维州守将归降，遭到李党舆论抨击。在文宗朝，李宗闵与李德裕互相较劲，各自寻找同盟者，李宗闵居然会和李训、郑注合力排斥李德裕。[1]反之，李德裕在郑覃受到牛僧孺、李宗闵排斥时，出来应援，可称同党，但他却善待白敏中、令狐绹。白敏中是白居易的堂弟，长庆初进士及第，李德裕推荐他入翰林。李德裕被贬崖州，白敏中

[1] 《旧唐书》卷172《牛僧孺传》，第4471页。

居然“雷同毁誉，无一言伸理，物论罪之”[1]。白敏中跟着牛党诋毁李德裕，没一句公道话，遭到舆论谴责。李肇《唐国史补》称李德裕为相十年，正拜太尉，“清直无党”[2]。令狐绹也是进士及第。

这些例子说明，中晚唐的党争已不能说全是科举出身的新官僚集团与以门第自诩的士族集团的斗争。但是，不能说门第观念在唐朝的中后期不存在了，唐人是一向重视族望的。《大唐新语》曾记载说：“代有释昙刚制《山东士大夫类列》三卷，其假冒者悉不录，署云相州僧昙刚撰。左散骑常侍柳冲，亦明氏族。”[3]清人卢文弨说过：“唐人重族望，作史者往往亦相沿袭。”[4]高宗朝“以太原王、范阳卢、荥阳郑、清河博陵二崔、陇西赵郡二李等七姓，恃其族望，耻与他姓为婚，乃禁其自姻娶，于是不敢复行婚礼，密装饰其女以送夫家”[5]。有个故事说：李迥秀任考功员外，知贡举。有进士姓崔者，文章非佳，迥秀览之良久，对他说：“清河崔郎，仪貌不恶，须眉如戟，精彩甚高，出身处可量，岂必要须进士？”好言抚慰后，把他打发了，闻之者“大噱”[6]。“出身”指的就是族望，而族望象征着门第。文宗时，杜悰为岐阳公主服假，户部侍郎李珏感叹道：“比来驸马为公主行服三年，所以士族之家不愿为国戚者以此。”[7]李珏的话，令文宗大骇。这件事可以说明，皇帝也十分在意与士族的婚姻关系。武宗时，论及进士录取，宰相李德裕一番言论证明门第之影响不可忽视。李

[1]《旧唐书》卷166《白敏中传》，第4359页。

[2]《唐国史补》卷中，第44页。

[3]《大唐新语》卷9《著述》，第134页。

[4]卢文弨：《抱经堂文集》卷15《武周珍州荣德县丞梁师亮墓志跋癸卯》，中华书局1990年版，第210页。

[5]刘悚：《隋唐嘉话》卷中，中华书局1979年版，第33页。

[6]《大唐新语》卷8《知微》，第115页。

[7]《旧唐书》卷17下《文宗下》，第572页。

说："朝廷显官须是公卿子弟。何者？自小便习举业，自熟朝廷间事、台阁仪范、班行准则，不教而自成。寒士纵有出人之才，登第之后始得一班一级，固不能熟习也。则子弟成名，不可轻矣。"[1]但是，随着晚唐政局的变化，大族子孙居官易贯（籍贯），朝秦暮楚，风光不再，世人的门第观念也渐渐淡薄。

谭凯《中古中国门阀大族的消亡》总结墓志铭提供的资料说："大量材料表明，在当时，姓氏和郡望经常被指用来大姓（Great clan）。然而，虽然这些家族保持着重要的身份集团，笔者认为，他们的境况在九世纪已经发生了很大的变化。其中大部分重要家族（除了居住在东南边缘地带的那些家族）与他们的祖籍地早已没有联系。""很明显，在朝廷身居高位的9世纪政治精英中，仅有一小部分属于这些旧时家族的真正后裔。"[2]这个结论或可参考。

---

[1]《旧唐书》卷18上《武宗纪》，第603页。

[2] 谭凯著，胡耀飞、董风云译：《中古中国门阀大族的消亡》，社会科学文献出版社2017年版，第40页。

三 宦官与治国政体的变化

隋和唐内侍省的职务基本相同。唐制，宦官分属五局：掖廷局，主管宫嫔簿最（名册及女工考课）；宫闱局，主管宫院出入管籥（锁匙）；奚官局，主管宫人医药、死丧；内仆局，主管供帐灯烛；内府局，主管中藏（金银货物库）出纳。宦官既是皇帝的“家奴”，又是皇权的伴生物。作为后者，宦官在中央集权制度里，占有特殊地位，不能简单斥责了事。

以唐朝为例，宦官在以下几方面起作用，首先是影响了国家治理。宦官得宠并获取官爵后，侵蚀宰相权力，破坏“君臣共治”的治国模式。李辅国、鱼朝恩等干政事件，就反映这方面的问题。李辅国因预谋诛杨国忠，劝太子李亨分兵朔方，为其继位立下一功，而备受重用。李辅国得宠后，“宰相群臣欲不时见天子，皆因辅国以请，乃可得”。后李辅国以功迁兵部尚书，既得志，又求宰相。[1]代宗立，辅国更以定策之功，愈加跋扈，说：“大家弟坐宫中，外事听老奴处决。”[2]置宰相于不顾，可谓嚣张之极。当时代宗表面上尊他为尚父，暗中则削其兵权，最终他落得被刺杀的下场。李辅国之死，说明代宗朝任何破坏了贞观治国政体的行径还是要失败的。

鱼朝恩，玄宗天宝时太监，肃宗时已任监军。代宗为避吐蕃而东幸时，赖鱼朝恩迎奉，得以转危为安，遂以朝恩专领神策

[1] 《新唐书》卷208《宦者下》，第5879、5881页。

[2] 《新唐书》卷208《宦者下》，第5879、5882页。

军。代宗永泰时，竟诏鱼朝恩判国子监，由他讲经、视学。他气焰熏天，史言："朝廷裁决，朝恩或不预者，辄怒曰'天下事有不由我乎'！"[1]同样置宰相于不顾。后因与元载不和，载"乃乘间奏诛朝恩"[2]。更甚者，如僖宗时宰相卢携"素事令孜，每建白，必阿邑倡和"[3]。当时田令孜是左神策军中尉。

枢密使一职始置于代宗永泰二年（766），职掌承受表奏，转呈皇帝；皇帝旨意，亦由其下达。传达王命的职务，久之成为特权。宦官出任枢密使，即可预闻机密，趁机弄权。王守澄谋害宪宗后，即知枢密使。他在宦官刘克明等谋害敬宗后，与宰相裴度粉碎了刘克明等政变阴谋，拥立江王，即文宗。唐末懿、僖之前，宦官内外勾联，干预政局，已经彻底破坏了贞观以来的中央集权制度模式。这一古代灰色政治阴影，留给后人的是切齿之痛。

其次是宦官监军和掌控禁军。武后垂拱年间停御史监军，中宗神龙元年（705）以后，改由宦官监军。[4]学者指出，"德宗贞元以后是（宦官）监军之制的定型阶段"，总体说来，宦官出任的监军使有三种，第一种是藩镇常置之监军使，每使置院，有官印，任期三四年，地位在节度使之下，州刺史之上，"俨然成为地方使职系统中不可或缺的一员"[5]。这一变动，对地方理政不可避免地带来影响。第二种是南北衙系统的监军使，第三种是行军作战时临时设置的监军使。[6]监军虽然对军队无指挥权，但可掌握军队动态，做皇帝耳目。有时，宦官也能出任军队统帅，

---

[1] 《新唐书》卷207《宦者上》，第5865页。

[2] 《新唐书》卷145《元载传》，第4712页。

[3] 《新唐书》卷208《宦者下》，第5885页。

[4] 《唐会要》卷65《内侍省》，第1336页。

[5] 黄楼：《神策军与中晚唐宦官政治》，中华书局2019年版，第497页。

[6] 黄楼：《神策军与中晚唐宦官政治》，第498页。

如宪宗朝宦官、左神策军中尉吐突承璀请讨王承宗，宪宗即命其为行营招讨处置使。当时谏官们一起反对，说“古无中人位大帅，恐为四方笑”[1]。宪宗被迫改其为行营招讨宣慰使。处置使有军队指挥权，宣慰使只是联络藩镇、处理藩镇某些事务的临时使职。

宦官掌握禁军，其影响更大了。德宗以泾师之变中，禁军仓促不及召集，于是不愿以武臣典禁兵，任用身边的宦官窦文场、霍仙鸣等主管神策天威等军。于是“禁军全归宦寺”[2]。本来射生军作为北门禁军，有衙前射生和内射生（皇帝贴身警卫）。代宗时，宦官鱼朝恩率领的神策军崛起。鱼朝恩把神策军引入禁中驻扎，代替了原来的皇帝警卫。

神策军既是皇帝的禁卫军，又是皇帝能指挥的野战部队，所谓内外兼顾。学者认为，“德宗贞元初，左右神策军正由藩镇体制向六军化转变”[3]。其后又多委宦官为枢密，出纳王命。宦官介入皇帝的废立，“自穆宗以来八世，而为宦官所立者七君”[4]。宪宗死于王守澄、陈弘志之手，王守澄与梁守谦、韦元素等定册立穆宗。敬宗死于刘克明之手，刘欲“恃功，将易置左右，自引支党专兵柄”[5]，枢密使王守澄、中尉梁守谦和宰相裴度等发兵阻击，另迎江王继位，是为文宗。文宗朝，仇士良之专横令人发指：“文宗与李训欲杀王守澄，以士良素与守澄有隙，故擢左神策军中尉兼左街功德使。”仇士良知道李训等欲悉逐宦官之谋，便先发制人，裹胁文宗还宫，拘捕大臣王涯等人，迫使他们承认反逆，并“示牒于朝”。接着他发兵大肆拘捕朝官，无轻

[1] 《新唐书》卷207《宦者上》，第5869页。

[2] 赵翼：《廿二史札记》卷20《唐节度使之祸》，中华书局1963年版，第430页。

[3] 黄楼：《神策军与中晚唐宦官政治》，第54页。

[4] 《廿二史札记》卷20《唐节度使之祸》，第430页。

[5] 《新唐书》卷208《刘克明传》，第5884页。

重悉毙之禁军衙门，以致朝中“公卿半空”[1]。文宗慑于仇士良的淫威，而“郁郁不乐”，自认受制家奴。文宗死，宰相李珏、杨嗣复谋奉太子监国，士良矫诏立颍王，这就是武宗。

自宪宗以后，穆、敬、文、武、宣几朝不能说都无所作为。如穆宗接受裴度奏论，罢去元稹翰林学士之职，因为元稹与宦官交通乱政。敬宗朝诏停浙西织造“可幅盘绦缭绫”（精致的丝织品）。文宗开成初恢复左右史执笔立于螭（一种龙）头之下，“君臣论奏，得以备书，故开成政事最详于近代”。武宗检括和沙汰僧寺、僧尼，客观上有利社会风气的好转。宣宗留心贡举，有时微服行走人间，采听舆论，以观选士之得失。“当时以大中之政有贞观之风焉。”[2]但总的说，自宪宗以后，皇帝沉湎为乐，嗜食金丹药，风俗奢靡；宦官专权，朋党搅局；时有藩镇跋扈。政风日下，难挽狂澜。自懿宗朝起，大唐挽歌终于声闻大江南北。宦官担任皇帝和中枢警卫，这就给宦官提供了通过暗杀或拥立皇帝实施宫廷政变的机会。于是就出现王朝安全系于皇帝，皇帝、大臣安全系于宦官的局面。

中晚唐各朝，均困于宦官之祸。到了昭宗授政于宰相崔胤，宦官刘季述、王仲先深自不安，竟幽禁昭宗，册皇太子裕监国。时崔胤勾结宣武军节度使朱全忠，诛杀了刘季述等人，昭宗反正。但昭宗和朝政已被朱全忠控制，朱大开杀戒，再诛杀宦官700余人，结束了宦官专权时代，也结束了统一的唐王朝。

---

[1]《新唐书》卷207《仇士良传》，第5872页。

[2]《旧唐书》卷18下《宣宗纪》，第617页。

四 大唐挽歌

关于唐朝的衰亡问题，我国学术界的观点比较一致，也就是说他们的看法大同小异：皇帝昏庸、朝政腐败、藩镇割据、宦官专政、农民起义；等等。这些因素均有案可稽，言之成理。但是，这些浮现于政治舞台“事件”的深层原因是什么，学术界仍在探讨中。

从揭发出来的制度性问题看，当时有一些“致命性”难题无法解决，致使财政危机、政治危机、信仰危机加剧，终于导致唐朝的衰亡。就是说，是制度上的综合危机毁坏了唐朝这座大厦。

首先是财政危机。唐中后期的财政危机主要表现在两税法实施后出现的加税、折纳诸问题，深层的原因是安史之乱以后，土地、人口的动态变化和货币危机。两税法的制度设计缺陷是明显的，“定税之数，皆计缗钱，纳税之时多配绫绢”[1]。也就是说，在商品生产还不发达，编户（纳税户）没有相当货币支付能力的情况下，执行这一方针，只能靠折纳。折纳则因物价波动，发生提高税率问题。德宗朝，随着农业生产恢复，经济向好，物价下行。[2]这本来是好事，却因按市场价格折纳，纳税人要“倍输”其税，这不是制度性缺陷是什么？后来虽然有省估、实估、中估等微调政策出台，但地方政府征税时唯利是图，就高不就低，税

---

[1] 陆贽：《陆宣公奏议注》卷14《其一论两税之弊须有厘革》，中华书局1991年版，第177页。

[2] 参见郑学檬：《点涛斋史论集》，第418页。肃宗至德宗朝，米斗1000文；宪宗至文宗朝，米斗50至100文。

赋不降还升。加上临时加税、官员寻租、灾荒等原因，小生产者生存环境急速恶化。

其次是藩镇割据。清代史学家赵翼评论说："（唐朝末年）天下尽分裂于方镇，而朱全忠遂以梁兵移唐祚矣。"[1] 此论一语中的。唐末的藩镇割据，类同于安史乱后的局面，他们或是黄巢旧部，投机归降，巢败后拥兵割据。最典型的是朱全忠。《新五代史》记载说：唐僖宗乾符四年（877），黄巢起曹、濮，朱存、朱温兄弟加入黄巢部。朱存在黄巢进攻岭南某战役中战死。黄巢攻陷长安，以朱温为东南面行营先锋、同州防御使，但数次被唐朝河中节度使王重荣击败。朱温请求增援，黄巢的中尉孟楷却阻止增援。朱温的门客谢瞳说服他效法秦末章邯背秦归楚的故事，归降王重荣。后朱温果然降唐。他在救援陈州赵犨一战中大败黄巢大将黄邺、尚让，成为与沙陀族首领李克用齐名的大军阀，并与李克用展开争夺势力范围的连年混战。最后他在宰相崔胤、张全义等人的合谋、支持下，代唐建梁，终结了唐王朝。

安史乱后，自肃宗至昭宗，藩镇节度使们一旦站稳脚跟，就会做起成王称帝的梦，这是历史的经验。陈胜、吴广都可以喊出"王侯将相宁有种乎"的口号，[2] 他们的后辈造反者为什么就不敢做个帝王梦呢？这也是中国古代政治文明的一个有启示意义的内容。虽然秦以下治国体制是中央集权，但其统治者并非完全由家族世袭。每当改朝换代，也有个别草莽英雄能成为新的统治者；正如科举制度下，一个寒门子弟可能凭借科举入仕而为宰相那样。过去总从消极因素方面寻找"中国封建社会长期性"的原因，而没有从这个"王侯将相宁有种乎"的改朝换代之政治文明法则去理解，实是可惜。也就是说，应付一个中央集权统治腐败

[1] 《廿二史札记》卷20《唐节度使之祸》，第441页。

[2] 《史记》卷48《陈涉世家》，第2368页。

的办法之一是改朝换代，换代的政局也许会四分五裂，但中华民族的共同语言、文化、族群等凝固剂，会促成新的统一和强大。

再次是宦官控制皇权。这一点，已见前述。总的说，自宪宗以后，皇帝沉湎为乐，嗜食金丹药，风俗奢靡；宦官专权，朋党搅局；时有藩镇跋扈。政风日下，难挽狂澜。自懿宗朝起，大唐挽歌终于声闻大江南北。

懿宗咸通年间刘允章的"九破八苦"论，是对生存环境恶化极尖锐的揭露："九破"指终年聚兵，"蛮夷"边衅，权豪奢僭，大将不朝，广造佛寺，贿赂公行，长吏残暴，赋役不等，食禄人多而输禄人少；"八苦"指官吏苛刻，私债征夺，赋税繁多，所由乞敛，替逃人差科，冤不得理、屈不得伸，冻无衣、饥无食，病不得医、死不得葬。刘允章的"九破八苦"概括了唐王朝制度性危机，已达到无以复加的程度。在"九破八苦"的社会里，多数人已陷入绝境。"天下百姓哀号于道路，逃窜于山泽。夫妻不相活，父子不相救。百姓有冤诉于州县，州县不理；诉于宰相，宰相不理；诉于陛下，陛下不理，何以归哉！"[1]在一片哀号声中，我们可以感觉到信仰的危机随处可见可闻。

信仰的危机是个大题目，难以细说，这里仅以黄巢反唐事件中所透露的官民信仰的危机，作一试探。

从官府方面说，《旧唐书·黄巢传》记载："王仙芝、尚君长聚盗起于濮阳，攻剽城邑，陷曹、濮及郓州。先有谣言云：金色虾蟆争努眼，翻却曹州天下反。"[2]谣言即今之舆论，"天下反"的舆论是谁制造出来的？据推测未必出于王仙芝、尚君长之流。他们怎么敢造此谣言？可能出自民间。因为民间因生存危机紧迫，对唐王朝丧失信心，广泛存在"天下反"意识，所以"及仙

[1] 刘允章：《直谏书》，《全唐文》卷804，第8449页。

[2] 《旧唐书》卷200下《黄巢传》，第5391页。

芝盗起，时议畏之”[1]。就是说舆论认为王仙芝必反，天下乱定了，可畏！可畏！这证明民间信仰危机的深重。

王仙芝起事后，经陈、许、襄、邓诸州，其部众号称三十万，相继攻陷江陵、洪州等沿江城市。当时朝廷以神策统军使宋威为荆南节度招讨使，中使杨复光为监军，调兵前往镇压。杨复光派判官吴彦宏去招降，王仙芝便令尚君长等去京师“请罪”，以期恩命官爵。哪知宋威害怕杨复光诱降之功，途中把尚君长等杀了。王仙芝部怒极，率精锐兵马大败宋威军。朝廷不得已而换帅，由王铎代为招讨。

乾符五年（878）王仙芝兵败，被捕杀害。尚君长被杀，其弟尚让与黄巢等部众合势再起，黄巢被推为“冲天大将军”。黄巢“仍署官属，藩镇不能制。时天下承平日久，人不知兵，僖宗以幼主临朝，号令出于臣下。南衙北司，迭相矛盾，以至九流浊乱。时多朋党，小人谗胜，君子道消。贤豪忌愤，退之草泽。既一朝有变，天下离心。巢之起也，人士从而附之。或巢驰檄四方，章奏论列，皆指目朝政之弊，盖士不逞者之辞也”[2]。以上记载说明，“一朝有变，天下离心”的潮流汹涌，士人信仰崩溃，纷纷附叛，危机中的唐王朝面临必败、山崩的困境。

这时，僖宗才想到高骈。黄巢畏高骈威名，“伪降”高骈，杀了高骈派来受降的将领张璘，兵锋直指湖湘，进据广州。黄巢向朝廷讨价还价，要天平军节度或安南都护、广州节度，未果；又欲据南海之地，永为巢穴。可见黄巢是有些远见，因为8世纪后，广州已是海上丝绸之路的东方大港，为阿拉伯人所知，富甲天下，又离中原遥远，足以长久割据。但由于黄巢部众多北方人，自春至夏，天气转热，潮湿而闷热的环境，令其部众“大

[1]《旧唐书》卷200下《黄巢传》，第5391页。

[2]《旧唐书》卷200下《黄巢传》，第5392页。

疫，死者十三四。众劝请北归”[1]。广明元年（880）黄巢率部北返，过五岭，经湖南、江西、浙江，回到淮南，直逼广陵（今扬州）。这时，正是高骈以逸待劳，阻击并聚歼黄巢部的好机会，哪知高骈“闭门自固，所过镇戍，望风降贼。（黄巢部）九月渡淮，十一月十七日陷洛阳”[2]。

高骈为何采取“闭门自固”的态度？过去只说他自保实力，以图割据要价。细想，还有信仰危机问题。据记载，高骈“末年惑于神仙之说”“乃谢绝人事，屏弃妾媵、宾客，将吏无复见之。有不得已之故，则遣人洗浴斋戒，诣紫极宫道士祓除不祥，谓之解秽，然后见之”[3]。自此内外壅隔，纪纲日紊，吕用之等人大行威福。吕用之自称磻溪真君，张守一是赤松子，诸葛殷称将军，建成仙楼，受道家秘法，荒唐行径不一而足。高骈的堕落，源于信仰危机，成于政治上自保、割据，置唐王朝安危于不顾。

[1] 《旧唐书》卷200下《黄巢传》，第5392页。

[2] 《旧唐书》卷200下《黄巢传》，第5392页。

[3] 罗隐：《广陵妖乱志》，《全唐文》卷897，第9359页。

第四章

隋唐环境、资源与社会经济

人类生存依赖特定的自然环境，包括气候环境、水、土壤、植物、动物资源环境等方面。隋唐环境资源条件是比较优越的，为治国理念的实施提供了丰厚的物质基础。中国古代经济重心的南移，也从一个侧面反映了当时经济政治变革的进程。我们不必去争论哪个地区比哪个地区先进，历史研究最重要的方法是去分析不同时期的变革进程及其经济发展水平。

一 隋唐环境、资源

1. 气候的变迁

著名科学家竺可桢先生于1972年发表了《中国近五千年来气候变迁的初步研究》一文，指出：从仰韶文化到安阳殷墟的两千年间，黄河流域的年平均温度大致比现在高 2℃，一月温度约3~5℃；此后的一系列冷暖变动，幅度大致在1~2℃，每次波动的周期，历时400~800年；历史上的几次低温出现于公元前1000年，公元400年、1200年和1700年；在每400~800年的周期中，又有周期为50~100年的小循环，温度变动的幅度0. 5~1℃；气候的历史波动是世界性的，但每一最冷时期，似乎都是先从东亚太平洋沿岸出现，而后波及欧洲与非洲的大西洋沿岸。大变动的原因主要受太阳辐射的控制，小变动的原则与大气环流活动有关。[1]他从1921年起就观察记录物候，1963年和宛敏渭合著《物候学》出版。

汉唐至五代（公元前206—960）处在温暖期—寒冷期的过渡时期。冷暖变动幅度大致在1~2℃。温暖期对农业的发展比较有利。

隋唐处于温暖期。6世纪初中叶，时人宗懔的《和岁首寒望诗》云："所言春不至，未有桃花源。"[2]但半个世纪后，情况发

[1] 竺可桢：《中国近五千年来气候变迁的初步研究》，《考古学报》1972年第1期。

[2] 欧阳询：《艺文类聚》卷28，上海古籍出版社1999年版，第506页。

生变化，天气似乎回暖。据说隋大业六年（610）正月朔旦，有一个盗贼衣白练裙襦，手持香花，自称弥勒佛出世。[1]阴历正月初一有香花，也许是月季花。月季自然花期从8月到次年的4月，有白色的，香气浓郁，说明当时天气并不十分寒冷。唐天宝中，长安皇宫里种的柑橘，至秋结果。柑橘属芸香科柑橘亚科，是热带、亚热带常绿果树，能在气温3—4℃以上的地区生长结果，足以证明当时气候温暖。唐代杨贵妃好食荔枝[2]，荔枝出今重庆及四川的涪陵、泸州等地。代宗朝襄州种蔗。穆宗长庆二年，雪后变暖，水不冰冻，草木萌发，如正月、二月之后。但到了晚唐，气候转冷，僖宗中和元年（881），出现了“河东霜杀禾”[3]的情况。中和二年（882）七月，宜君砦（今陕西宜君）雨雪盈尺甚寒，黄巢尚让部士兵冻死者十二三。

总的说，隋唐盛世有相当长的气候温暖期，所以农业有了较大发展，农业丰收又推动手工业、商业的发展。

科学家以太阳辐射总量、温度、雨量三个气候要素为依据，分析了我国气候的特点，阐明气候与农作物生产的关系，对研究中国经济史有重要意义。

2. 水、土壤、植物、动物资源概述

水资源和社会经济、人们生存状况关系密切。观察水资源的情况可从水情记录、河流、湖泊盈竭等方面作出结论。首先是水情记录：隋唐时期，大部分时间属温暖期气候，降雨量较大，水

---

[1] 《隋书》卷23《五行下》，第734页。

[2] 《全唐诗》有许多描写荔枝的佳句。如周勋初：《唐人轶事汇编》（上海古籍出版社1995年版）卷2："太真好食荔枝，每岁忠州置急递上进，五日至都。"证实苏东坡诗所述有据。

[3] 《新唐书》卷9《僖宗纪》，第272页。

资源充足。唐朝水情记录也反映水资源仍然很丰富，干旱时期少于风调雨顺时期。《旧唐书·五行志》及纪传中有关记载可供参考。彭蠡泽（今江西鄱阳湖）范围的扩大，也是一个证明。学者指出："唐代在我国历史上处于高温多雨时期，长江干支流的径流量相应增大，江水由湖口倒灌入湖，以及赣江来水的顶托，造成彭蠡泽的扩展……大体上奠定了今天鄱阳湖的范围和形态。"[1]

关中的水碓、引黄灌田工程，都说明水资源较为丰富。唐《水部式》、白居易西湖用水法，是利用水资源的法规。温暖期气候，降雨量较大的又一个迹象是缘边生态环境有明显改善。如夏州（今陕西靖边以北至内蒙古毛乌素沙漠、鄂尔多斯地区南部），就有贺麟泽、拔利干泽、沃野泊、长泽、故阳城泽、突纥利泊、库也干泊、弥鹅泊、榆禄浑泊、颓泽。这一带位于黄河河套之南，雨量充沛时可受益于河水滋补，所以广袤沙漠地区居然水泊相望。唐代最重要的农业成就是江淮水稻生产的发展。[2]

唐末的情况有了变化。德国研究人员曾发表研究报告说，罕见的季风期异常，导致唐王朝统治晚期灾荒连连，进而作为引发农民起义的因素之一，加速唐朝灭亡。德国研究人员格拉尔德·豪格认为，湖泊沉积岩岩心中钛元素含量和磁性是相应历史时期冬季季风强弱的标志。在正常情况下，冬季季风期和夏季季风期交替，在夏季带来丰沛降雨，冬季则相对少雨，气温也在一定幅度内变化。但在最近1.5万年中，曾3次出现冬季季风过强而夏季季风过弱的异常现象，每次都会导致一段异常寒冷的

---

[1] 王育民：《中国历史地理概论》（上册），福建人民出版社1987年版，第133页。

[2] 可参考张泽咸：《汉唐农业》（上下册）（中国社会科学出版社2003年版）；郑学檬：《中国古代经济重心南移和唐宋江南经济研究》（岳麓书社2003年版）；李伯重：《唐代江南农业的发展》（农业出版社1990年版）；江苏省六朝史研究会、江苏省社科院历史所编：《古代长江下游的经济开发》（三秦出版社1996年版）；牟发松：《唐代长江中游的经济与社会》（武汉大学出版社1989年版）等著作。

时期，其中前两次出现在最近一次冰期，最后一次就出现在公元700年至900年。豪格领导的研究团队从广东湛江一处湖泊中提取沉积岩岩心，并根据检测结果推断，750年前后，唐王朝开始经历一段相对干旱时期，在这一段时间内，曾不止一次出现以三年为周期的极干旱时期，导致降雨量减少和持续干旱，造成灾荒，进而作为引发农民起义的因素之一，加速唐朝灭亡。豪格等人的研究报告发表在英国《自然》杂志上。[1]

豪格的分析，证之于史书，也可找到一些疑似证据。如武则天时期，多次出现反常气候，以致荆州人俞文俊上书称“天气不和而寒暑隔，人气不和而疣赘生，地气不和而堆阜出”[2]。开元四年（716），山东（泛指今黄河中下游的河南、河北、山东等地）发生严重蝗灾，于是有姚崇治蝗事件。[3]蝗灾与干旱往往分不开的，是否也说明8世纪前半期唐王朝确实遇到过短期干旱期。这又和安禄山叛乱有关。因为干旱期，边境的牧场沙化，牧草枯萎，少数部族生存环境恶化，易被煽动聚众叛乱。不过这是个值得继续研究的课题。要强调的是，来自太平洋、南海和印度洋的热带海洋气团是夏季影响中国的主要气团。它们带来丰沛的水汽。来源于印度洋的热带气团经青藏高原南侧的孟加拉国湾南支槽（印缅槽、南支波动），影响到长江流域。如果这股热带气团强劲，可能与来自太平洋、南海海洋气团会合，令雨线北抬，使河套—燕山山脉以及半干旱地区包括山西、陕北及甘肃的黄土高原等地的降雨量增多，草原牧草茂盛，河套地区的农业丰收。印度洋的热带气团的输送直接关系到历史上各王朝的粮食供应、周边少数民族畜牧业兴衰以及他们是否发动南下战争问题。

---

[1] 《中国青年报》2007年1月4日；《深圳特区报》2007年1月17日。

[2] 《旧唐书》卷37《五行志》，第1350页。

[3] 《旧唐书》卷8《玄宗上》，第176页；卷96《姚崇传》，第3024—3025页。

土壤资源及其利用。成书于战国后期的《周礼·地官·司徒》已分别“土”和“壤”。郑玄注云：“以万物自生焉，则言土……以人所耕稼而树艺焉，则言壤。”对“土”经耕作熟化而为“壤”，有了科学的认识，利用土地的能力大为提高。人工改造土壤，是农业技术进步的表现。唐时“关中号称沃野”[1]；太行山以南盘谷“泉甘而土肥”[2]；江淮荆襄“半天下奥壤”[3]，所以元和时有“根本实在于江淮”[4]之说；常州“当全吴之中，据名城沃土”[5]；绛岩湖“开田万顷”“鱼稻之盛”[6]，苏州“大田多稼”[7]；韩愈说“歙为富州”[8]“闽越地肥衍”[9]。

唐代土地开垦、土壤改良方面有重大成就：其一，江淮水稻土的培育。江南地区，主要指太湖的濒湖、濒海地带，原来是草甸土、沼泽土，从现代土壤学角度看，草甸土透气性虽好，但缺少有机质；低洼地区沼泽土，多呈酸性（或碱性），透气性差，土壤的黏性大。这类土壤要成为水稻土，要经过耕耘熟化。自春秋至南朝，江南地区开发过程中，土壤改良成绩很大，唐代更为可观。土壤改良又和水利建设、耕作制度进步有关。其二，江南山区土地的开发，以梯田开辟最为显著。山区开发与设置场、县，改善交通，发展经济作物等环节联系在一起，形成各生产部

[1] 《新唐书》卷53《食货志》，第1365页。

[2] 韩愈：《送李愿归盘谷序》，《全唐文》卷555，第5615页。

[3] 权德舆：《尚书度支郎中赠尚书左仆射正平节公裴公神道碑铭（并序）》，《全唐文》卷500，第5089页。

[4] 罗让：《对才识兼茂明于体用策》，《全唐文》卷525，第5335页。

[5] 催祐甫：《故常州刺史独孤公神道碑铭》，《全唐文》卷490，第4196页。

[6] 樊珣：《绛岩湖记》，《全唐文》卷445，第4540页。

[7] 权德舆：《唐故中书侍郎同中书门下平章事太子宾客赠户部尚书齐成公神道碑铭（并序）》，《全唐文》卷499，第5084页。

[8] 韩愈：《送陆歙州诗序》，《全唐文》卷555，第5612页。

[9] 韩愈：《欧阳生哀辞》，《全唐文》卷567，第5740页。

门互为市场的局面。其三，沿海斥卤之地筑堤、修渠、挖塘，建设排水、冲洗盐碱设施，改良了濒海、江土壤。其四，围垦。

亚洲地形、地质结构的哪些特点影响着中国的土壤结构？至少有三点应予考虑：一是青藏高原，面积240万平方千米，平均海拔4000~5000米，是亚洲许多大河的发源地。长江、黄河、澜沧江（湄公河）、怒江（萨尔温江）、雅鲁藏布江（布拉马普特拉河）、恒河、印度河都发源于青藏高原。尤其是黄河，流经黄土高原，把大量泥沙带到中下游，填造出肥沃的华北平原，为中国农耕历史提供了土壤舞台。

二是蒙古沙漠。蒙古戈壁沙漠，是世界上巨大的荒漠与半荒漠地区之一，向北可达阿尔泰山和杭爱山，向东可达大兴安岭，西达东天山，而向南可达阿尔金山、北山。戈壁多数地区不是沙漠，而是裸岩砾石，但沙漠是其中的主要组成之一。巴丹吉林沙漠就位于其中，在内蒙古自治区的西部，是我国第三、世界第四的大沙漠。每年冬春，在西伯利亚强冷空气驱逐下，蒙古戈壁沙漠的尘土砂粒滚滚而下，经历几百万年，堆积成后世的黄土高原。[1] 黄土质地疏松，易遭受侵蚀。黄土颗粒细小，具垂直节理，直立性很强，为当地居民提供了凿窑洞而居的便利条件。黄土有一个很大的弱点——对流水的抵抗力弱，易受侵蚀，一旦土面天然植被遭受破坏和大面积土地被开垦，土壤被侵蚀现象就会迅速漫延发展，使原来平坦而连片的土地变成为一个个孤立的原、梁、峁地形，出现千沟万壑、支离破碎的地面。这里土层深厚疏松，钙质含量多，土质比较肥沃，富含氮磷钾等养分，自然肥力高，适于耕作。小麦、谷子、糜子、油料作物播种面积最

[1] 英国伦敦大学皇家霍洛韦学院一个研究小组最近的研究成果表明：黄河将大量沉积物从西藏北部输送到毛乌素沙漠，所以青藏高原的隆起和黄河流域的演变似乎在控制着中国北方大规模的尘土沉积和沙子的形成（参见《参考消息》2013年10月17日7版转载美国brightsurf网站10月15日报道英国《第四纪科学评论》文章）。以上论点可别为一说。

大，是黄土高原主要作物。氮对作物栽培无疑是最重要的。氮素供应适量时，作物生长旺盛，叶子的光合作用功能强和长，结实率高，产量高。氮的供应不足，使蛋白质形成慢且少，导致细胞分裂少，细胞小而壁厚，使之生长缓慢，植株矮小，植株早衰，谷粒不饱满。所以，如果当年缺氮，会影响下年果树的萌芽、开花结果。

我国南方主要是红土地。红土地是酸性土壤，含铁、铝、锰、氧元素较多，茶叶、香蕉、菠萝、杜鹃等很多作物适宜在酸性土壤上生长，这种土壤和作物分布特点，导致了南北饮食习惯不同。北方人种小麦、谷子、糜子，喜面食；南方人种稻，喜米食。

三是青藏板块与云南、四川板块交界处（念青唐古拉山东部与云南接壤部、蒙山、岷山、摩天岭、米仓山一线），是茶的发源地。这一带因地壳隆起，山高岭峻，砂石缝隙腐殖质丰富，透气性好，加之雨量丰沛，适宜茶树生长。中国人饮茶，是从四川开始的。

植被和植物资源及其利用。环境史是历史学的一个分支学科，近十几年在学术界颇受重视。王利华著《徘徊在人和自然之间》[1]一书有较详细介绍。其中提到英国伊懋可（Mark Elvin）、美国沃斯特（Donald Worster）、休斯（J.Donald Hughes）等学者的主张。环境是指历史上人类和自然界（气候、地形、土壤、水、动物、植物、微生物）的关系，亦即人类生存的物质基础。

农业区、半农半牧区、牧区的大致分界线。今四川、汉中、关中、山西中南部、河北中南部是农业区。今甘肃、内蒙古中部、阴山大青山以南河套地区及陕晋北部、河北北部是半农半

[1] 王利华：《徘徊在人和自然之间——中国生态环境史探索》，天津古籍出版2012年版。

牧区。西汉农牧区分界线见司马迁《史记·货殖列传》："龙门、碣石北多马、牛、羊、旃、裘、筋、角。"就是指龙门、[1]碣石[2]以北地区是游牧区。后来这条线南移，中间出现半农半牧区。到唐代，今新疆、内蒙古西部、内蒙古中部阴山、大青山以北至东北为牧区。牧区是匈奴、突厥等少数民族的生存地，半农半牧区是匈奴、突厥、吐蕃等少数民族和中原王朝争夺地区，对此史念海先生曾有论述。[3]

森林资源。史念海先生绘制的《唐宋时代黄河中游森林分布图》[4]显示：渭、泾河源地区森林还算茂密，延州（今延安）嘉岭山，亦是"山高木蓄"。由陇山东向秦岭，百木争秀，杉篁夹路，幽径比见。再往东，峭山、熊耳山、嵩山也有森林。黄河以东的吕梁山、太行、王屋诸山也多森林。唐朝已采伐的林区主要是岐山、熊耳山、嵩山、吕梁诸山的部分坡面及近城山林，以供应长安、洛阳等都城建设用材和公私燃料之需。

长江流域、江南诸山、五岭、岭南，隋唐时期均为森林茂密之所。四川西部、西南部的雅州（今雅安），有西汉时的"筰路"，也就是西川入吐蕃的通道。唐肃宗乾元以后，筰路"陷于吐蕃"，成为吐蕃辖境通往西川道路，后来成为茶马古道。这条筰路所经河谷森林亦颇茂盛，二郎山下，满眼峰峦叠翠，森林茂密。从川西横断山诸河谷、沟壑到云南西部，基本上是原始森林地带。

沿长江而下云贵高原，湘西武陵山脉，湘赣的幕府山九宫山脉、罗霄山脉，赣东北皖南的黄山山脉及齐云山、大障山、怀玉山、三清山，皖南浙西山脉（天目山）等山脉，无不森林繁茂。

[1] 龙门山在绛州龙门县，今山西河津西北。

[2] 碣石山在平州卢龙县，今河北喜峰口一带。

[3] 史念海：《河山集》第5集，山西人民出版社1991年版，第197—200页。

[4] 史念海：《黄河流域诸河流的演变与治理》，陕西人民出版社1999年版，第228页。

最南面是从福建武夷山经湘、粤、桂的五岭山脉（萌渚岭、越城岭、都庞岭、骑田岭、大庾岭），更是森林库区。长江流域、江南诸山、五岭、岭南林区的特点：多名贵树种，如樟、楠、旃檀（檀香木）、楮（造纸币原料）、椒等；共生许多重要木本、草本经济作物，如茶、桐、荔枝、龙眼、桂、竹、杨梅、桑、甘、橘等以及菌类、花类、药类，为南方山区经济、市场经济提供物质基础。

动物和动物资源及其利用。植物资源是动物生存的基础。隋唐动物种类与现代动物种类相差无几。考古发掘证明，我国公元前5935年已经饲养猪、羊，公元前5400年已经饲养狗、鸡，公元前1300年六畜（马、牛、羊、猪、鸡、犬）已有文字，甲骨文有六畜字体，并有牢、厩、家等表示圈养家畜的文字。其中，马用于拉车和耕地。

因为森林茂密，所以虎豹成灾。今淮河南岸的寿县，后汉为九江郡治。“时多虎灾，百姓苦之，南阳宗均为守，退贪残，进忠良，虎悉东渡江。”[1]禅宗弘忍弟子慧能住韶州广果寺。“韶州山中，旧多虎豹，一朝尽去，远近惊叹，咸归伏焉。”[2]隋唐五代，虎的踪迹南多北少，虎亦在南迁，说明经济区开发是由北而南扩展。

隋唐肉类主要是猪、羊、鸡肉等。隋唐时代食羊的比例大一些，唐朝通过战争掠夺、互市、纳贡，从突厥、吐谷浑、契丹等游牧民族那里获得大量羊、牛、驼、马，其中羊应该是主要的。牧业的发展和植被状况与人的饮食习惯变化大有关系。隋唐肉食主要是羊、猪、牛，但因重视耕牛缘故，以羊、猪肉为主；南方

---

[1] 应劭撰，王利器校注：《风琦通义校注》卷2《正失》，《宋均全虎渡江》注11《书钞》七五引华峤《后汉书》云，明文书局1982年版，第124页。

[2] 《旧唐书》卷191《神秀传》，第5110页。

人普遍吃鱼，主食是黍、粟、大小麦和稻米。麦面做的饼常为主食，薄饼应就是近代北方流行之食品。饼有白团饼（汉）、曲饼（汉）、煮饼（汉）、胡饼（三国）、蒸饼（晋）、水引饼（南朝·齐）、煎饼（南朝·梁）、薄饭、饼麨（饼屑）、饼饵（加米屑的糕饼，北朝）、大饼（隋）、糜饼（唐）等。王建治蜀时，有赵雄武者，众号赵大饼，“有能造大饼，每三斗面擀一枚，大于数间屋”[1]。主食除饼类食物外，还有米饭。以饼为食，说明中国农业要以粮（麦类）为本，是因主食所需。从唐以后，南粮北调渐成趋势，稻米为主食渐见普遍。反过来说，处于季风区的北中国，总体上长期缺水，旱作粟、麦易成主要农作物，人们必以粟、麦类为主食。

人的环境观念。环境观念出现与人类进步相联系。唐朝官员也讲环境保护。中宗为公主造道观又造佛寺，左拾遗辛替否谏道：“臣以减雕琢之费以赈贫下，是有如来之德；息穿掘之苦以全昆虫，是有如来之仁。”[2]把保护昆虫，比作有“如来之仁”。民间小说故事也常常反映出环境保护意识。陈鸿《东城老父传》，记载玄宗朝号为“神鸡童”的贾昌，安史之乱后出家做了和尚，种草植树，把土拥根，汲水灌竹，成为一个环境卫士。值得注意的是，儒、佛、道都崇尚自然，重视环保，影响了一大批文士和民众。

[1] 李昉等编：《太平广记》卷234记《大饼》，中华书局1961年版，第1796页。

[2] 《旧唐书》卷101《辛替否传》，第3157页。

二 隋唐农业和手工业经济

1. 农业

隋唐农业生产的发展有两个环境优势。一是气候。如上所述，隋唐300多年，基本上处于两个寒冷期中间；尽管300年中，也有寒冷小周期与温暖小周期交替，但总的说，较长时期的温暖期为农业的发展提供了有利条件。如水稻种植，曾扩大到今内蒙古、甘肃、东北地区。主要水稻种植区有岭南、江南、淮南、河南、河北、河东、关中等地。二是雨量。隋唐时期从缅藏沟槽输入的印度洋暖湿气流（西南暖湿气流），经云贵高原中东部进入长江中游，与南下的大陆冷气团交会，自西向东，沿长江南北形成丰沛的雨带，为长江流域的水稻、水果、茶叶生产提供充足的水源。暖湿气流带北抬时，可使中原、华北、西北的降雨量增加，以致一些地区适合水稻生产。东南暖湿气流也给岭南带来丰沛的雨量。西南、淮南、江南、岭南降水量大，但相对而言，这些地区的山地雨量多于平原，山地的迎风坡雨量多于背风坡。这就为这些地区的山区梯田开发和经济作物种植提供优越条件，其延伸效果是商业性生产的发展，地方小市场的形成和农民副业生产与地方小市场的联系。

唐时南北气候差别，促使南北农时安排不同。根据鲍防等人写的《状江南》组诗，可以发现江南的农时安排，已与按二十四节气顺序的农时安排不同。《状江南》组诗按一年十二气，一气跨两节气，即一个月左右。《逸周书》二十四节气安排据黄河流域物候，这与《状江南》十二气安排时的物候依据不同。例如《逸周书》记惊蛰的第三候（相当于雨水的第三候）“草木始萌”，但在《状江南》孟春中已是“荇叶大如钱”。因为南方的气候比黄河流域温暖，同一节气的物候不同。白居易《立春后五日》一诗写道：“立春后五日，春态纷婀娜。白日斜渐长，碧云低欲堕。残冰坼玉片，新萼排红颗。遇物尽欣欣，爱春非独我。”[1]这么说来，白居易所说的杭州立春后五日的“春态”，要比北方早一个节气。由此可见，在沈括提出“十二气为一年”之前的三百年左右，《状江南》组诗已反映唐人已有以“十二气为一年”的观念，这是很了不起的。这个以十二气为一年的节气定历，有利于把握江南农时，了解唐朝江南农业的发展是建立在科学地把握农时上。春华秋实，依时而获，顺应自然规律，有利于保护生态环境的良性循环。[2]

与气候条件相适应的是水利事业的发展。北方主要是修渠、筑塘、凿井，也就是修渠引流和凿井灌溉。如贞观十八年（644）扬州大都府长史李袭誉乃引雷陂水，筑句城塘，溉田八百余顷，百姓获其利。永徽六年（655）雍州长史长孙祥奏言，郑、白渠往年可溉田四万余顷，今为富商大贾竞相造碾硙，渠流梗涩，只能灌溉一万许顷，请加整修以便百姓。高宗说：“疏导渠流，使通溉灌，济泼炎旱，应大利益。”太尉长孙无忌也说白渠水带泥，“灌田益其肥美”，如果利用渠水低流且不断分流的特点，让它流至同州更为有利。于是朝廷派遣孙祥清理渠上碾硙。[3]凿井的例子更多。

南方因降雨量大，河、湖众多，溪涧、池塘遍布，水源丰

[1] 《全唐诗》卷431，第4759页。

[2] 郑学檬：《从〈状江南〉看唐代江南的生态环境》，载《唐研究》第1卷，北京大学出版社，1995年。

[3] 《通典》卷2《水利田》，第39页。

富，灌溉条件比北方好得多。值得提出的四个例子，其一是太湖地区治水和治田工程。太湖本与江海相通，所谓“三江”即指松江、东江和娄江。松江又称吴淞江，经昆山入海。娄江在常熟和太仓之间，现名浏河。东江为太湖尾闾之一，在湖东分松江经白蚬湖东南入海。娄江、东江自8世纪以来，堙塞不通，唯以东北、东南的各浦泄流。自汉唐以来，一河一浦均建堰闸，后再在低洼湿地开河浦。退潮时开闸放水，涨潮时关闸御潮。防止海潮倒灌，并可纳清泻卤。[1]

其二是《钱塘湖石记》记载，白居易在杭州刺史任内，根据“春多雨，秋多旱”的特点，对杭州西湖用水、蓄水、泄水做了严格规定，用水则“据顷亩，定时日，量尺寸节限而放之”。用水量的计算方法为“（西湖）水每减一寸，可溉十五余顷。每一复时，可溉五十余顷”，相当科学。[2]其三是刘禹锡《机汲记》记载的从江中提水的曲柄辘轳，也相当科学。[3]其四是福建泉州的六里陂，“筑有迂回曲折达四十里的陂道，外隔沧海之潮汐，内积来自磁灶和葛洲的溪水”，“纳清泻卤，环数十里内无田不资灌溉”。[4]这类“纳清泻卤”水利工程，反映出沿海人民的创新智慧。

隋唐农业生产的重点是粮食生产。唐前期粮食类作物，北方以粟[5]和麦类（大小麦）为主，粟虽是主粮之一，但麦类作物

[1] 参阅郑学檬、徐东升：《唐宋科学技术与经济发展的关系研究》，厦门大学出版社2013年版，第51—53页。

[2] 白居易：《钱塘湖石记》，《宋本白氏文集》（第10册）卷68《碑志序记表赞纪衡书》，国家图书馆出版社2012年版，第63页。

[3] 参阅郑学檬：《中国古代经济重心南移和唐宋江南经济研究》，第67—70页解释。《全唐文》卷606《机汲记》，第6126页。

[4] 陈鹏：《唐时期泉州的农田水利建设》，《农业考古》1983年第2期。

[5] 粟又称谷子，加工后称小米。

因食用需求而比重不断上升。关中“蚕桑少，菽麦常贱”[1]。可见关中普遍种麦，麦价不高。《东观汉记·李恂传》云：“恂为兖州刺史，所种小麦、葫（胡）蒜悉付从事，一无所留，清约率下。”[2]刺史在园子里种麦，农户应亦如此。唐末张全义在河南，“为政宽简，出见田畴美者，辄下马与僚佐共观之。召田主劳以酒食，有蚕麦善收者，或亲至其家，悉呼出老幼，赐以茶彩衣物，民间言：张公不喜声伎，见之未尝笑，独见佳麦、良茧则笑耳”[3]。以上三个例子说明北方关中、山东、河南普遍种植麦，且多宿麦，即冬小麦。

隋唐时期水稻主要产区在秦岭淮河以南，即淮南、西南、江南和岭南。隋朝江南“火耕水耨，食鱼与稻，以渔猎为业”[4]。唐关中、河南、淮南、西南、江南和岭南水稻之普及，见之于史籍记载，如开元二十五年（737），诏陈、许、豫、寿四州开稻田。江南种植水稻的记载，不胜枚举。如白居易《和微之四月一日作》一诗就有“麦风低冉冉，稻水平漠漠”[5]句，讲的是苏州地区麦田与水稻田景色。

唐时江南也种麦，其原因应与北人南迁者众多有关。移民往往是文明的传播者，一如云行雨至。北人南迁，带来的饮食习惯、耕作经验，推动了麦类作物种植，所以江南可见大小麦的记载。比较有意义的记载是稻麦复种和稻作一年多熟。白居易《答刘禹锡白太守行》中有“去年到郡时，麦穗黄离离。今年去郡日，稻花白霏霏”[6]的诗句，有的学者据此认为江南已有麦

[1] 马端临：《文献通考》卷3《田赋考三》，中华书局2011年版，第56页。

[2] 虞世南：《北堂书钞》卷38，台湾文海出版社1978年版，第146页。

[3] 《文献通考》卷3《田赋考三》，第70页。

[4] 《隋书》卷31《地理志下》，第998页。

[5] 《全唐诗》卷444，第4974页。

[6] 《全唐诗》卷444，第4975页。

稻复种制的记载。[1]我曾对这一论点作过分析，这个论点可以成立，但仍有两个疑问：一个是无法确定在稻田种麦，即在同一块土地上连作；另一个是以十二月三十日为断还缺乏更有说服力的证据。因此，江南稻田的稻麦复种制依然是一个推断。[2]白居易《和微之四月一日作》一诗的“麦风低冉冉，稻水平漠漠”句，明显是说四月一日所见麦田的麦子随风柔垂，稻田水面平静如镜。这就是说，麦田与稻田是分开的，由此推断，白居易所见苏州没有稻麦复种。

五岭南北作物一年三熟。《初学记》引《广志》说：“南方地气暑热，一岁田三熟，冬种春熟，春种夏熟，秋种冬熟。”[3]《太平御览》记载：“枣阳县（今湖北枣阳）界有温泉，其下有田，资以浸灌，一年三熟。”[4]“《荆州记》曰：“桂阳郡西北接耒阳县，有温泉，其下流百里恒资以灌溉，常十二月一日种，至明年三月新谷便登，重种一年三熟。”[5]云南《蛮书》也有一年三熟的记载：“曲靖州已南，滇池已西，土俗唯业水田……水田每年一熟。从八月获稻，至十一月十二月之交，便于稻田种大麦，三月四月即熟。收大麦后，还种粳稻。小麦即于冈陵种之，十二月下旬已抽节如三月，小麦与大麦同时收刈。”[6]总的说，五岭南北、西南的水稻一年三熟或稻麦连作三熟，在粮食供应系统里不占重要地位。

隋唐时期的农业生产部门除了主要从事粮食生产以外，因地制宜发展家庭副业生产。农民的副业有制酱、制醋、纺织、编

[1] 《唐代江南农业的发展》，第107—121页。

[2] 郑学檬：《中国古代经济重心南移和唐宋江南经济研究》，第87页。

[3] 徐坚：《初学记》卷8《州郡部》，中华书局2004年，第193页。

[4] 李昉：《太平御览》第1册，卷71，中华书局1988年版，第701页。

[5] 《太平御览》第8册，卷837，第455页。

[6] 樊绰撰，向达校注：《蛮书校注》卷7《云南管内物产》，中华书局1962年版，第171页。

席、捕鱼、打猎、卖柴、烧炭、种水果、种花、种茶、种桑、养蚕、养猪、养牛、养羊、草编、竹编、藤编等，不胜枚举。副业为农民家庭的妇女和未成年人等半劳力人群提供劳动机会，其所产物品既可交纳租庸调的“庸调”（绢、布），又可满足家庭消费，有余时则出售，交换必需品，如盐、布、农具等。据统计，天宝元年（742），全部庸调收入为绢740余万匹，麻布1350余万端，绵180余万屯，折算成人均数（以48 909 800口计）为每人上交3.34平方米绢布，0.22两绵。可见税户自产之绢、布、绵产量之可观。[1]没有农户副业的产出，就没有农村墟、集，所以农户既是农村小市场的销售者，也是消费者。唐五代江南的场，就设在矿山、交通要道或大的墟集所在地，这些场人口、营业额达到一定规模就会升格为县。[2]农民副业还是新的手工业部门增长点，如葡萄酒酿造技术、制酱技术、制茶技术、制糖技术、糕点制作技术等，都是从农户的副业中分离出来，逐步发展成独立的手工业部门。

因此，在讨论古代如隋唐时期的经济形态时，不能囿于“自给自足的自然经济”这个流行的概念，应客观分析农户经济的增生性，我称之为“自然经济包裹商品经济的特殊经营模式”[3]，也就是说，不管地主还是农民都在粮食生产的同时发展家庭副业，而副业产品除满足自身需要外，必然会出售，参与交换。随着交换的扩大，他们又必然具有某种商品生产和消费者的角色。这一趋势不是所有农户都具有的，但只要有部分农户进入这一角色，商业化的阈值（效应能产生的最低值和最高值）就可能在一些农户或地区出现，这就是唐朝江南地区小市场出现的经济背

---

[1] 魏明孔：《中国手工业经济通史（魏晋南北朝隋唐五代卷）》，福建人民出版社2004年，第268、269页。

[2] 郑学檬：《中国古代经济重心南移和唐宋江南经济研究》，第260页。

[3] 郑学檬、徐东升：《唐宋科学技术与经济发展的关系研究》，第10页。

景。中国古代经济形态长期性、稳定性（也就是所谓中国封建社会经济形态的长期性、超稳定性）原因何在，其经济原因应该就是这一“自然经济包裹商品经济的特殊经营模式”。它一方面迟滞社会近代化，另一方面商品生产又有缓慢的发展，其自然经济内涵并非“超稳定”的。

2. 手工业

隋唐独立的官府和民间手工业部门，已比较齐备，如纺织、冶金、机械、陶瓷、造船、印刷、制盐、制茶、药材及日用品生产等部门，均有相当规模和产能，技术亦有长足进步。现简述如下。

（1）纺织

隋唐纺织业主要集中在丝织、麻织和棉织等官府和民间手工业部门。丝织业发展的基础是蚕桑业。隋文帝准后齐之制，令各户种桑、榆和枣。北齐河清三年（564）诏：“每岁春月，各依乡土早晚，课人农桑。自春及秋，男子十五以上，皆布田亩。蚕桑之月，妇女十五以上，皆营蚕桑。孟冬，刺史听审邦教之优劣，定殿最之科品。”[1]唐朝继续课民种桑养蚕，租庸调和两税都须交纳或折纳绢，所以种桑养蚕是民户必须做的农事。隋唐种桑养蚕最普遍的地区是河南道、河北道和剑南道，相当于今河南、山东、安徽北部、河北和四川等地。江淮地区的蚕桑业不及北方发达，丝织业也不及北方。

官府的纺织业，隶属中央的少府监。隋炀帝时，从太府寺分置少府监，少府监有司织、司染，下有织染工场。唐承隋制，少府监置织染署，有织纴之作十场：布、绢、䌷（粗绸）、纱、

---

[1]《通典》卷2《食货二》，第26页。

绫、罗、锦、绮、绸、褐；组绶之作五场：组、绶、绦、绳、缨；紬线之作四场：绸、线、弦、纲；练染之作六场：青、绛、黄、白、皂、紫。染料为植物的花、叶、茎、果实、根、皮。[1] 中央手工业部门所属的工场，有的在京师，有的在地方。隋太府寺下有泾州丝局、雍州丝局、定州紬绫局；唐少府监下有诸州织锦坊。唐后期，地方丝织业有很大发展，但官府的织造任务依然较重。文宗太和四年（830）敕度支每岁于西川织造绫罗锦8167匹，令数内减2510匹。[2] 可见当时西川织造之繁重。官府工匠征调民间匠人充任，如武后垂拱元年（685）尚方监有“短蕃匠”5029人，“绫锦坊巧儿”365人，“内作使绫匠”83人，“掖庭绫匠”150人，“内作巧儿”42人，配京都诸司诸使杂匠125人。短蕃匠即上番服役的民间工匠，每年20日，不能上番的缴纳资课，每月每人纳钱2000文。[3]

官府的纺织业，为满足皇家和官吏的需要而生产，或用于赏赐。官府丝织业的技术水平一般较高，产品质量上乘。据记载，太宗时的窦师纶，封陵阳公，曾兼益州大行台，检校修造，“凡创瑞锦、宫绫，章彩奇丽，蜀人至今谓之陵阳公样”[4]。“陵阳公样”即当时流行的瑞锦新款式，类似今日的名牌。窦师纶后来成为太府寺卿和银州、坊州、邛州刺史。杜甫有“花罗封蛱蝶，瑞锦送麒麟”[5] 诗句，描述花罗上绣着蝴蝶，瑞锦上绣麒麟。瑞锦寓意幸福，是一种彩色绚丽的丝织物。官府生产的丝织品，一般不是商品生产。

民间丝织业也很发达。还有记载说，定州何明远“专以袭胡

[1]《唐六典》卷22，第576页。

[2]《旧唐书》卷17下《文宗纪下》，第537页。

[3]《册府元龟》卷487，第5832页。

[4]《历代名画记》卷10《唐朝下》，第310页。

[5] 杜甫：《奉和严中丞西城晚眺十韵》，《全唐诗》卷227，第2450页。

为业，资财巨万，家有绫机五百张”[1]。据北京房山发现的石经，记载了天宝以后范阳郡的手工业行业，其中有染行、布行、绢行、大绢行、小绢行、新绢行、小彩行、丝绵行、幞头行、靴行等，都反映丝织业繁荣情况。《唐国史补》也记载说：“宋亳间有织成界道绢素，谓之乌丝栏、朱丝栏，又有茧纸。凡货贿之物，侈于用者，不可胜纪。丝布为衣，麻布为囊，毡帽为盖，革皮为带，内丘白瓷瓯，端溪紫石砚，天下无贵贱通用。”[2]

北方丝织技术传入南方，促进南方丝织业的普及。江东节制薛兼训令军中没娶妻的军人，到北方娶织女。从此，“越俗大化，竞添花样，绫纱妙称江左矣”[3]。南方到北方娶织女，是引进丝织人才、技术，由此可推知安史之乱后，大量北方人口南迁与丝织人才、技术南移有着密切关系。还有一个原因是晚唐五代气候逐渐变冷，向寒冷期过渡，也影响种桑养蚕和丝织重心的南移，以致如海南岛，也出现丝织手工工场，崖州刺史（太守）韦公干的手工工场有女奴“织花缣”[4]。“花缣”是提花细绢，属较好的丝织品。

南北方都有种植麻，但植麻和麻织业以南方为普及。王维的《渡河到清河作》一诗有“行复见城市，宛然有桑麻”句[5]，反映的是北方种麻情景；江西观察使韦丹在任时“灌田万顷，益种桑苎”[6]，反映的是南方种苎麻事实。隋唐两朝富人穿着丝绸，而农民多以绢麻为衣料。南方民户还用麻布交纳庸调，所以南方麻织业较北方发达。

---

[1] 《太平广记》卷243《何明远》，第1875页。

[2] 《唐国史补》卷下，第60页。

[3] 《唐国史补》卷下，第65页。

[4] 《太平广记》卷269《韦公干》，第2113页。

[5] 王维撰：《王摩诘文集》卷10，宋蜀本。

[6] 杜牧：《樊川文集》卷7，上海古籍出版社2007年版，第114页。

中国丝麻织物西传，特别是丝绸的西传，引出了闻名于世的丝绸之路历史。不仅传去一种特别的衣料，还传去了一种文化。《马尔瓦兹论中国、突厥和印度》一书写道："中国的男人，是手工艺技术方面的技术熟练者，没有那个民族在这个领域可接近他们……至于服装的缝纫和饰物，中国人的高雅和精工为其他任何国家所不及……袄教僧侣从中国带来了一件绿色的褂子（衬衫），提在手上，轻若薄纱。"[1]就是说，中国人的技术、中国丝绸"轻若薄纱"的质感，印在12世纪初阿拉伯人的脑海里，中国文明的烙印引发了想得到这些商品的人无限遐想。

棉织。隋唐时期，中亚的棉花种植技术和棉纺技术已经传入西域吐鲁番等地。吐鲁番出土文书的有关记载，为史学界所熟知。岭南、海南和西南的棉织业也有所发展。如王建《送郑权尚书南海》诗云："白氎家家织，红蕉处处栽。"[2]说明广州有生产白氎布（棉布）、红蕉布的棉织业。康州（今广东肇庆高要）悦城县妇女"织布"为业，[3]从王建的诗所记推测，也可能是纺织棉布。另外出自桂管（今广西南宁）的棉布"桂布"也著名，白居易即以桂布为裘（棉裤）。岭南、海南和西南的棉织文明传自东南亚，是印度棉织文明东渐和中国丝织文明融合的结果。[4]

（2）冶金

隋太府寺掌冶署管理金、银、铜、铁器的冶炼，炀帝分置少府监，冶炼业归少府监。唐少府监的掌冶署管理铜、铁冶炼之

---

［1］ Sharaf Al-zamãn Tãhir Marvazǐ on China，The Turks and India by V.Minorsky ，The royal Asiatic society London 1942，P14、16.

［2］《全唐诗》卷299，第3400页。

［3］ 刘恂：《岭表录异》卷上，中华书局1985年版，第7页。

［4］ 郑学檬：《印度棉织文明东渐和中国岭南、江南棉织业的兴起》，《丝路文明》第4辑，上海古籍出版社2019年，第1—14页。

事，各州铜铁产地，置冶监“掌铸兵农之器”[1]，即铸造兵器和农具。唐朝虽置冶监，除若干官办铸钱监以外，铜铁采炼开放民营，“凡天下诸州出铜铁之所，听人私采，官收其税”[2]。铜铁税也称铜铁课，所以开元十年的敕令称：“诸州所造盐铁，每年合有官课，比令使人勾当，除此更无别求。”[3]铁是制造刀、剑、枪等冷兵器的材料，所以为边陲安全，禁止西边、北边诸州开采铁矿和置铁冶，[4]也禁止铁器出口。[5]

中国古代制造业萌芽于陶器与农具制造。制陶的成型技术、模范技术——青铜铸造技术——铁器制造技术之间的联系，形成中国传统工艺技术的特点，给予中国制造业工艺技术以深刻影响。[6]青铜器的模铸和铁器的模铸，都来自陶模的启发。隋唐冶金业的主要技术进步可以概括为炼钢、炼铜（包括铸钱）和炼银三个方面。炼铁炼钢技术的记载见《夏侯阳算经》：“今有生铁六千二百八十一斤，欲炼为黄铁，每斤耗五两，问为黄铁几何？答曰：黄铁四千三百一十八斤三两。术曰：置生铁数以一十一两乘以一十六，除之即得。”“今有黄铁四千三百一十八斤三两，欲炼为钢铁，每斤耗三两，问钢铁几何，答曰：钢铁三千五百八斤八两一十铢五絫。术曰：置黄铁数，以一十三两乘之，一十六两除之，即得。”[7]这两题足以说明生铁炼黄铁，黄铁炼钢铁的冶炼程序。涪州涪陵县开池、河东太原、利州等地产的钢铁颇负盛名。

[1]《新唐书》卷48《百官志》，第1271页。
[2]《唐六典》卷22《掌冶署》，第577页。
[3]《唐会要》卷88《盐铁》，第1902页。
[4]《唐六典》卷22《掌冶署》，第577页。
[5]《天一阁藏明钞本天圣令校证附唐令复原研究》，第538页。
[6] 郑学檬、徐东升：《唐宋科学技术与经济发展的关系研究》，第11页。
[7] 夏侯阳：《夏侯阳算经》卷下，中华书局1985年版，第19页。

冶铁的高炉也在变化。宋时采用小炉炼铁，以群炉冶炼来提高产量。这一变化可能在晚唐五代就开始了。宋铜录山遗址研究发现，筑炉的材料改用含硅、铝成分的河卵石，提高耐火度，[1]河卵石是一种天然的耐火材料。今存的五代沧州铁狮子经检测，含硅0.04%，含碳4.1%。说明唐五代也利用河卵石筑炉。唐五代铸铁技术水平很高，大型铸件如黄道游仪、天枢、大铁锅、铁狮子、铁牛、铁柱等闻名于时。

隋唐冶铜技术有重要突破。扬州百炼镜是唐朝铜器名品，1998年爪哇海阿拉伯沉船出水的文物中，就有扬州百炼镜，上有“岁唐乾元元年戊戌十一月廿九日于扬州扬子江心百炼造”24个字。[2]此镜虽非天宝遗物，但可证明白居易“江心波上舟中铸，五月五日日午时”[3]的《百炼镜》诗句确有所据。传说汉代民间于五月五日以彩丝线就北斗星求长命，[4]那么，唐铸百炼镜也有祈求多福多寿，长命百岁的意思，白居易诗形象地描写铸镜之难度与虔诚。

晚唐五代冶铜技术的进步，最主要的表现是胆水浸铜法的推广。什么是胆水浸铜法？胆水就是硫酸铜水溶液。天然硫酸铜（俗名曾青）是辉铜矿（Cu_2S）或黄铜矿（$CuFeS_2$），与水接触，在某种细菌的作用下氧化生成硫酸铜水溶液，味苦如胆，称为胆水。所谓胆水浸铜法，就是在硫酸铜溶液中，放入铁块，发生化学置换反应，铁原子把铜原子置换出来，产生金属铜。胡维佳主编的《中国古代科学技术史纲》（技术卷）认为，关于胆水取铜的最早描述见于西汉的《淮南万毕术》《三十六水法》（现保存在《道藏》“洞神部众术类”中）。魏晋时期葛洪、陶弘景

[1] 朱寿康、张伟晒：《铜录山宋代冶炼炉的研究》，《考古》1986年第1期。

[2] 胡枫宋瓷收藏网2018年8月24日。

[3] 《全唐诗》卷427，第4700页。

[4] 王先谦：《释名疏正补》卷4，清光绪二十二年（1896）刊本。

都曾记载“曾青”涂铁生赤，“色如铜”“鸡屎矾”“涂铁皆作铜色”等发现。唐《丹房镜源》记云：“信州铅山县有苦泉，流以为涧。挹其水熬之，则成胆矾，烹胆矾则成铜。”所以该书作者认为，“至迟8世纪今江西铅山已采用铁锅熬胆矾水制铜”[1]。张泽咸的《唐代工商业》一书论及铜矿冶炼时，不赞同唐时已使用胆铜法冶铜的观点，认为至晚唐五代才有胆铜炼铜法。[2]

隋唐时期铸钱是冶铜业的重要行业。隋朝的统一和中央集权体制的重建，有利于冶铜铸钱业的重整和发展。开皇十年（590），在扬州立五炉铸钱。扬州铸钱炉用的铜料一般来自江南吴郡、丹阳等地矿区。开皇十八年（598），又于并州立五炉铸钱，后晋王广于鄂州白纻山置十炉铸钱。这二十五个铸钱炉的开铸，切实恢复了南北朝以来衰落的冶铜业。唐朝铜矿开采规模扩大了。《新唐书·地理志》所记出铜地有60处左右，铜冶有多少不详，如莱芜有铜冶十八；河中府解县有铜穴十二；睦州有铜坑二。潭州长沙县有铜山，原是“楚铸铜处”[3]。唐朝所铸之钱每贯（1000文）约6斤4两，建中元年韩洄上言指出，江淮钱监每贯铸造成本是两千文，“是本倍利”，而商州红崖冶出铜益多，“兴洛源钱监，置十炉铸之，岁计出钱七万二千贯”，是“贯计钱九百，则利浮本也”[4]。洛源监铸钱炉每炉可熔铜46 080斤，能铸出7200贯钱。这样的冶炼规模前所未见。

尽管如此，随着商品交换的发展，铜钱的需求量不断上升，通货紧缺仍是严重的社会问题，所以有元和时期的官方警告：“谕天下商贾畜钱者，并令逐便市易，不得畜钱。”“禁钱不

[1] 胡维佳主编：《中国古代科学技术史纲》（技术卷），辽宁教育出版社1996年版，第113页。
[2] 张泽咸：《唐代工商业》，中国社会科学出版社1995年版，第19页。
[3] 李吉甫：《元和郡县图志》卷29，中华书局1983年版，第702页。
[4] 《旧唐书》卷48《食货志》，第2101页。

过岭南。”[1]前者为了阻止商人囤积铜钱，后者为了阻止铜钱流出海外。

铜钱在市场流通中表现自己的购买力，一旦单位货币的实际价值发生变化，就立即表现为单位货币购买力的变化，也就是物价的变化。[2]开元通宝钱一千文（贯）重六斤四两，凡低于此标准的钱即为恶钱。所谓钱恶，就是铜钱掺和铅铁等金属，减少含铜量。所以，恶钱就是开元通宝钱单位货币的实际价值发生变化，形成贬值，冲击法钱，出现劣币驱逐良币的局面，导致金融混乱。

布罗代尔认为“中国铜钱的币值太小，显然不能承担货币的全部职责”[3]。如果商人的贸易额每年达到12万贯，那么他就要每月至少进出1万贯（63 330余斤铜钱）；同样，政府从地方收1000万贯钱（630万余斤），要用多少人力运送？铜钱适合小额贸易，特别是农户出售农产品结算。所以当商品经济发展到一定规模时，铜钱这一币制就不适应了。怎么办呢？铸大钱。早在汉代就企图用铸大钱办法来缓解通货紧缺问题。唐高宗、武后时期，就已有私铸、恶钱问题。安史乱后，军用支出浩大，第五琦也建议铸大钱，于是有“乾元重宝”，每贯（1000文）重10斤，一当开元通宝钱十，两者并用。又有“重轮乾元钱”，每贯（1000文）重20斤，一当开元通宝钱五十。因为大钱“乾元重宝”“重轮乾元钱”是不足值货币虚钱，货币信用丧失，反而导致物价上涨。

由于生产力限制，贵金属的开采量不足，贵金属尚无法代替铜钱货币。但是，商品经济的发展和造纸、印刷技术的成熟，为

[1] 《旧唐书》卷14《宪宗上》第425、428页。

[2] 高聪明：《宋代货币与货币流通研究》，河北大学出版社2000年版，第35页。

[3] 布罗代尔著，顾良、施康强译：《15至18世纪的物质文明、经济和资本主义》（第1卷），生活、读书、新知三联书店1992年版，第536页。

信用证券和纸币的出现提供了条件。唐宪宗时富商大贾到京师，把钱交给各道驻京的进奏院或其他军政高官富人，然后可在其他地方“合券乃取之，号‘飞钱’”[1]。又有柜坊，存钱凭类似支票的“帖”付款。飞钱的券和柜坊的帖，均是信用凭证（也有用帽子等信物），但是否催生了纸币仍待研究，宋代四川交子本是“私券”。

又李商隐（义山）诗《一片》云：“一片琼英价动天，连城十二昔虚传。良工巧费真为累，楮叶成来不直钱。”[2]“琼英”是指玉石，楮叶即造纸的原料楮树叶子，楮树的韧皮纤维是造纸的高级原料。宋代纸币交子、会子多用楮树造的纸印刷，又称楮币。楮币试制时，人们还不识其价值，才有“楮叶成来不直钱”的叹息。这个事实可视为催生宋朝纸币出现的信号。

银冶。隋于安邑置银冶监，开采银矿。唐扩大银矿的开采。《新唐书·食货志》载：银铜铁锡之冶共有168处，银冶主要分布在陕、宣、润、饶、衢、信五州，共有58处。元和初，废止银冶40处，岁采银万二千两。[3]其他年份银冶有增有减。隋唐银器多出于官府的银作坊。“窖藏”银器是最重要的银器遗存，其中以陕西西安何家村“窖藏”银器、江苏丹徒丁卯桥“窖藏”银器和陕西扶风县法门寺地宫银器最为珍贵。学者指出：何家村银器“窖藏”的时间是在8世纪中叶或稍晚，“器物的造型和纹样，代表了北方金银器的风格”。丁卯桥“窖藏”银器，“器物的造型和纹样，代表了南方金银器的风格”。法门寺地宫银器属于晚唐作品。[4]

唐朝银的冶炼技术，最应关注的是“灰吹法”。道家著作如

---

[1] 《新唐书》卷54《食货四》，第1388页。

[2] 《李商隐诗集疏注》上册，第322页。

[3] 《新唐书》卷54《食货志》，第1383页。

[4] 齐东方：《唐代金银器研究》，中国社会科学出版社1999年版，第12页。

南宋《金华冲碧丹经秘旨》、元朝《升炼丹药秘诀》和宋朝苏颂《图经本草》、周去非《岭外代答》、元末明初《墨娥小录》等均有炼银"灰吹法"记载。苏颂《图经本草》记载说:"密陀僧,今岭南、闽中银铜冶处亦有之,是银铅脚。"[1]据此可知福建的闽东北,也就是武夷山、洞宫山脉的道士们,是具有创新意义的"灰吹法"炼银技术实践者之一。其原理是将金、银和铅共生矿石粉碎后,倒入熔炉加热,金、银熔入铅中,变成铅坨,留在炉底,杂质矿渣则浮在表面。取出铅坨,再倒入熔炉中,并加入适量草木灰,冶炼时,铅氧化成"密陀僧",或鼓风吹散,或渗入灰中,与黄金、白银分离,黄金、白银就炼成了。不过,将这实验方法用于冶银生产,则盛兴于宋代。从炼银的工艺看,与丹家的黄白术工艺相同。"灰吹法"提炼银,降低了成本,增加了产量,促进江南银器制造业的发展。唐代私营银坑颇多。元和四年(809)六月敕:"五岭已北,所有银坑,依前任百姓开采。"[2]该敕下达前曾禁任百姓采银,令转产开采铜矿,以助官府铸钱。后来有些银矿山因而生意兴隆,商贾辐辏。如湖南大凑山"出银矿,当其盛时,炉烟蓊然,上接云汉,烹丁纷错,商旅往来辐凑,因以为名"[3]。"饶州银山,采户逾万,并是草屋。"[4]银矿开采带动了银器制造业的发展。应该引起注意的是,中国的胆水浸铜法和炼银的"灰吹法"与道教炼丹技术探索有关,是道教文化转移促成的,体现了中华文明形成的独特路径。

(3)机械制造

隋唐时期冶金技术的进步为制造业的发展提供了技术、材料,农具、兵器、日用铜铁器具、交通工具和金属加工业因此而

---

[1] 苏颂编撰,尚志钧辑校:《图经本草(辑校本)》,学苑出版社2017年版,第42页。

[2] 《唐会要》卷89《泉货》,第1933页。

[3] 王象之:《舆地纪胜》卷61《桂阳军·景物下·大凑山》,中华书局1992年版,第2154页。

[4] 《太平广记》卷104《银山老人》,第701页。

有较好的发展。这里重点分析一下唐朝机械制造的局限性。考古学者指出：以金银器制作为例，金银器经过冶铸、锤揲之后，表面会留下打击凹坑，需要切削整形。通过对唐朝何家村金银器的加工痕迹观察分析，有刀具手工切削整形和小型碹床进行碹切。但唐代文献没有这种名称。[1]其他錾、焊、鎏、铆、抛光等工艺已相当精湛。但是，从技术史角度看，在相当长的时期内，铁质钢质工具或机械构件多是铸、锻、磨、锉等办法完成。隋唐时期大型切削工艺未见，考古亦未见大型车床。小型车床不能用于大机械构件加工。所以汉唐以来的水车、纺车、碾碓（米麦加工）各种机械多为木质构件，机械构件很难由木质向金属质过渡，即使宋元也是如此。木质构件机械没有很高的动力要求，所以只适应水力。有人问：为什么中国不会发明蒸汽机？没有金属切削车床，不能加工大型机械构件，就没有大型机械；没有大型机械，就没有高速动力需求，怎么可能发明蒸汽机呢？这是技术进步和互动的逻辑。所以，隋唐的生产力依然是中世纪生产力，即使宋元明清也是如此。

农民通晓天文历法，懂得农时，专注于农业的精耕细作，但没有把机械技术革新当作不可或缺的大事的意识。这一情况的文化背景是科举教育和技术传统（制陶的成型技术、模范技术——青铜铸造技术——铁器制造技术之间的联系和传承）所致。可见，一国的文明演进和文明层次，都有自身特定的方向与特色，就如古代海上航行随风向（大气环流）而前进一样。历史也因此而丰富多彩。

（4）陶瓷

隋时青白瓷的生产已有一定规模。唐朝是古代陶瓷史上的光辉一页，其特点是“北白南青”，即北方以白瓷著称，如内丘的

[1] 齐东方、申秦雁：《花舞大唐春——何家村遗宝精粹》，文物出版社2003年版，第28页。

邢窑为“天下无贵贱通用之”的名牌商品之一。[1]南方是青瓷的产区，分布在江南的浙、赣、湘、闽各地，但以越窑秘色瓷、长沙瓷的产品最著名。唐代白瓷的白度高达70%，达到现代高级细瓷的标准。青瓷的青色釉含有1%~3%氧化亚铁，因而具有美丽的光辉。烧制这种青瓷，如果没有很高技术，就会因为控制不好炉温与通风而使氧化亚铁进一步被氧化成黄色的高铁离子，美丽的青色釉就不能出现。[2]这说明瓷器的烧制中，已积累了关于瓷石、胎釉含量和烧制过程中化学变化的丰富知识。

陆龟蒙《秘色越器》一诗云：“九秋风露越窑开，夺得千峰翠色来。好向中宵盛沆瀣，共嵇中散斗遗杯。”[3]嵇中散即嵇康。陆龟蒙说要用越窑酒瓯与崇尚老庄而薄周孔的嵇康举杯痛饮，可以想象越瓷、美酒和道教有着某种难解难分的情缘。后人很难理解，但这就是文化和传世的文士们的文明情怀。

1998年在印度尼西亚海域发现阿拉伯人的三桅三角帆沉船“黑石号”，沉船的时间为 9 世纪上半叶，这批瓷器中一个青瓷碗有“宝历二年七月十六日”标记，即制造日期是公元826年。出水的 5 万多件长沙铜官窑瓷器被美国《国家地理》杂志称为“中国制造”“经典”。此外还有河北邢窑白瓷、河南巩县的白釉绿彩瓷和浙江越窑的青瓷等。[4]

（5）造船

航运的发达推动了造船业的进步。隋唐时期航运业发达，标志之一是大运河的开通。唐朝时，连接南北交通大动脉的运河的江河航运系统得到疏浚整理。为满足粮、绢布、麻布等租调和两税所得物资以及盐、茶、瓷器等商品的运输需求，首先要解决运

---

[1] 《唐国史补》卷下，60页。

[2] 张子高：《中国化学史稿·古代之部》，科学出版社1964年版。

[3] 《全唐诗》卷629，第7216页。

[4] 《潇湘晨报》2016年1月5日。

输舟船的问题。一方面，是漕船的制造。如《唐语林》云："江湖语曰：'水不载万'，言大船不过八九千石（折合480—540吨）。""凡东南郡邑无不通水，故天下货利，舟楫居多。转运使岁运米二百万石以输关中，皆自通济渠入河也。""大历、贞元间，有俞大娘航船最大，居者养生送死婚嫁悉在其间，开巷为圃，操驾之工数百。南至江西，北至淮南，岁一往来，其利甚大，此则不啻载万也。"[1]又如扬州，"扼运河入江之口，大江南北，河道交错，各地互相联系，主要靠水上运输"[2]。因此唐时扬州有十个造船厂，置专知官十人，"竞自营办，此载原意是最初每船给制造经费千缗，后来减去五百千，造成船质量下降。于是扬子县官吴尧卿令商人交纳榷税时，以造船物料折纳板、钉、灰、油、炭用于造船。[3]

另一方面，是海船的制造。扬州、广州和泉州都能制造海船。鉴真和尚东渡日本时，曾用官钱80贯向岭南采访使刘巨麟买军舟一艘。他是否乘此船去日本？未见记载。假如乘此船，则从鉴真所乘船的人数、物资重量，估算其载重量在2000石（折合120吨）左右。[4]据清嘉庆年间泉州蔡永兼的手稿本《西山杂志》记载，唐时泉州人王尧可造4000石（折合240吨）的大海船。船面宽4.2丈，底宽2丈，桅高10丈多，作尖圆型，舱分十五格。[5]由此可推测这类船的船型已是上宽下尖，有隔舱，两舷成弧形，比较先进，加之载重量大，有一定的抗风浪能力，适应海上航行。

[1] 《唐语林校证》卷8《补遗》，第726—727页。

[2] 李廷先：《唐代扬州史考》，江苏古籍出版社2002年版，第358页。

[3] 《唐语林校证》卷1《政事上》，第61页。

[4] 郑学檬、徐东升：《唐宋科学技术与经济发展的关系研究》，第110页。

[5] 蔡永兼：《西山杂志》抄本（手稿本），藏福建省图书馆。

（6）造纸

隋唐时期的造纸技术已比较普及，造纸业也比较发达。王朝的政令传达、科举制度、佛道传播以及诗歌创作的普及，都对纸的供应提出需求。隋唐的造纸业以南方为主，因为南方有丰富的竹、木、藤类造纸原料资源。《唐国史补》记载说："纸则有越之剡藤苔笺，蜀之麻面、屑末、滑石、金花、长麻、鱼子、十色笺，扬之六合笺，韶之竹笺，蒲之白薄、重抄，临川之滑薄。又宋亳间有织成界道绢素，谓之乌丝栏、朱丝栏，又有茧纸。"[1]东汉蔡伦造纸以来，按原料不同分类，用旧麻布捣烂制成麻纸，用桑树皮捣烂制成桑皮（根）纸，用木皮捣烂制成谷纸，用旧渔网捣烂制成网纸，不一而足。[2]晚唐又有以楮树的韧皮纤维为原料的造纸。总之，因地制宜，物尽其用。

（7）印刷

最早的印刷品可能出现在贞观时期。据记载，玄奘曾印普贤菩萨像。[3]敦煌出土文书《金刚般若波罗蜜经》抄件，题记云"洛州巩县王大器重印"[4]，洛州已于开元元年（713）改为河南府，所以这份抄件应是开元元年以前的经卷，原件何时不详，一定早于抄件。日历印刷品也见于唐朝，文宗大和九年（835）东川节度使冯宿奏准，"敕禁断印历日版。起因是"剑南、两川及淮南道，皆以版印历日鬻于市。每岁司天台未奏颁下新历，其印历已满天下，有乖敬授之道，故命禁之"[5]。可见日历的私家印刷已在文宗朝出现于剑南、两川及淮南道。[6]

[1] 《唐国史补》卷下，第60页。
[2] 吴淑：《事类赋注》卷15《什物部》，中华书局1989年版，第319页。
[3] 徐应秋：《玉芝堂谈荟》卷28，景印文渊阁四库全书本，第883册，第664页。
[4] 敦煌文书P.2184号。
[5] 《宋本册府元龟》卷160《帝王部》，第337页。
[6] 参阅赵德馨主编：《中国经济通史》（四），第678—681页。

学者以为冯宿奏禁版印日历，“最迟当开始于文宗大和九年”，或在此之前，“在这里不能不提到现存最早的雕版印刷品——日本神户景云四年日本皇室雕印的《陀罗尼经》”。日本神户景云四年当为唐大历五年（770），上距开元、天宝年间日本遣唐使来华不久，那是唐文明最盛时期，因此日本皇室雕印的《陀罗尼经》是不是可以作为推测唐代早期雕版印刷的参考呢？从雕印技术上说，不仅有汉文经书、日历，还有经卷上的莲花、花蕾、法器、手印、星座等图案和梵文《陀罗尼咒经》。[1]

以上几例说明印刷业的发展来自民间对佛经、日历等普及型读本的需求，而且技术相当高超，并可能传至日本等国。雕版印刷始于唐，活字印刷始于宋，这是中国古代四大发明之一，是世界文明史上光辉一页。

（8）制盐

隋唐时期的盐分为海盐、池盐和井盐。唐代海盐生产向南方扩展，据《新唐书·地理志》《元和郡县图志》等书的记载，产盐地河北有5县，河南有8县，淮南有2县，江南有11县，岭南有7县，淮南以南共有20个县产海盐。当时海盐总产量估计最高可达三百万石上下。池盐主要是安邑、解县两池盐，通过引卤水入畦，蒸发水分，结成盐粒，称为颗盐。井盐产量也一直保持较高水平。从技术上说，直到北宋以前，所开盐井属大口浅井。这种盐井存在卤水易竭、井壁易坍塌等弊端，而且卤水数量有限，易导致杂质增多，影响盐产量和质量。直到北宋庆历、皇祐年间，蜀人发明了卓筒井以后，井盐生产不仅产量增长，而且品质大大提高了。沿海的海、沧、棣、杭、苏等州每岁免租为盐（即以纳盐代纳租），计纳盐额为二万斛，上缴中央。青、楚二州以盐价市买“轻货”，上缴中央。第五琦初变盐法，“就山

[1] 宿白：《唐宋时期的雕版印刷》，文物出版社1999年版，第1、3、8页。

海井灶近利之地置监院。游民业盐者为亭户，免杂徭。盗鬻者论以法”[1]。

刘晏任盐铁使，继续改革盐法：以盐吏多则州县扰，规定出盐乡因旧监置吏，亭户粜盐给商人，任商人行销，即所谓令盐的行销“纵其所之”。离海盐产地遥远的山区，官府设常平盐，商人不至，则减价粜盐。“官收厚利而人不知贵。”[2]

唐朝的池盐以蒲州的安邑、解县两池盐最著名。两池盐本隶户部度支，后为河中节度使所控制。山南西院领黔州、成州、巂州、果州、阆州等地盐井；剑南西川院领邛州、眉州、嘉州各井；剑南东川院领梓州、遂州、绵州、合州、渝州、泸州、资州、荣州等井，“皆随月督课”[3]。晒、煮是盐的基本加工方法，煮盐用灶、铁盘。铁盘制造工艺见元陈椿《熬波图》的记载。唐以来盐法屡出，第五琦、张平叔、刘晏等人均有所发明。唐朝盐利曾是财政收入的大项目，但人民却为食盐却付出沉重的代价。

盐利并不是政府的唯一收入，以盐和周边少数民族交换马匹，是盐的重要边际效益。盐还是消毒、治病的药材，黑盐治腹胀气满，胡盐治目痛，戎盐治诸疮。[4]

（9）制茶

我国是茶叶的原产地，我们的祖先最早发现了茶的养生、医疗作用，因而形成了有特殊魅力的茶文化。《唐国史补》载茶产地分布为：“剑南有蒙顶石花，或小方，或散牙，号为第一，湖州有顾渚之紫笋，东川有神泉、小团、昌明、兽目，峡州有碧涧、明月、芳蕊、茱萸簝，福州有方山之露（一作生）牙，夔州有香山，江陵有南木，湖南有衡山，岳州有灉湖之含膏，常州有

［1］《新唐书》卷54《食货志》，第1378页。

［2］《新唐书》卷54《食货志》，第1378页。

［3］《新唐书》卷54《食货志》，第1377页。

［4］《宋本册府元龟》卷660《敏辩》，第2233页。

义兴之紫笋，婺州有东白，陆州有鸠坑，洪州有西山之白露，寿州有霍山之黄牙，蕲州有蕲门团黄，而浮梁之商货不在焉。”[1]当时茶叶已有诸多品牌，其知名度很高。

关于茶的经典著作首推陆羽《茶经》。《新唐书·陆羽传》记载他曾“隐苕溪，自称桑苎翁，阖门著书”，卒于贞元末。他大约生活在8世纪中至九世纪初，寿可60余岁。该传又说：“羽嗜茶，著经三篇，言茶之原、之法、之具尤备，天下益知饮茶矣。时鬻茶者，至陶羽形，置炀突（灶的烟囱）间，祀为茶神。”[2]

陆羽《茶经》说茶之源、之法、之具的文字里，还有哪些科学论断？试述如下。《茶经》说“源”篇云：“（茶）其地上者生烂石，中者生栎壤，下者生黄土。”“上者生烂石”这句话，精辟地阐明茶叶首先出现在今四川周边的生态环境。因为四川盆地板块与周围亚洲版块结合部，由于板块之间的挤压，产生烂石断层，易沉积腐殖质；加之受西南方向的印度洋暖湿气流经缅藏沟漕北上，致四川盆地及其周边雨水丰沛，终年雾霭，给茶树的生长提供了极好的自然环境。所以传说中的茶祖就在四川的蒙顶山。

《茶经·三之造》云：“凡采茶，在二月、三月、四月之间。茶之笋者生烂石沃土，长四五寸，若薇蕨始抽，凌露采焉。茶之牙者，发于丛薄之上，有三枝、四枝、五枝者，选其中枝颖拔者采焉。其日有雨不采，晴有云不采，晴采之、蒸之、捣之、拍之、焙之、穿之、封之，茶之干矣。”[3]因为产茶的地理条件不同，所以采茶的时间有二月、三月、四月的差别。再者，生长在

[1] 《唐国史补》卷下，第60页。

[2] 《新唐书》卷196《陆羽传》，第5612页。

[3] 陆羽：《茶经》卷上，《四库全书存目丛书补编》子部，第95册，齐鲁书社2001年版，第341页。

“烂石沃土”的茶叶肥嫩，“始抽，凌露采焉”，反之，生长在“丛薄之上”的茶，选其中“枝颖拔者采焉”。这样保证茶叶质量。对煮茶的水分类，以“其水用山水上，江水中，井水下”[1]。这可能是山水杂质少，矿物质多，口感较佳。

学者认为，唐以前“南方人还多少保留着采鲜叶而煮饮的方式”，至唐朝茶叶加工进入成熟期。[2]饮茶的流行必然出现茶文化。不同时代有不同的茶文化。就唐朝而言，茶文化的意义首先在养生。《茶经·五之煮》篇讲到茶叶炙（烤）干后“用纸囊贮之，精华之气无所散越”。陆羽与僧、道过从甚密，显然受道教思想影响，相信精气之于养生的意义，强调保存茶之“精华之气”，欲以益人之精气。佛教徒也以茶悟性，有《颂》云：“滔滔不持戒，兀兀不坐禅。酽茶三两碗，意在镢头边。”[3]所以，茶文化蕴含道教文化、佛教文化。茶文化还是唐朝文士雅兴高谊的添加剂，唐诗多有记载。茶还是中药之一，诸方俱见《证类本草》《本草纲目》等名著。茶还传入吐蕃等周边少数民族地区，成为各族人民共享的医药。吐蕃王朝的都松莽布支（即都松芒波杰）赞普（676—704年在位），就是靠饮茶治好自己的病。元代《汉藏史集》记载了这件事。都松莽布支赞普得了一场重病，在他安心静养时，飞来一只美丽小鸟，口中衔着一根树枝。赞普不禁犯疑，派人去查看，将小鸟衔来的树枝取来，摘下树叶的尖梢，放到口中品尝其味，觉得清香；加水煮沸，制成上好饮料。于是赞普对大臣们说，这树叶饮料十分奇妙，能养身体，是治病之良药。赞普又派使臣去汉地请工匠，制造“碗口宽敞，碗壁很薄，腿短，颜色洁白、具有光泽”的兴寿碗。上等碗绘有鸟衔树

[1] 《茶经》卷中，第351页。

[2] 李斌成、韩金科主编：《中华茶史》（唐代卷），陕西师范大学出版社2013年版，第50页。

[3] 《五灯会元》卷9，第534页。

枝的图案。[1]由此可知，茶不仅为汉族官民所倾情，也为各族官民所钟爱。

（10）酿酒

酒是官民共享的生活必需品。酒的生产历史悠久，隋唐时期酿酒技术有所进步，美酒遍于大江南北。《唐国史补》记载："酒则有郢州之富水，乌程之若下，荥阳之土窟春，富平之石冻春，剑南之烧春，河东之乾和蒲（葡）萄，岭南之灵溪、博罗，宜城之九酝，浔阳之湓水，京城之西市腔，虾蟆陵郎官清、阿婆清。又有三勒浆类酒，法出波斯，三勒者谓庵摩勒、毗梨勒、诃梨勒。"[2]宋朝大文豪苏东坡说：唐人名酒多以春名，退之诗"勤买抛青春"。子美诗"云安曲米春"。郑谷诗中的富平石冻春。白乐天杭州诗，有"青旗沽酒趁梨花"之句，是又有梨花春之名。李白诗"瓮中百斛金陵春"。刘梦得诗"鹦鹉杯中若下春"[3]。从上述苏东坡的评论可以看出名酒与文士生活何等息息相关！这种风气，道出了古代文明的独特魅力，正如李白"斗酒诗百篇"所刻画的盛唐诗人的高昂心气。[4]唐时一斗，学者以为有几个标准：太府寺斗，5970—6000毫升（克）；大历长安市斗，5470—5500毫升（克）。[5]能饮斗酒的不止李白一人。裴度修福先寺，请白居易写碑文，白说你不要舍近就远，找你的判官皇甫湜吧，"湜即请斗酒，饮酣，援笔立就"[6]。5000毫升至6000毫升酒怎么喝得下？今人难以想象，可能是一种豪言壮语，代表一种时代精神，汹涌澎湃，一往无前。

---

[1] 参阅郑学檬、徐东升：《唐宋科学技术与经济发展的关系研究》，第226页。

[2] 《唐国史补》卷下，第60页。

[3] 王楙撰、王文锦点校：《野客丛书》卷10，中华书局1987年版，第100页。

[4] 《杜诗详注》卷1，第43页。

[5] 郭正忠：《三至十四世纪中国的权衡度量》，中国社会科学出版社1993年版，第343页。

[6] 《新唐书》卷176《皇甫湜传》，第5267页。

三 商品经济与区域经济——经济重心的南移

1. 交通

交通运输业的发展是社会生产力提升的必要条件。隋唐交通均以京师长安为中心，向东南西北辐射。隋的疆域“东西九千三百里，南北万四千八百一十五里。东南皆至于海，西至且末，北至五原。隋氏之盛，极于此也”[1]。自京城长安至于外郡，有几条通道：北道通往安定、北地、上郡、灵武、五原方向，安定、北地在今泾水上游，五原在今河套地区；西道通往天水、陇西、金城、武威、张掖、敦煌、伊吾、鄯善、且末等地，伊吾在今哈密以南地区，且末在塔里木沙漠东南地区；西南经子午道、褒斜道或陈仓以南谷口水道，通往汉川、蜀郡、眉山、临邛、越巂等地（今汉中、四川各地），至昆明（今云南）；东南出商山，循汉水至江汉地区。东向洛阳，北经河东太原直达马邑、定襄；西北经河北诸郡连接辽西、室韦、靺鞨；向南经运河直达江淮，或循汉水、长江—湘江水路，通广州；或循赣江南向大庾岭通广州。

唐朝陆上商路和驿路是一致的，在这些商路上，终年商旅不断，沿途店舍栉比。《通典》卷7记汴州至岐州一段及南北商路盛况：“东至宋、汴，西至岐州，夹路列店肆待客，酒馔丰溢。每店皆有驴赁客乘，倏忽数十里，谓之驿驴。南诣荆、襄，北

---

[1] 《隋书》卷29《地理志上》，第900页。

至太原、范阳，西至蜀川、凉府，皆有店肆，以供商旅。”[1]沿线邮传管理更严格，各条大道都有关隘。如阳关，王维诗《渭城曲》有“劝君更尽一杯酒，西出阳关无故人”[2]。如散关，《舆地志》云：散关在凤州梁泉县，“秦蜀要道”，诸葛武侯（诸葛亮）出散关围陈仓，曹操自散关出陈仓，即此地。[3]王勃诗《散关晨度》：“关山凌旦开，石路无尘埃。白马高谭去，青牛真气来。重门临巨壑，连栋起崇隈。即今扬策度，非是弃繻回。”[4]繻是彩色的丝织品，即缯、帛。汉制，从关门出境的人，关吏送一束缯，作为符信，当时有个博士出关，不要这束缯，他回来时，关吏认出他就是“弃繻”那个人。[5]唐边关通行的证件是“过所”，敦煌文书有原件存世。再如蓝关，自长安东南出商山通往汉江的关隘。韩愈被贬潮州，过蓝关有诗《左迁至蓝关示侄孙湘》，有“云横秦岭家何在，雪拥蓝关马不前”[6]句，悲愤之情跃然纸上。关隘的记录，是通行的证据。

2. 物流

唐朝的交通要道也是商道，物流、人流，熙熙攘攘。远距离的物流运输主要是漕运，即从河东、河北、山东、江淮漕运米谷和租布至长安。玄宗朝裴耀卿主漕运，“益漕晋、绛、魏、濮、邢、贝、济、博之租输诸仓，转而入渭，凡三岁，漕

---

[1] 《通典》卷7《食货》，第152页。

[2] 《全唐诗》卷27《渭城曲》，第349页。

[3] 杨士弘编：《唐音》卷1《散关晨渡》题注，景印文渊阁四库全书本，集部第1368册，第185页。

[4] 《全唐诗》卷56《散关晨度》，第674页。

[5] 《唐音》卷1《散关晨渡》注，第185页。

[6] 韩愈：《昌黎先生文集》卷10，《续修四库全书》，第1309册，上海古籍出版社1995年版，第547页。

七百万石，省陆运庸钱三十万缗”。后崔希逸为河南陕运使，也是每岁运百八十万石。韦坚兼水陆运使，整治运渠，“通山东租赋”。代宗朝刘晏主持漕运，采取江船、汴船、河船、渭船分段转运，“江船不入汴，汴船不入河，河船不入渭。江南之运积扬州，汴河之运积河阴，河船之运积渭口，渭船之运入太仓，岁转粟百一十万石，无升斗溺者。轻货自扬子至汴州，每驼费钱二千二百，减九百，岁省十余万缗”[1]。这类运输，国脉所系，关乎王朝的存亡。

大江大河漕运系统也是商业性物流渠道，武后长安二年（702）有司表请开征关市税，凤阁舍人（中书舍人）崔融驳议说：“且如天下诸津，舟航所聚，旁通巴、汉，前指闽越，七泽十薮，三江五湖，控引河洛，兼包淮海。弘舸巨舰，千轴万艘，交贸往还，昧旦永日。”[2]这席话道出了当时漕运通四方，交易频繁，货畅其流。杜牧《上李太尉论江贼书》记载说：“伏以江淮赋税，国用根本。今有大患，是劫江贼耳。某到任才九月，日寻穷询访，实知端倪。夫劫贼徒上至三船、两船，百人、五十人，下不减三二十人始肯行劫。”“所劫商人，皆得异色财物，尽将南渡入山博茶。盖以异色财物不敢货于城市，唯有茶山可以销受。盖以茶熟之际，四远商人皆将锦绣缯缬金钗银钏，入山交易。”[3]这个报告披露，商人携带“锦绣缯缬、金钗银钏”之类商品入山，交易茶叶，然后把茶运出，顺江而去。劫江贼利用茶商物流时段，行船抢劫。

唐中后期，商品经济取得长足发展，沿江（及其支流）城镇、农村出售的商品，多从水路集散，而后，通海的河流就成为

[1] 《新唐书》卷53《食货志》，第1366、1368页。

[2] 《旧唐书》卷94《崔融传》，第2998页。

[3] 《全唐文》卷751《上李太尉论江贼书》，第7787—7788页。

出海通道，助成海上物流的开展。如唐代长沙窑瓷器，竟在中亚波斯湾沿岸的港口尸罗夫发现[1]，1998 年在印度尼西亚海域发现的阿拉伯沉船“黑石号”，出水的长沙铜官窑瓷器多达 5万多件。长沙窑瓷器也可能运往印度、中亚等地。那么长沙瓷从哪里出海的？一种可能是沿长江到江阴狼港，从那里出海。因为鉴真和尚就曾从狼港东渡冲绳。另一种可能经湘江、漓水，从西江运至广州出海。因为两港均是阿拉伯船到过的港口。

又如福州闽江成为贯通闽赣的通道，经营南海珍宝的商人溯闽江而上，至武夷、浦城，转饶州。有个故事说：医者郭常“饶人，业医。居饶中，以直德信。饶江其南导自闽，颇通商外夷，波斯、安息之货。国人有转估于饶者，病且亟。历请他医莫能治，请常为诊”[2]。即证明唐代存在贯通闽赣的海陆物流通道。再如广州有江海交通之便。西江连接岭南西道，经漓水，入湘江，出洞庭湖；北江经大庾岭、大余、南康入章水，通赣江；东江经寻乌等地可进入贡水，通赣江。苏诜《开大庾岭铭》云：“怀荒服兮走上京，通万商兮重九译”[3]，可见从广州经北江到韶州，过大庾岭入江西的商道当时颇有名声。杜甫有“交趾丹砂重，韶州白葛轻”的诗句，[4]韶州白葛亦是广州市上名品，北江之物流可知。

3. 商品经济

隋唐三百多年历史中，商品经济即商品生产和商业交换发

[1] 黄珊：《中世纪波斯湾古港口——尸罗夫港的发现》，西域文明的发现http：//dsr.nii.ac.jp/narratives/discovery/10/index.html.zh，2016年6月26日。

[2] 沈亚之：《表医者郭常》，《全唐文》卷738，第7624页。

[3] 苏诜：《开大庾岭铭》，《全唐文》卷259，第2633页。

[4] 杜甫：《送段功曹归广州》，《全唐诗》卷227，第2451页。

达，为前代所无，其原因有国家统一、治理有方、生产技术有较大的进步、社会分工扩大等方面。唐朝的商品生产和商品交换究竟达到什么样的水平？下面作一简要分析。

所谓商品生产，“是指经济发展中的这样一个阶段，在这个阶段上，物品生产出来不仅是为了供生产者使用，而且也是为了交换的目的，就是说，是作为商品，而不是作为使用价值来生产的”[1]。在中国中世纪，这种为了交换目的而进行的生产即商品生产广泛地存在着，只是规模不一定都很大。但是，应当注意到，像地主和农民这样的自然经济者，他们的生产一般来说是为了满足自身的需要，而不是为了交换，因而他们的生产不是商品生产。但是，由于各种原因，他们的产品常常转化为商品。对于这种非商品生产者的产品进入市场的影响不能低估。因为商品生产者向市场提供商品和非商品生产者向市场提供产品，在交换时，都受价值规律约束，都具有商品属性。地主和农民一旦向市场出售产品，不管其动机如何，都为市场提供了商品。他们的这一部分产品的生产应该说是广义的商品生产，但和严格意义上的商品生产仍然有区别，主要是生产者的主观目的不同。严格意义上的商品生产，生产者非常清楚地知道他是为市场生产的。如果把广义的商品生产包括在内，那么隋唐时代的商品生产是比较发达的。举几个例子：李惟简为凤翔节度使，购买耕牛，铸造农器，以扶助农民，使垦田增加数十万亩，“属岁屡稔，公私有余，贩者流及他方”[2]。这是指公私粮食由商人转贩他方。又据《稽神录》所记：“戊子岁旱，庐陵人龙昌裔，有米数千斛粜，既而米价稍贱。”[3]这个龙昌裔也是出售粮食的地主。又五代漳浦人

[1] 马克思、恩格斯：《马克思恩格斯选集》第3卷，人民出版社1966年，第381页。

[2] 《资治通鉴》卷238《唐纪》，第7684页。

[3] 《太平广记》卷243《龙昌裔》，第1884页，引徐铉《稽神录》。

林昌业，曾任泉州军事衙推，晚年退居龙溪县，“有良田数顷，尝欲舂谷为米，载诣州货之”[1]，农副产品有茶、菜、桑、禽、畜等。《太平广记》记九陇张守珪在“仙君山有茶园，每岁召采茶人力百余人，男女佣功者杂处园中”[2]。这个张守珪每年向市场提供茶叶的数量一定不少。《太平广记》还记载一个叫裴明礼的人，广种蜀葵、花果，生产蜂蜜。[3]宋人王灼的《糖霜谱》记载唐大历年间，江南黄氏有蔗田被邹和尚的驴糟蹋，黄氏要求赔偿，邹和尚教黄氏制作糖霜，获利十倍。[4]这些农副产品生产是以获利为目的，是商品生产。

唐代长安、洛阳、扬州、益州及各州县的市中有果行、肉行等出售农副产品的铺户，其商品相当一部分来自山乡地主富户，他们拥有山林，因而出售木材、山货牟利。农民也出售一部分农副产品。有洪州胡氏，本家贫，其后，“家稍充给，农桑营赡，力渐丰足”，令“子主船载麦，泝流诣州市”[5]。农民中的茶农、菜农、果农，基本上是商品生产者。例如，“江南百姓营生，多以种茶为业”[6]。“蜀、楚、闽、粤，依山之民，畦种（茶）而厚得其利。其利也,有十倍于耕桑之所获者矣”[7]。就是说他们是为市场生产，以获利为目的。桑树苗、桑叶的出售在蚕桑地区也比较普遍。唐末王建据蜀，于三月蚕市中见“货桑栽者不一，（王建）仍顾左右曰：‘桑栽甚多，傥税之必厚获利。’由是言出于外，民惧，尽伐其桑柘焉”[8]。出售桑树苗、桑叶活动也属商品

[1] 《太平广记》卷355《林昌业》，第2813页。

[2] 《太平广记》卷37《阳平谪仙》，第235页。

[3] 《太平广记》卷243《裴明礼》，第1875页。

[4] 王灼：《糖霜谱》，中华书局1985年版，第1页。

[5] 《太平广记》卷374《胡氏子》，第2974页。

[6] 杜牧：《禁园户盗卖私茶奏》，《全唐文》卷967，第10042页。

[7] 《读通鉴论》卷28《五代上》，第1017页。

[8] 《五国故事》卷上，《五代史书汇编》（陆），九州出版社2004年版，第2186页。

经营。

中唐以后商品交换发展的特点是规模扩大，形式多样，商品种类增多。所谓商品交换规模的扩大，是指交易范围扩大、交易额增加。如大历、贞元间，著名商人兼船主俞大娘有船最大，“操架之工数百”，“南至江西，北至淮南，岁一往来，其利甚博”。当时许多大商人多有自己船只，还出现了有组织的商纲。至于小商小贩，随处可见，交易范围空前扩大。

交易规模扩大时，就会出现一批富商大贾。如盐商，贞元四年（788）淮南节度使秦少游奏加民赋，自此江淮盐价每斗增加两百，“江淮豪贾射利，或时倍之，官收不能过半，民始怨矣”[1]。这种江淮豪贾就是大盐商。他们汇集于扬州，扬帆于荆湘、淮黄，挟资巨万，名动海内。因此，许多上农大贾纷纷入为盐商。木材商，如广陵贾人一次运往建康的家具价值即达二十万。[2]茶商甚至组建自己的运输队——纲，“凡茶商贩茶，各以若干为一纲而输税于官”[3]。米商有行商坐贾之分。各大都会米行，经销各地米商运来的米。考古发现，北京房山石经中记载有天宝以后范阳米行资料，涉及米行商人颇多，例如：“（范阳）郡白米行造石经社官郁文璟、罗敬遵、吴庭芝、韩元璋、韩令望、田普子等五十人”“范阳郡大米行社官吴庭芝”“范阳郡粳米行社官何弘礼”等。[4]长安、洛阳、扬州等都会也有这样的米行。其他酒商、珠宝商、水果商、布商、日用品商，都有一定规模。他们的专业化、规模化经营，有利于资本积累。

商品交换形式的发展，除商店外，市和草市的扩大和发展也值得注意。唐朝的市和过去一样是官府设立的贸易区，按照唐初

[1]　《新唐书》卷54《食货志》，第1378—1379页。

[2]　《太平广记》卷355《广陵贾人》，第2810页。

[3]　《资治通鉴》卷243《唐纪》，第7859页。

[4]　曾毅公：《北京石刻中所保存的重要史料》，《文物》1959年第9期。

规定，市只能设在州县以上的行政机构所在地，“诸非州县之所，不得置市”[1]。即使州县以上所设市，置废一秉于官府。但在中唐以后，商品生产和交换的发展，使官府放宽规定，允许在不是州县的贸易中心置市。这一变化，表明商品交换的空间限制被打破。夜市的出现，表明商品交换的时间限制也局部被打破了。

县市和草市的发展，是隋唐时期商业繁荣的标志之一。隋唐州（郡）县设市，置市令管理。州县市令，取勋官五品以上及职资九品者，若无，通取勋官六品以下；“州市令不得用本市内人，县市令不得用当县人。”[2]意在防止不公平执法。未设州设县的地方，不能置市。市和居民的居住区坊一样有门，按时启闭。禁止夜市。

随着商业活动的增多，以上市规很难执行下去，于是市镇与草市应运而生。河南告成镇“万方辐凑”[3]，商业兴盛。湖州乌程也如此。又如梓州之东关县，原是盐亭县雍江的一个草市，后蜀明德四年，以其地去县远，征输稍难，治安也成问题，因而设立招葺院，宋时正式升格为县。这个事实说明一些交易中心（草市），由于交易繁荣，政府为了征税、治安，才允许设市，然后又根据需要升格为县。唐朝草市，日本学者加藤繁博士有过研究，国内学者亦有论及，这里不重复。但应指出，草市和市镇的发展，说明在中唐以后，于传统的州、县市交易外，农村已形成地方性小市场，表明民间的商品交换很是繁荣。

随着商品交换的发展，柜坊、邸店、飞钱等商业服务机构也发展起来了。首先是邸、店在唐朝已开始分离，邸作为货栈，店除作为旅店外，同时兼有买卖商品职能。其次是柜坊的出现，

[1] 《唐会要》卷86《市》，第1874页。

[2] 《唐六典》卷30，第748页。

[3] 《旧唐书》卷97《张说传》，第3049页。

由于交易额的扩大，引起钱币流通量的增加，因为制钱（铜钱）携带不便，于是柜坊就从邸店分离出来，成为类似近代的金融机构。飞钱、便换也出现在中唐。飞钱类似近代之汇票，《新唐书·食货志》对此有记述，经营飞钱的有诸道进奏院、诸军、诸使和富家。有个故事说：有士出卖产业，得钱数百缗，害怕途中携带困难，遂将钱“纳于公藏，而持牒以归，世所谓便换者”[1]。大概纳于“公藏”（指诸道、军、使）的称公便换，纳于富家的称私便换。凡交易额大的商人，多参与这项业务，因而元和时有禁止“茶商等公私便换”之举。[2]

以上分析可以证实，隋唐时期，特别是唐朝的商品生产和商品交换已有很大的发展，但由于当时经济结构和自然经济占统治地位的影响，其程度还是有限的，不能和宋元时代相比。

4. 区域经济和经济重心南移

经济区划分的原则应该包括经济区的气候和生态环境相似性，经济区的发展水平和特征相似性，经济区内地区间的联系程度，包括交通条件等。根据这一原则，隋唐时期大致上可划分为秦岭、淮河以北的关中经济区、黄河中下游经济区、华北经济区、河西经济区、河套经济区、淮河以南的淮南经济区、秦岭以南的四川经济区（含汉中、山南）、长江中下游的江南经济区、岭南经济区、西南经济区。隋唐时期，关中经济区、黄河中下游经济区、华北经济区、淮南经济区和江南经济区在经济上具有举足轻重的地位。从人口分布看，唐贞观十三年（639）各道人口占诸道口数的百分比：关内道（关中经济区）14.12%，

---

[1] 《唐国史补》卷6《羽部》，第112页。

[2] 《旧唐书》卷48《食货志》，第2102页。

河南道（黄河中下游经济区）9.47%，河东道、河北道（华北经济区）20.95%，淮南道（淮南经济区）3.29%，山南道、剑南道（四川经济区，含汉中、山南）29.51%，江南道（江南经济区）15.86%。天宝元年（742）情况发生了变化，关内道（关中经济区）下降为12.08%，河南道增至19.28%，河东道、河北道（华北经济区）增至27.40%，淮南道（淮南经济区）增至4.47%，山南东西道、剑南道（四川经济区，含汉中、山南）下降为12.99%，江南道（江南经济区）增至20.32%。[1]

安史之乱后，江南经济发展的势头强劲。但是《元和郡县图志》记载的户口数不增反降，如润州，元和比天宝时下降45.7%，常州同期下降46.8%，湖州同期下降40.7%，只有苏州同期上升了24.2%。据记载，大历年间润州、常州都有户口增长的记录。其实，宪宗元和年间户口不实现象是全国性的，《元和郡县图志》编者李吉甫上《元和国计簿》时指出：当时除凤翔等十五道七十一州（分布在西北、河北、淄青、淮西地区）不申户口外，"赋税止于浙江东、西、宣歙、淮南、江西、鄂岳、福建、湖南八道，四十九州，一百四十四万户，比天宝税户四分减三"[2]。按四分减三这个比例计算，润州下降45.7%，常州下降46.8%，湖州下降40.7%不算严重，下降比例低于全国平均数。苏州户口数则明显增加。

以上情况，究其原因是：第一，差科色役负担沉重，加速民户逃亡。李吉甫所说的"赋税止于浙江东、西，歙、淮南、江西、鄂岳、福建、湖南八道，四十九州，一百四十四万户"，意味着江南八道每年要按两税"三分法"（留州、送使、上交中央）把税粮、绢布（麻布）、钱等送到州府、会府（节度使驻在州）

[1] 梁方仲：《中国历代户口、田地、田赋统计》，第78（甲表23）、86（甲表26续）页。

[2] 《资治通鉴》卷237《唐纪》，第7647页。

和京师，这项运输工作所需担夫、船丁，都是从农民中征调来的，这必然引起部分不堪差役负担的农民逃亡。再则连年战乱，随意征役也加速农民逃亡。原池州刺史李冉说：“当州自定两税以来，距今四岁，户口减省，差科日增。”又说：“自军兴以来，职役繁重，江淮百姓多有流亡。”[1]就反映了这一情况。

第二，富户隐蔽户口。富户隐蔽田亩，以求逃税，同时也会连带隐瞒依附人户。一个典型案例是湖州刺史庾威的“均税之法”。当州“富户业广以资自庇，产多税薄，归于羸弱”。庾威“尽简并包加籍取均”，即全面清查户口，把并籍人户分别出来，以求均等税负。但是湖州五县“土广人奸”，“隐占居多”，官府查田苗，不免兴师动众。“大凡为郡，止于四过：一者私加公税，二者逃失黎甿，三者虐害平人，四者富润私室。庾威改张税额，赋不加征，联绵歉灾，人悉安业。”[2]“富润私室”是地方州府的四大过错之一，其中包括隐瞒田产、人户。

第三，人口南移和社会分工的扩大。安史之乱后至晚唐，江南、岭南、西南地区断断续续出现相对比较安定局面，所以南迁或西南迁移成为人口流动的主要方向。晚唐光启至大顺年间，淮南六七年中兵戈竞起。“行密既并孙儒，乃招合遗散，与民休息，政事宽简，百姓便之，搜兵练将，以图霸道。”[3]黄巢横行中原时，光州刺史王绪率部渡江，自南康转至闽中。随军而来的有王潮、王审知兄弟，王审知后来成为闽国统治者。王绪部成为入闽移民。同样，刘建峰、马殷也在孙儒败后，进入江西、湖南，马殷后来成为楚国统治者。四川王建、孟知祥都如此，割据中完成了大部队移民过程。其他历年移民资料不胜枚举。

---

[1] 《全唐文》卷622《具前池州刺史张严自代表》，第6284页。

[2] 《宋本册府元龟》卷474《台省部·奏议五》，第1178页。

[3] 《旧五代史》卷134《杨行密传》，中华书局2016年版，第2075页。

在历年的人口南移潮中，有许多手艺人，他们把北方手工业技术带到南方，如寿州制陶、制瓷业，专家认为是从河北迁来的。南唐的李廷珪，早年随其父从河北易水来江南，定居歙州，制墨为生，当时有澄心堂纸、龙尾砚、李廷珪墨为文房三宝。[1]

北方人口南迁过程中，农村人口也因社会分工等原因流向草市、市镇。大约德宗朝，进士策问有“钱值日高，粟帛日卑”。百姓所输两税钱的钱数不变，因钱升值了，折纳粟绢，就要增加四倍，即“税其一为四”。因此，“百姓日蹙，而散为商以游十三四矣。”[2]贞元中，李泌请恢复精简了的州县官，德宗回答说：“置吏以为人也，今户口减于承平之时三分之二，而吏员更增，可乎？”[3]如果按照以上说法，弃农从商（包括手艺人）者有十分之三四，也不奇怪了。那么上举宪宗元和时户口数与玄宗天宝时户口数对比，润州下降45.7%、常州下降46.8%、湖州下降40.7%的记录还是基本可信。这一脱籍现象证明社会分工扩大，人口从农村向交通要道、草市和城镇转移，“游走”四方。江南润、常、湖的人口变动正好说明江南商品经济在较快发展，苏州更不必说了。

经济重心南移。所谓经济重心南移，实际上是区域经济发展不平衡的动态过程。隋唐前期，经济重心在黄河流域，也就是关中经济区，黄河中下游经济区，华北经济区；而唐后期的经济重心向南转移了，贞观、天宝、元和三个时期人口分布变动情况，可以说明这一趋势。在现代社会，人口分布和经济发展水平不完全成正比，虽然劳动力状况仍是经济发展的重要因素，但是决定经济发展水平的是政治经济制度和科学技术，当然还有人口、资

[1] 佚名：《砚谱·李后主砚》，中华书局1991年版，第1页。

[2] 《全唐文》卷634《进士策问二道》，第6399页。

[3] 《资治通鉴》卷232《唐纪》，第7490页。

源、资本、市场等因素。处于中世纪的隋唐，人口、资源是主要的，因为当时的生产力水平有限，动力主要是人力、水力，没近代的蒸汽力、现代的电力；工具依然是木质、铁质或铜质，没有近代使用大型机床加工的机械，更没有现代的精密机械；科学技术停留在传统的生产经验基础上，没有近代的物理、化学、生物分科实验，更没有现代的科学实验。所以在隋唐时期，人口分布的趋势就表示劳动力的流向，也就意味着经济重心的移动方向。

笔者曾经指出：中国古代经济重心的南移是一个漫长的过程。大致上起自东晋、南北朝（准备阶段），中经隋唐五代（开始南移），至南宋才完成。古代经济重心南移完成的标准应是：第一，经济重心所在地区生产发展的广度和深度超过其他地区。具体表现为人口众多，劳动力充足，主要生产部门的产量与质量名列前茅，商品经济发达。第二，经济重心所在地区生产发展具有持久性和稳定性，不只是在一个较短的时期内居优势地位，而是有持续占优势的趋势，就是说其优势为后世所继承。第三，新的经济中心取代旧的经济中心后，封建政府在经济上倚重新的经济中心，并在政治上有所反映。[1]

笔者还指出：经济重心的南移反映在政治上就是江南地主集团的崛起和成为改革派的中坚。这一点在唐朝表现为“权力扩散”和江南地方官的“得自为治”的改革。笔者认为权力结构是有层次性和内部竞争的。在隋唐时期，中央是权力中心，皇帝派遣的使职应是中央权力的延伸，但在一定条件下会延伸出来一个新的权力圈，产生了权力扩散。以盐铁使为例，从乾元元年（758）第五琦为诸道盐铁使始，先后出任诸道（或特定地区）盐铁使者有刘晏、元载、韩洄、包佶、韩滉、李巽、卢坦、王涯等41人。其中，刘晏最著名，其事迹前面已作介绍。我们

[1] 郑学檬：《中国古代经济重心南移和唐宋江南经济研究》，第14、15页。

注意到，刘晏因主管盐利、漕运，实际上控制了中央财政的部分权力，形成新的权力中心，这个中心既代表中央利益，又有专权之实，对财政改革起着非常重要的作用。刘晏的盐法改革和漕运，又是以江淮为基地，海盐盐税所入，主要来自江淮，也就是说，刘晏的新权力中心的基础是江淮盐利和大盐商。这可能是杨炎要置他于死地的原因吧。杨炎打击刘晏、德宗诏令贬死刘晏事件，客观上反映了中央统治集团中京师新贵元载、杨炎对代表江淮富户商人利益的刘晏的不满和反制。这就是中唐以后经济重心南移过程中“权力扩散”触发的政治波澜。

经济重心的南移在政治上反映的另一个现象是江南刺史、县令“得自为治”的改革。《资治通鉴》记载润州刺史、镇海军节度使韩滉之死时说：“滉久在二浙，所辟僚佐，各随其长，无不得人。”[1]说明一个地方长官有了部分选人用人的决定权。虽然北方的藩镇也属“自治型”地方政府，但比较而言，南方某些地方长官不仅在用人上，而且在社会经济改革上更有作为。在唐中后期中央集权体制削弱的情况下，江南地方权力中心的改革活动比较普遍。如“（薛戎）元和十二年正月二十日拜越州刺史兼御史中丞、浙东观察使，至则悉除去烦弊，俭出薄入，以致和富。部刺史得自为治，无所牵制，四境之内，竟岁无一事”[2]。笔者以为江南等地刺史、县令“得自为治”的情况对江南经发展是有利的，这是推动经济重心南移的内在因素。

江南（包括长江流域）等地刺史、县令“得自为治”的表现概括起来有这几点：第一，立法上的“得自为治”。民事立法：柳宗元在柳州刺史任内，土俗以男女质钱，还不起钱则“子本相侔，则没为奴婢”。柳宗元立法令其赎回，“观察使下其法于

[1] 《资治通鉴》卷232《唐纪》，第7481页。

[2] 《昌黎先生文集》卷32《唐故朝散大夫越州刺史薛公墓志铭》，第1310册，第101页。

他州”，解救了上千人。[1]经济立法：王仲舒在江西观察使任内，“奏罢榷酒钱九千万”“三年，法大成，钱余于库，粟余于廪，人享于田庐，讴谣于道途”[2]。会昌二年（842）孙公乂睦州刺史任内建言苏、常、湖、杭、润五州“方以主田，籍其户口，推所产之物，齐均一之征”，以代睦州所欠两税。孙的奏书送到皇帝那里，即有诏令下达，“观察使如公之法均之”[3]。这是一条非常重要的资料，它提醒我们，孙公乂的建言与北宋的方田均税法有关。孙的“方以主田”应是丈量土地，计算税粮，这与北宋“量田输税”一样，都是以丈量土地、按亩计征为原则，是一项重要的制税立法。这样，江南在完善两税立法方面，作出表率。

第二，社会环境的治理。张先，括州遂昌令，他针对县“政率多旷，豪强暴夷鳏寡”“编户流冗十四五”的情况，清理犯罪窝点，查究隐藏的坏人，救济贫困人户，因而人得安居，“政有经矣”[4]，治理有方。戴叔伦为东阳令，使“山寇”敛迹，“权豪”屏除，“斗讼”止息，因而“桑植茂，陂塘修，平林接阴，大壑含润”，“商旅至”。[5]江南这类例子较多，说明江南不少州县的社会治理卓有成效，加之自然环境优于北方，其经济发展自必较快于北方。

第三，改善财政状况，致力发展经济。两税法实施后，因为定税、计资、折纳等政策和实施方面的问题，南方和北方都有税负不均问题。为了解决税负不均，仅靠加大征税强度是不行的，所以一些有远见的地方长官，就会在调整税额、规范折纳、降低

[1] 《昌黎先生文集》卷32《柳子厚墓志铭》，第1310册，第97页。

[2] 《昌黎先生文集》卷31《唐故江南西道观察使中大央洪州刺史兼御史中丞上柱国赐紫金鱼袋赠左散骑常侍太原王公神道碑铭》，第1310册，第91页。

[3] 《孙公乂墓志铭》，《全唐文补遗》第1辑，三秦出版社1994年版，第349页。

[4] 《唐故括州遂昌县令张府君（先）墓志铭并序》，《全唐文补遗》第1辑，第125页。

[5] 《全唐文》卷510《唐东阳令戴公去思颂》，第5185页。

运输费用等方面进行改革，公平税负，清欠逋负，解困纾贫，促进经济发展。江西七州自元和、长庆以来就是唐朝的财赋重心之一，号称“财赋孔殷，国用所系”。于是朝廷以裴堪为江西观察使，以便“简其条章，平其赋役，徇公率正，以临其人”[1]。李德裕在襄州刺史任内，“均井税，薄地征”[2]。“均井税”即调整税额。李方元出任池州刺史，括出隐漏的“豪猾”“沉浮”（隐匿逃户）七千户，将他们纳入征税对象，“复定户税”，贫下户就不用加税了。他又“创造籍簿，民被徭役者，科品高下”，使徭役负担较为均平。[3]减轻税负，有利地方经济的发展，推动经济重心的南移。[4]

综上所述，促成隋唐经济重心南移，不仅有政治军事方面因素，如安史之乱，代、德、宪各朝藩镇割据、叛乱及中央平叛等形势；也有上述一些刺史、县令“得自为治”的改革和发展经济措施，加之相对安定的政治局面和优越的自然环境，江南（包括长江流域）地区的经济增长速度自然为北方所无法比拟的。

所以说，中国古代经济重心的南移，也从一个侧面反映了当时经济政治变革的进程。我们不必去争论哪个地区比哪个地区先进，历史研究最重要的方法是去分析不同时期的变革进程及其经济发展水平。

---

[1] 《全唐文》卷661《除裴堪江西观察使制》，第6720页。

[2] 《全唐文》卷720《故丞相太子少师赠太尉牛公神道碑铭并序》，第7407页。

[3] 《全唐文》卷755《唐故处州刺史李君墓志铭并序》，第7832页。

[4] 参阅郑学檬：《中国古代经济重心南移和唐宋江南经济研究》，第184—198页。

第五章 隋唐的科技、礼乐与文化

隋唐时期，随着经济的发展，天文学、数学、物理学、化学、农艺学、医学、航海技术等方面都取得了不同程度的进展，这些成就为社会各界提供了新知识、新技术，促进了农业、手工业和商业的持续发展。

礼是人类生存过程中，逐渐形成的某种相互约束机制。礼经历代丰富和制度化，就成为统治者治国临民的准则。“和为贵”“节之以礼”的格言，已成为中国古代文明的重要组成部分。《大唐开元礼》是隋唐时期礼的最具代表性的文本。隋唐两朝，儒家思想仍然是主流的意识形态。唐之经学重在整理、疏义。唐儒学大家中，韩愈名重当时，他的“业精于勤，荒于嬉；行成于思，毁于随”的名言传颂千古。刘禹锡、柳宗元则是倾向朴素唯物主义宇宙观的儒学大家。经过隋唐初修史实践，官修“正史”逐渐制度化。唐朝是中国文学史上最为辉煌的时代，名家辈出，闪耀星空，最伟大的诗人当推李白、杜甫。自隋至唐，画风渐进，即所谓“六法俱全，万象必尽”。在吐鲁番和敦煌出土的绢画中，希腊—罗马绘画艺术已融入中国的绘画艺术。中国古代礼乐并称，唐承隋制，将隋《九部乐》改编为《十部乐》，其中国乐占二席，余八席均为周边地区或域外乐舞。

一 科学技术

1. 天文学

中国作为传统农业大国，天文学理所当然占有突出地位。“天文学只有借助数学才能发展。”[1]因而在天文学发展的同时，数学相应获得了发展。隋唐天文学在宇宙结构理论，日、月、星的视运动规律研究，日、月食预报，太阳黑子、彗星的观测记录，流星、陨石的观测记录，天文仪器和星图的制造、绘制等方面都取得了重大成就。

宇宙结构理论有柳宗元的宇宙学说。柳宗元《天对》一文认为天不是什么人创造的，而是由元气从混沌状态积聚、变化而来的，坚持从物质本身的发展去论述天地的起源和变化。他还指出：宇宙在空间上是无限的，宇宙没有中心，宇宙在迅速变化。这些观点都是非常深刻的。其中一些观点（如宇宙没有中心）甚至超过哥白尼、牛顿和康德的学说。哥白尼、牛顿都主张太阳是宇宙中心，康德主张宇宙应有一个中心。他们的学说虽然在反对地心说上有重要意义，毕竟是有局限的。[2]柳宗元的宇宙理论是继承和发展了我国古代的浑天说和宣夜说。

在日、月、星视运动规律研究方面，应当指出隋丹元子和唐张遂的贡献。隋丹元子《步天歌》，用歌诀形式描绘了我国

[1] 《马克思恩格斯选集》第3卷，第390页。

[2] 柳宗元：《柳河东集》卷16《说》，上海古籍出版社2008年版，第285—303页。

黄河流域所能看到的天球上三垣（紫微垣、太微垣、天市垣）、二十八宿恒星的方位。由于人们用肉眼观察很难发现恒星间相对位置的变化，因此确定三垣、二十八宿位置之后，就容易辨认日、月的视运动路径，研究它们的视运动规律。唐张遂不仅继承了北齐张子信的太阳视运动不等速的理论，而且对太阳视运动规律做了进一步阐述。更有科学意义的是，他观测了大约150颗恒星位置，并和古代记载进行对比分析，在世界上第一次证实了恒星在黄道上的位置有南北向移动的现象，这是有重大科学意义的发现。在行星顺逆行方面，也有唐朝天文历法家李淳风提出合乎科学的解释。

还要提及的是气象方面的成就。唐人对不同地区降雨量、云雨的成因、旱象出现的征兆都有记录，民间有许多符合科学原理的气象谚语。隋唐时期为适应农业生产的发展，不断改订历法。我国古代早就有二十四节气的划分，以便把一年中的农事根据节气变化做恰当的安排；至唐，江南已有一年十二气的农时安排。节气又是根据太阳作周年视运动时在黄道上的位置不同划分的。因此，对太阳周年视运动规律的研究，就直接关系到历法的精确性和农业生产。隋代刘焯也考虑到太阳周年视运动的不均匀性，曾立“盈缩缠衰术”，开创了定气法。唐代张遂对太阳周年视运动规律作了进一步研究，发现太阳做周年视运动时，冬至最快，以后渐慢，从夏至后又渐快，并列出各气间日行盈缩数值和黄道日度数值，把定气的研究提到新的高度。张遂的《大衍历》在求太阳周年视运动不等速度数时，主张用定气计算，在刘焯内插法公式基础上，创立了自变量不等间距内插法公式，使定气计算更为精确。晚唐天文历法家徐昂，又提出了比张遂内插法公式更为简便的内插法公式。徐昂内插法公式在一定条件下和牛顿内插法公式完全一致。[1]

唐代太史监南宫说，在张遂发起的大规模日影、北极高度的测量中，亲自到河南四个地点测量，获得北极高度差一度，两地差351里80步（唐里）的结论，实际上测出子午线一度之长为351里80步（即子午线一度之长为166.1418公里）[2]。这是世界上第一次子午线实测工作，其意义非常重大。

2. 历法、数学

隋唐时期的天文历法和数学知识非常普及。中唐至五代十国，民间历法很流行，出现了一些优秀的民间天文历法家。德宗建中年间，民间历法家曹士蒍作《符天历》，首创万分法，为十进小数应用奠定了基础。数学普及也是空前的。李肇《唐国史补》记载说，有个市民陈竦，“州县籍账，凡所一阅，终身不忘”[3]。说明随着工商业的发展，对数学知识的了解和计算技术的熟练是不乏其人的。

唐时，在中国的印度天文历法家不少，著名的有迦叶、瞿昙、拘摩罗三家族。瞿昙罗曾编制《经纬历》，在高宗时与李淳风的《麟德历》并行于世。武后时瞿昙罗又作《光宅历》。瞿昙悉达编译的《九执历》是一部影响较大的历法，虽然没有经朝廷颁行，而民间颇有采用《九执历》者。张遂编《大衍历》曾参考了《九执历》[4]。拘摩罗家族的一个人也曾为《大衍

[1] 钱宝琮：《中国数学史》，科学出版社1964年版，第105—107页。

[2] 《新唐书》卷31《天文志一》，第813页。

[3] 《唐国史补》卷中，第42页。

[4] 陈振孙：《直斋书录解题》卷12，上海古籍出版社1987年版，第366页。

历》贡献了一个推算日食的计算方法。[1]印度历法吸取了希腊历法的理论和方法，张遂通过学习印度历法间接地吸收了希腊历法知识。印度天文学家瞿昙悉达编辑的《开元占经》，保留了印度数学的数码、圆弧的量法、弧的正弦等知识，中国数学家还曾注意到印度的大数记法。[2]印度佛经中关于度量衡的细微单位（如沙、尘、埃、渺、逡巡、须臾、瞬息、弹指、刹那、六德、虚、空、清、净等单位中的许多名称即是）也被引入中国的数学记数法。

隋代大运河工程可以说史无前例。这样的工程，必然在前人经验基础上，积累了土方、劳力计算的丰富知识，取得了有关开方的新经验。于是王孝通能够在这些新知识、新经验的基础上，为社会需要写成《缉古算术》这部中国古代的重要数学著作。《缉古算术》是我国现存最早介绍开带从立方法（求三次方程的正根）的算术书。它集中体现了7世纪中国数学家在建立和求解三次方程方面所取得的重要成就，解决了方程计算上存在的问题。《韩延算经》是一部中唐时期出现的应用数学书。它叙述了租庸调、两税钱米的计算问题，应用在一个横列式里演算乘除的方法，是唐代应用数学的总结。[3]

3. 工程机械

工程技术方面，至今保存下来的河北洨河上的大型石拱桥，是隋代著名工匠李春设计并主持建造的。这座石拱桥结构独特，

---

[1] 李约瑟著，庞冰心译：《中国科学技术史》卷3，第20章《天文学》之《文献概述》，科学出版社1975年版，第77页。

[2] 徐时仪校注：《一切经音义三种校本合刊》卷22《一百洛为一俱胝》，上海古籍出版社2008年版，第885、886页。

[3] 《中国数学史》，第125页。

建筑技术高超，桥单孔拱券净跨度37.02米，高7米。为了承托来自拱券的巨大推力，南北两桥台深达5米，垒砌工整，磨砻致密，坚固异常。[1]这反映了李春和工匠们有着丰富的力学知识。建筑工程则有现存的山西五台山佛光寺可为代表，该寺建于唐宣宗大中十一年（857年），“整幢建筑显得非常庄重”，月梁等结构使人产生强劲有力的观感，其大殿支撑屋脊的人字形构架为早期古建筑所仅见。[2]

提水工程，则有刘禹锡《机汲记》所记载的汲水机械装置，包括河床立柱（木桩）、河岸立柱（木桩），两柱绳索及挂在绳索上的盛水陶瓶、牵引驱动曲柄辘轳。这一套河中提水装置的安装工程也显示了朗州人的智慧。[3]

隋代天文历法家耿询发明水力转运浑天仪。唐代天文学家张遂主持了黄道游仪的制造，负责制造这架天文机械的梁令瓒和工人一起，完成了包括有经、纬、黄道、白道、赤道单双环及望筒装置的铜黄道游仪。[4]张遂和梁令瓒还制造成功水运浑仪，这架水运浑仪不仅能显示列宿运动情状，而且还使用齿轮和拔杆装置，传动机械结构已比较复杂，说明设计者对机械学已有相当造诣。[5]水运浑仪是世界上最早的天文钟之一。隋和唐都复制、改进成功指南车、记里鼓。[6]

---

[1] 中国科学院中国自然科学史研究室编，余鸣谦撰：《中国古代科学家·李春》，科学出版社1959年版，第89—92页。

[2] 梁思成：《图像中国建筑史》，百花文艺出版社2001年，第166—168页。

[3] 郑学檬：《中国古代经济重心南移和唐宋江南经济研究》，第67—70页。

[4] 《旧唐书》卷35《天文志上》，第1294页。

[5] 《新唐书》卷31《天文志一》，第807页。

[6] 《隋书》卷62《元岩传》，第1654页；《旧唐书》卷15《宪宗纪下》，455页。

4. 物理、化学

隋唐时期的陶瓷、制盐、纺织、食品、冶炼、机械及炼丹的发展，增长了人们对自然界物质性质、物质变化规律的知识，从而为物理学、化学的发展提供了条件，这方面的例子很多，前述手工业部分已作过介绍。现举若干说明。

如金属物理、金属化学知识的积累。隋唐时期炼铁、炼钢、炼铜等手工业都很发达，产量大而且质量也有所提高，这就要求有丰富的金属物理、金属化学知识和较高的冶炼技术。当时炼钢方面有灌钢法，炼铜方面有胆水浸铜法，炼银有灰吹法。灌钢技术发明于南北朝时期，这种方法是把熟铁条盘曲弯绕，中间嵌入生铁块，加热烧炼，然后煅打成钢。在加热过程中，生铁因为含碳量高而又熔点低，烧炼时先被熔化，铁液灌入盘绕的熟铁中，和存留在熟铁内的氧化物紧密地发生氧化还原作用，使熟铁中的杂质除去，所含的碳达到适当分量，转变为品质较纯的钢铁。[1]这种灌钢法继续在被采用和推广。灌钢法的推广，反映了当时金属化学知识普及与提高。

还应指出，唐代大铸件的铸造工艺是相当高超的。现存的西安大雁塔里的大铁钟，武后时的天枢（用铜铁二百万斤造成），如果没有相当的冶炼技术和掌握金属物理、金属化学的丰富知识，是不可能完成的。胆水浸铜法可能始于晚唐五代。这种方法是把铁放在胆矾（$CuSO_{45}H_2O$）溶液中，使胆矾的铜离子被金属铁取代，而成为单质铜沉淀下来。前面已作介绍。隋唐炼丹术的发展也为金、水银的提炼积累了丰富的知识。孙思邈的《备急千金要方》部分内容涉及丹的提炼，唐开元年间的方士陈少微的《修服灵丹砂妙诀》《九还金丹妙诀》被化学史家认为是有价值的

---

[1] 《中国化学史稿·古代之部》，第101页。

古代化学著作。

5. 医学

孙思邈年九十余而视听不衰，颇明推步、导养之术。时范阳卢照邻有盛名，而染恶疾，常问于孙思邈：“名医愈疾，其道如何？”孙思邈认为，雨风霜雪虹蜺，天之常数；四时五藏，一觉一寐，呼吸吐纳，精气往来，荣卫、气色、音声，也是人之常数。“良医导之以药石，救之以针剂；圣人和之以至德，辅之以人事。故体有可愈之疾。”[1]孙思邈著有《千金翼方》，该书系统论述了伤寒六经辨证，对内科杂病、外科疮肿、诊病察色、辨别阴阳表里虚实，以及治疗技术等方面都提供了宝贵经验。

继“药王”孙思邈之后，医学名家有张文仲。他生活在唐高宗至唐中宗末期，著有《随身备急方》。他“尤善疗风疾”，其后武则天令其集当时名医，“共撰疗风气诸方”[2]，为中药学的发展作出重大贡献。他为高宗针灸，一针而高宗头痛病愈，朝野传为佳话。还有许胤宗，隋唐间人，善治骨蒸病。他有一席名言：“医者，意也，在人思虑。又脉候幽微，苦其难别。意之所解，口莫能宣。且古之名手，唯是别脉，脉既精别，然后识病。”[3]就是切脉问病，难在意会病灶所在。

波斯、印度、新罗等国的医学知识传入中国，丰富了中国的医学宝库。印度医学书籍多种传入中国。唐时侨居中国的波斯学者李珣曾著有《海药本草》。新罗医生也有治疗中风等病的医

[1] 《大唐新语》卷10，第155—156页。
[2] 《旧唐书》卷191《张文仲传》，第5100页。
[3] 《旧唐书》卷191《许胤宗传》，第5091页。

方。《崔氏海上方》一书记载说：有个名为“威灵仙”的方子，去中风，通十二经脉。据说有个商州人，患重足不履地，十年未愈，忽遇新罗僧人，说这种病有药可治，这人便入山中求药，服了几次就好了。

隋唐时期科学技术的发展有以下几个特点。第一，天文学和数学这两门传统的学科占有突出地位。中国古代的天文学和数学是沿着自己独特的道路发展的，并一直占有突出地位。这是因为中国自古以来是一个农业大国，是世界上最大农作物起源中心。农业生产首先推动天文学的发展。恩格斯指出：“必须研究自然科学各个部门顺序的发展。首先是天文学——游牧民族和农业民族为了定节季，就已绝对需要它。”[1]农业季节的确定，便于合理安排农时。这样，人们就必须研究日、月、星的视运动，寻找它们的规律，并进而对宇宙结构作出合理的解释。第二，科学技术的发展和中外交流有密切关系。印度、阿拉伯、波斯甚至高丽、日本的手工业品、农产品及其科技知识的传入，开阔了人们的视野，唤发起人们的创造力。第三，虽然科举制度并未直接推动科技发展，但文化水准的提高，能激发人们对自然现象的认识能力。如鉴真和尚东渡，五次失败，一次成功，归根结底是掌握了逆风行驶技术，从长江口出发，以侧帆利用东北风的分风力，到达冲绳，然后北上日本本岛。[2]这一逆风行驶技术在杜甫《最能行》诗中就有记载：“欹帆侧舵入波涛，撇漩捎濆无险阻。”[3]所以，隋唐不仅有优秀的科学家、发明家刘焯、耿询、李春、曹元方、王孝通、孙思邈、李淳风、张遂（一行）、南宫说、梁令瓒、陈少微、曹士蔿、柳宗元、贾耽等人，还有懂些科技知识的

[1]《马克思恩格斯选集》第3卷，第418页。

[2] 郑学檬、徐东升：《唐宋科学技术与经济发展的关系研究》，第117—118页。

[3]《全唐诗》卷221，第2335页。

杜甫、杜牧等人，他们分别在天文、数学、医学、机械、力学、冶炼、建筑、地理学、科技文献等方面作出理论上和技术上的重要贡献。

二 礼制风俗

礼是治国临民的准则，“失之者死，得之者生”。有了礼制，所谓人知礼易教，“天下国家可得而正也”[1]。礼的起源，本是很自然的，因为人类生存之初，为了避免争食物、争配偶，逐渐形成某种相互约束机制，就是礼。《荀子》对此有精湛的解释说：“人生而有欲，欲而不得，则不能无求，求而无度量分界，则不能不争，争则乱，乱则穷。”于是先王出来，制礼义以分之，“以养人之欲，给人之求”。有分然后欲可养，求可给。这样“使欲必不穷乎物，物必不屈于欲，两者相持而长，是礼之所起也”[2]。“以养人之欲，给人之求”相互约束机制的规矩，经历代琢磨、调整、丰富和制度化，就成为“先王”治国临民的准则的礼。

礼的内容也是逐渐充实的，各有时代特点。制度化的礼应该始于夏殷周，而周朝周公著《周礼》《仪礼》，为历代思想家所认同，具有划时代意义。《周礼》的《礼典》职在“以和邦国，以统百官，以谐万民”。《释文》说：“礼典云和者，礼之用和为贵。”[3]关于“礼之用和为贵”句，《史记》载有若说：“礼之用，和为贵，先王之道斯为美。小大由之，有所不行。知和而和，不以礼节之，亦不可行也。”[4]有若是孔子的弟子，他所说的“知

---

[1] 《通典》卷41《礼一》，第1119页。

[2] 荀况：《荀子》卷13《礼论篇》，中华书局1985年版，第401页。

[3] 郑玄注，贾公彦疏：《周礼注疏》卷2，上海古籍出版社2010年版，第37页。

[4] 《史记》卷67《仲尼弟子列传》，第2691页。

和而和，不以礼节之，亦不可行也”，指出和是有原则的，这个原则就是礼，无原则的和，不可行。“和为贵”“节之以礼”的格言，已成为中华民族的思想遗产之一，是中国古代文明的重要组成部分。

《周礼》记以“八则”治理卿、大夫的采邑（都鄙），这“八则”是：祭祀、法、废置、禄位、赋贡、礼俗、刑赏、田役。礼俗作用如何？“礼俗以驭其民”。贾公彦《疏》说：“礼俗以驭其民者，俗谓婚姻之礼，旧所常行者为俗，还使民依行，使之入善，故云以驭其民。”[1]也就是说，所谓礼俗，当时指民之婚姻。规范民之婚姻，使之由旧俗而依礼规。

历代礼的内容很丰富，近乎庞杂，包括《嘉礼》《吉礼》《军礼》《宾礼》《凶礼》。五礼中，“其实天地唯吉礼也，其余四礼并人事兼之”。[2]隋唐依例修礼，以服务于治国理政临民。隋文帝命牛弘、辛彦之等采梁及北齐仪注，以为五礼。唐太宗朝修撰《贞观礼》。高宗朝修撰《显庆礼》。玄宗开元二十年（732）九月，修成《大唐开元礼》。德宗、宪宗朝亦有续修《大唐郊祀》《礼阁新仪》等篇。

对隋唐礼的沿革研究，可以了解礼是治国的准则。例如吉礼的祭祀，郊天上，隋文帝受命再岁冬至日，祀昊天上帝于圜丘；郊天下，唐武德初定令每岁冬至，祀昊天上帝于圜丘，其后历朝依例祀昊天上帝于圜丘，“郊祀之义本于至诚”[3]。古代祭天敬天就是敬民，看似迷信，但有着民本主义诉求。[4]所以历代王朝更迭，多以天命自诩，故论者指为欺世盗名，未察此类祭祀实有民本主义诉求意义。

---

[1] 《周礼注疏》卷2，第42页。

[2] 《通典》卷41《礼一》，第1120页。

[3] 《通典》卷43《礼三》，第1199页。

[4] 参阅郑学檬：《点涛斋史论集》，第430页。

礼制中关于宗庙的规定，牵涉到皇位的正统问题。有一个例子：武则天称帝，改东都洛阳太庙为七庙室，奉武氏七代神主。但在神龙元年，中宗即位，迁武氏七庙于西京之崇尊庙，东都另立太庙。睿宗驾崩后，睿宗神主升祔太庙，上继高宗，中宗神主则移出，另建仪坤庙安置。这一变动，说明唐皇位“正统”序列为高祖、太宗、高宗、睿宗，依礼法而定。皇位序列，显示治国的合法性得到确认。又如开元五年（717）玄宗行幸东都，将行大享之礼，以武太后所造明堂有乖典制，遂予拆除，依旧造乾元殿。这一举动，同样在于维护李姓帝族的正统性。在中国古代，皇权正统性用礼来维护，看起来荒谬，实则是巩固皇权的重要措施，而皇权巩固又与中央集权巩固、维持大国安定有关。这一当时国人共识的大是大非问题，难以一言毁之也。

隋唐置太常卿，专掌礼乐。太常寺太常卿下有少卿、博士；又礼部有郎中、员外郎，均“慎选儒学达于典礼者，足以咨访大国仪范”的官员出任。[1]代宗朝颜真卿为礼仪使，他博通典式，于礼仪的解释多有贡献。

李斌城主编的《唐代文化》一书，专章讲述《唐代礼仪风俗》，包括诞生礼俗、冠笄礼俗、婚嫁礼俗、丧葬礼俗、祭祀礼俗、皇帝礼仪、军礼、乡饮酒礼、家礼、节日风俗等十个部分，内容丰富，可以参阅。[2]以下就有关礼俗规定，举例说明。婴儿初生，有洗浴礼，散洗儿钱之俗。王建《宫词》之一：“日高殿里有香烟，万岁声长动九天。妃子院中初降诞，内人争乞洗儿钱。”[3]冠礼是男子成人礼。《白氏六帖事类集·冠礼第八》记载说：“礼义之始，在于冠也。”男子已冠而字之，表示他已

---

[1] 李涪：《刊误》卷上，景印文渊阁四库全书本，第850册，第170页。

[2] 李斌城主编：《唐代文化》（中），中国社会科学出版社2002年版，第1194——1341页。

[3] 计有功：《唐诗纪事》卷44，中华书局1965年版，第675页。

成人。[1]笄礼是女子成人礼。“女子许嫁，笄而字。”女子，年十五而笄，即表示成年，发式有鬟（环型发髻）改梳为髻，以竹（玉）簪固定，簪就是笄。如到二十岁仍未嫁，也要履行笄礼。[2]婚礼以娉财为信。《律疏》云：“故《礼》云：娉则为妻，虽无许婚之书，但受娉财亦是。”[3]也就是说，女方接受了娉财，即有许婚之意，因为娉财是许婚的凭信。

古人重视哀悼之礼。《周礼》云：“以凶礼哀邦国之忧，以丧礼哀死亡，以荒礼哀凶札，以吊礼哀祸灾，以禬礼哀围败，以恤礼哀寇乱。”[4]具体说，凶礼，就如今之救灾，赠送礼物表示慰问；丧礼，亲戚去世，致送礼物表示慰问；荒礼，疫病饥荒，致送礼物表示慰问；吊礼，遭水火之灾，致送礼物表示慰问；禬礼，指春秋时期诸侯国中有败亡者，同盟国致送礼物表示慰问；恤礼，指春秋时期诸侯国中有内外动乱者，同盟国致礼物表示慰问。《大唐开元礼》有“凶年赈抚”、亲戚去世吊唁、致赗（致送礼物表示慰问）等规定，内容庞杂，难以尽述。[5]

节庆之礼。隋唐元旦、元宵、上巳、寒食、清明、端午、七夕、中元、中秋、腊八、送灶、除夕诸节庆，均深入人心，广为举行。宋陈元靓《岁时广记》有详细记载，足资参考。节庆之礼是中国古代文明意蕴丰富的一章，至今仍为各国人民所倾心。如上巳（三月三日）是传统的禊祓节，即驱除妖邪的祭祀活动，春禊在上巳（三月三日），秋禊在七月十四，反映古人在节气转换时节祈求、唤醒人民注意防病的传统。七夕则为牛郎织女相会之

---

［1］ 白居易撰：《白氏六帖事类集》卷17《冠礼第八》，民国景宋本。

［2］ 周广业：《经史避名汇考》卷3，上海古籍出版社2015年版，第97页。

［3］ 《唐律疏义》卷13，第245页。

［4］ 《周礼疏·附释音》，《周礼注疏》卷19，第663—665页。

［5］ 萧嵩：《大唐开元礼》卷131《凶礼》，景印文渊阁四库全书本，台湾商务印书馆1986年版，第763页。

夜，充满浪漫情调，历代传颂不息。民间有七夕后曝晒衣服、书籍的习惯，这倒是很科学的选择。中秋、除夕等节庆家喻户晓，不必细说。总之，节庆习俗和礼节，是中国古代文明不可或缺内容。

三 经学和儒学

隋唐两朝，儒家思想仍然是主流的意识形态。《隋书·儒林传》总结汉魏至南北朝之儒学，说：“大抵南人约简，得其英华，北学深芜，穷其枝叶。考其终始，要其会归，其立身成名，殊方同致矣。”至隋朝建立，虽一度提倡儒学，出现“四海九州，强学待问之士，靡不毕集”的盛况，“自汉魏以来一时而已”。但至高祖晚年，“不悦儒术，专尚刑名，执政之徒，咸非笃好”[1]。隋炀帝继位，重开庠序，国子、郡县之学其盛可比开皇之初。当时旧儒多已凋亡，二刘（刘绰、刘炫）拔萃出类，学通南北，博极古今，为后生所宗仰。[2]不久，因修运河、高丽战事，反抗之师蜂起，隋朝土崩，儒学振兴无从谈起。

隋刘焯曾与杨素、牛弘、苏威、元善等达官硕儒“共论古今滞义，前贤所不通者。每升座论难锋起，皆不能屈。杨素等莫不服其精博”。他曾与刘炫考定洛阳石经，后因与炫二人讨论经义，“深挫诸儒”，受到排斥，除名为民，优游乡里，教书、著述，孜孜不倦，“贾、马、王、郑所传章句，多所是非”。他还通晓天文历律，是一个锋芒毕露的博学通儒。故“天下名儒后进，质疑受业，不远千里而至者，不可胜数。论者以为数百年已来，博学通儒，无能出其右者”[3]。

[1] 《隋书》卷75《儒林传序》，第1951页。

[2] 《隋书》卷75《儒林传序》，第1915页。

[3] 《隋书》卷75《刘焯传》，第1927页。

唐之经学重在整理、疏义，其贡献为后世所肯定。陆德明的《经典释文》在经学史上有重要影响。其《序》说，汉魏以来，“遗文可见，或专出己意，或祖述旧音”，加之语言差异，“是非信其所闻，轻重因其所习”，后学自然不得要领，理解奥义，“差若毫厘，谬便千里”。接着他引孔子的训示“名不正则言不顺，言不顺则事不成”，之后说：“故君子名之必可言也，言之必可行也。”他决心“救其不逮，研精六籍，采摭九流，搜访异同校之”，于是编撰《经典释文》[1]。学者指出，《经典释文》对后世影响最大的莫过于其《序》，认为此篇“实际是一部经学小史”[2]。

有学者指出：唐代儒家经学突出之处在“义疏之学”，它在汉、魏、两晋、南北朝治经的基础上，“加以归纳、综合，乃择优汰劣，然后疏通，赋予新义，使群经更加符合原意，为后人读经、治经创造条件”[3]。唐朝的经学大家首推颜师古、孔颖达、贾公彦。颜师古，北齐名儒颜之推的孙子。师古“少传家业，博览群书。尤精诂训，善属文”。他“达于理政”，隋时为官即有口碑；唐兴，为太宗赏识，太宗以经籍久远，文字讹谬，令师古考定五经。他的考证“援据详明，皆出其意表，诸儒莫不叹服”。贞观七年（633）拜秘书少监，专典刊正所有奇书难字，“随疑剖析，曲尽其源”。他为了网罗校雠人才，“抑素流，先贵势，虽富商大贾，亦引进之”。结果舆论传说他纳贿，他被外放为郴州刺史。但太宗惜其才，将他一番训诫之后留任秘书少监。他所注的班固《汉书》和《急就章》“大行于世”，为人所重。[4]

[1] 陆德明：《经典释文》卷1，中华书局1983年版，第1页。

[2] 《唐代文化》（中），第818页。

[3] 《唐代文化》（中），第801页。

[4] 《旧唐书》卷73《颜师古传》，第2595页。

孔颖达，八岁就学，及长，尤明《左传》、郑氏《尚书》、王氏《易经》、毛氏《诗经》《礼记》，兼善算历。隋时，他和经学名家刘焯同郡，但刘焯对他的造访不加礼遇。他在向刘焯请益时，质疑剔滞，令刘意外，于是刘为之改容。他在隋末乱离日子中遇到李世民，被引为秦府文学馆学士，授国子博士。李世民继位后，孔颖达备受赏识，曾参与魏征主持的《隋书》修撰，参与修订五礼，受太子承乾之托撰《孝经义疏》。贞观十二年（638）拜国子祭酒，侍讲东宫。他与颜师古等诸儒，受诏撰定《五经正义》。这是孔颖达最重要的贡献。

《五经正义》包括《周易正义》14卷、《尚书正义》20卷、《毛诗正义》40卷、《礼记正义》70卷、《春秋左传正义》36卷。这部儒典整理工作，无论从文献学方面或从儒学学术史方面评价，都是很高的，堪称“不朽之作”[1]。按照学者们的观点，它仅是孔颖达主编，诸家分治而已。其疵瑕在于“颇多繁杂”“彼此互异”“曲徇注文”“杂引谶纬”“沿袭隋人旧说”，等等。但瑕不掩瑜，它毕竟是经学史上的创举。

贾公彦，高宗永徽中任太学博士，撰《周礼义疏》《仪礼义疏》。其弟子李玄植学三礼，撰《三礼音义》流行于当时。玄宗的《孝经注疏》，融合了今古文本，元行冲作疏。宋代邢昺以元疏为基础，重新作疏，遂成《十三经注疏》中《注疏》之定本。这也是经学史上值得一提的事。

唐儒学大家中，韩愈名重当时。韩愈幼孤，由嫂郑氏养育成人。长大后能通六经百家之学。进士及第后，他在监察御史任内，上疏极论宫市之弊，被贬阳山令，“有爱在民。民生子多以其姓字之”。他任国子博士，作《进学解》，召诸生立馆下，诲

[1] 《唐代文化》（中），第832页。

之曰："业精于勤，荒于嬉；行成于思，毁于随。"[1]从此其名言传颂千古。他对儒学的执着，表现在"攘斥佛老"这件事上。宪宗遣使者往凤翔迎佛骨入禁中，轰动京师，他"愈闻恶之，乃上表曰：佛者，夷狄之一法耳"，公开主张"佛不足信"[2]，结果被贬潮州。韩愈"深探本元，卓然树立，成一家言。其《原道》《原性》《师说》等数十篇，皆奥衍闳深，与孟轲、杨雄相表里而佐佑六经云"[3]，名列大家。

柳宗元"少精敏绝伦，为文章卓伟精致，一时辈行推仰"。他参与了王叔文、韦执谊等人的革新活动，王等事败贬逐，他也被贬永州司马，"其堙厄感郁，一寓诸文，仿《离骚》数十篇，读者咸悲恻"。他从政治风暴的打击中清醒过来，说"是非荣辱，又何足道"哉！[4]从此他的思想，倾向朴素的唯物主义。柳宗元《天说》一文认为："天"是物质的，"无异果蓏、痈痔、草木也"。"天地，大果蓏也，元气，大痈痔也，阴阳，大草木也，其乌能赏功而罚祸乎？功者自功，祸者自祸，欲望其赏罚者大谬矣"[5]！这一番言论说明柳宗元对宇宙（天）的物质性有明确认识，天不会赏罚于人、祸福于人。

刘禹锡也有其朴素唯物主义宇宙观。他说，柳子厚（宗元）作《天说》以驳韩退之（愈）之言，但未尽天人之际，所以我作《天论》进一步辩论："大凡入形器者，皆有能有不能。天，有形之大者也，人，动物之尤者也，天之能，人固不能也，人之能，天亦有所不能也。故余曰：天与人交相胜耳。"[6]这番话说得明

[1] 《新唐书》卷176《韩愈传》，第5256页。

[2] 《新唐书》卷176《韩愈传》，第5259页。

[3] 《新唐书》卷176《韩愈传》，第5265页。

[4] 《新唐书》卷168《柳宗元传》，第5133页。

[5] 《柳河东集》卷16《天说》，第286页。

[6] 《柳河东集》卷16《天说》，第287页。

白，天与人都是有形之“器”，即物质的东西，各有所能，亦各有所不能，所以“天与人交相胜”。

人一旦摆脱了神学观念，就走向唯物主义。于此可见一斑也。

四　史学和藏书

隋唐史学在中国古代史学史上占有重要地位。隋建国之始，所谓“强学待问之士”毕集于京师，高祖、臣僚施以问道之礼，“博士罄悬河之辩，侍中竭重席之奥，考正亡逸，研覆异同，积滞群疑，涣然冰释”[1]，为史学的发展提供一个良好的政治、学术环境。如李文博，开皇中“直秘书内省，典校坟籍”[2]。但是，高祖晚年好尚刑名，不喜儒术，修史资政之议遂息。

唐建国，时承丧乱之余，经籍散亡，令狐德棻奏请收购遗书，缮写复本，“数年间群书略备”。德棻对高祖李渊说：“近代已来，多无正史，梁、陈及齐，犹有文籍。至周、隋遭大业离乱，多有遗阙。“当今耳目犹接，尚有可凭，如更十数年后，恐事迹湮没。陛下既受禅于隋，复承周氏历数，国家二祖功业，并在周时。如文史不存，何以贻鉴今古？如臣愚见，并请修之。”[3]高祖听说后首肯，令萧瑀等修《魏史》，陈叔达、令狐德棻等修《周史》，封德彝、颜师古等修《隋史》，崔善为等修《梁史》，裴矩等修《齐史》，窦琎等修《陈史》。但是，“绵历数年而罢”。

“至贞观三年，于中书置秘书内省，以修五代史。贞观十年正月二十日，尚书左仆射房玄龄、侍中魏征、散骑常侍姚思廉、太子右庶子李百药、孔颖达、礼部侍郎令狐德棻、中书侍郎岑

[1]《隋书》卷75《儒林传序》，第1914页。

[2]《隋书》卷58《李文博传》，第1610页。

[3]《旧唐书》卷73《令狐德棻传》，第2597页。

文本、中书舍人许敬宗等，撰成周、隋、梁、陈、齐五代史。”[1]这批参与修史儒臣，多是亡隋文胆，因为隋祚短暂，没法在隋时修史，但在唐初有机会肩负修史使命；再有房玄龄、魏征这两位重臣“总监”，“结束了魏晋以来400年间‘班、荀二体，角力争先’的局面，‘正史’的修撰逐渐官府化和制度化”[2]。太宗朝，官修历史的黄金时期的出现，与太宗“三镜”说中“以古为镜可以知兴替”的治国思想有密切关系。他在诏令修五代史之后，设立史馆，开创了宰相监修国史之例。贞观二十年（646），太宗以晋兴“制有中原”，而后无史册，“深为叹息”，于是有《修晋书诏》[3]。房玄龄受诏监修《晋书》，他奏用许敬宗、来济、陆元仕、刘子翼、令狐德棻、李义府、薛元超、上官仪等八人分工撰写，以臧荣绪《晋书》为主，参考诸家史乘。[4]唐太宗重视历史的资治作用，将古代这一文明思想发挥到极致。

除了上述官修各史之外，还有李延寿撰的《南史》《北史》。“李延寿《南史》为一史，《北史》为一史。习《南史》者兼通《宋（书）》、《齐（书）》志，习《北史》者，通《后魏（书）》、《隋书》志。”[5]南北二史可补《梁书》《魏书》等官修史书之不足，故后世史家给予肯定评价。

从修史程序上说，后一个朝代才能修前朝历史，如唐修隋史。当代人不修当代史。这个程序也会有褒贬过度问题。如隋炀帝在《隋史》中是个暴君。《隋书·炀帝纪》“史臣”之言即云：炀帝“弱龄早有令闻”，因南征北战而在昆弟之中“独著声成绩”。接着，便说他“矫情饰貌，肆厥奸回，故得献后钟心”，

[1]《唐令要》卷63，第1287—1288页。

[2]《唐代文化》（下），第1352、1353页。

[3]《唐大诏令集》卷81《政事》，第467页。

[4]《旧唐书》66《房玄龄传》，第2463页。

[5]《通典》卷17《选举》，第423页。

似乎品性恶劣。"恃才矜已，傲狠明德。内怀险躁，外示凝简。盛冠服以饰其奸，除谏官以掩其过。淫荒无度，法令滋章。教绝四维，刑参五虐。锄诛骨肉，屠剿忠良。受赏者莫见其功，为戮者不知其罪。骄怒之兵屡动，土木之功不息，频出朔方，三驾辽左，旌旗万里。征税百端，猾吏侵渔，人不堪命，乃急令暴条以扰之，严刑峻法以临之，甲兵威武以董之，自是海内骚然，无聊生矣。"[1]这一评价影响深远，隋炀帝成为暴君的代名词。实际情况呢，隋炀帝的另一面，即他开运河、传承中华文化（热爱华夏正音、于东都观文殿东西厢贮书等）没有提及。历史人物是很复杂的，复杂的历史人物性格和成败既有个人性格因素，又有环境因素。简单否定，极尽痛批之能事，无益于知人论世。这一倾向与唐朝建立后急需获得正统性、合法性及其取鉴、求治的政治诉求有关。正如学者所指出：魏征等修史目的是要"从前代危、乱、亡的教训中，求得本朝的安、治、存"；是"从亡国取鉴、求治的思路"出发的。[2]故《隋书》不免有抑炀扬唐之初衷，或为后人所讥也。

唐贞观以后，修史制度建立，皇帝有《起居注》、宰相议政有《时政记》（纪录），一帝一《实录》，最后为后世修史准备了比较可靠的资料。这一传统，既为中国古代文明积累了资料，而其本身也是古代文明传统之一，世所罕有，弥足珍贵。

中国古代，有修史之传统必有藏书之风尚。隋秘书省是五省之一，管理藏书，有楷书郎20人，专事抄写御书。唐秘书省掌管经籍图书之事，下设著作局，长官为著作郎，负责撰写碑志、祝文、祭文。门下省置弘文馆，一名修文馆，掌缮写、雠校图书，以兴文治，当然也有藏书。开元中置集贤殿书院，

[1] 《隋书》卷4《帝纪四》，第95—96页。

[2] 谢保成：《隋唐五代史学》，商务印书馆2007年版，第40页。

以宰相为大学士，五品以上官为学士，达官名士齐集，“由是集贤之书盛积，尽秘书（监）所有不能处其半。书日益多，官日益重。”[1]所以有记载说：“有唐惟开元最备文籍，集贤院所藏至七万卷。”[2]翰林院也有藏书厅数间。[3]又晋宋至北周，都不流行图书印记，只有当时鉴知人押著，但“自唐以来，内府及诸家皆有印记”[4]，这是传承图书文明的印记，值得后人关注。

至于私家藏书之记载，不胜枚举。如杜兼聚书万卷，每卷后必有自题，云：“清俸写来手自校，汝曹读之知圣道，坠之鬻之为不孝。”[5]寿州刺史兼侍御使张公，以百家言为宝，“藏书至八千卷而不止”[6]。有河东薛氏子，“野居伊阙，茂林修竹，面水背山，力田藏书，皆务修进”[7]。刘长卿诗《无锡东郭送友人游越》即有“旧都怀作赋，古穴觅藏书。碑缺曹娥宅，林荒逸少居”[8]等句，说明越州已是书薮。藏书是古代文明传承的重要环节，是嵌入古人心坎里的一抹文明情怀。像杜兼那样的训示，用俸钱买书，视读书为知圣人之道的必修课，卖书或出借书就是不孝，值得后人深思。古人不仅为后世留下丰富的书籍，还留下一种传承文明的风尚。它也促进纸、笔、墨、砚、书艺等行业的发展，其边际效益难以估量。其对知识传播、文脉延续的激发效应不可想象。由此可知，为什么历代史书对“焚书”行径无不为之深恶痛绝，视之为愚昧之极的暴行。

---

[1] 《昌黎先生文集》卷21《送郑涵校理序》，景印文渊阁四库全书本，第1309册，第652页。

[2] 柳宗元：《龙城录》卷下，景印文渊阁四库全书本，第1077册，第287页。

[3] 李肇：《翰林志》，景印文渊阁四库全书本，第595册，第301页。

[4] 盛熙明：《图书考》卷7《鉴藏》，《四部丛刊三编》景钞本。

[5] 佚名：《大唐传载》，中华书局2019年版，第7页。

[6] 独孤及：《祭寿州张使君文》，《全唐文》卷393，第3999页。

[7] 高彦休：《唐阙史》卷下《薛氏子为左道所误》，《大唐新语》（外五种），上海古籍出版社2012年版，第264页。

[8] 刘长卿：《刘随州集》卷5，景印文渊阁四库全书本，第1072册，第33页。

五 文学和艺术

1. 文学和诗词

隋唐文学。什么是“文学”？孔子说：“德行：颜渊、闵子骞、冉伯牛、仲弓。言语：宰我、子贡。政事：冉有、季路。文学：子游、子夏。”[1]《汉书·董仲舒传》中的“赞”把董仲舒与子游、子夏联比。[2]可见，春秋至汉代，文学即通六经的学者之专称，也就是儒者的别称。隋唐至宋，文学的范围缩小了，凡文章著述皆属文学之作。宋人说了一个作文需要有悟性的道理：“作文必要悟入处，悟入必自工夫中来，非侥幸可得也。”“如张长史（张旭）见公孙大娘舞剑，顿悟笔法；如张者，专意此事，未尝少忘胸中，故能遇事有得，遂造神妙。使他人观舞剑，有何干涉，非独作文、学书而然也。”[3]《沈下贤集》也记载说张旭草书是在看了公孙大娘舞剑之后发挥得淋漓尽致。[4]唐人在体会书法、文学时，都重视创作的悟性。此时的文学系指文字作品，涵盖各种文体，它和现代“文学”的概念完全不同。了解隋唐文学创作，选读《全隋文》(《全上古三代秦汉三国六朝文》之一）《全唐文》是最好的办法。

[1] 朱熹集注:《论语·大学·中庸》卷6，上海古籍出版社2013年版，第126页。

[2] 《汉书》卷56《董仲舒传》，第2526页。

[3] 魏庆之:《诗人玉屑》卷5，中华书局2007年版，第155页。

[4] 沈亚之《沈下贤集》卷9《叙草书送山人王传义》，景印文渊阁四库全书本，第1079册，第50页。

《旧唐书·文苑传序》云："臣观前代秉笔论文者多矣，莫不宪章谟、诰，祖述诗、骚，远宗毛、郑之训论，近鄙班、扬之述作，谓采采芣苢（即车前草），独高比兴之源，[1]湛湛江枫，长擅咏歌之体，殊不知世代有文质，风俗有淳醨，学识有浅深，才性有工拙。"[2]所谓"秉笔论文者"即文学家，说他们都效法《尚书》之"谟""诰"，遵循《诗经》《离骚》，远承毛、郑之训论，近则轻视班固、杨雄之作，而不知文质世代不同，风俗有淳厚、浅薄，学识有浅深，才性有工拙。这一番评论可见文学作品不能以师古为是，要符合时代精神。

孔绍安，越州山阴人，与其兄绍新，"俱以文词知名"，陈亡入隋，当时有词人（文章作者）孙万寿与绍安专于学，有"忘年之好，时人称为孙孔"。入唐以后，孔绍安受秘书监，曾应诏咏石榴诗，"只为时来晚，开花不及春"，为时人所称道。应诏撰《梁史》未成而卒，有文集5卷。[3]

张昌龄，冀州南宫人，弱冠以文辞知名，唐太宗说他才不下祢衡（曹魏文胆）、潘岳（西晋文胆），有文集20卷。

卢照邻，范阳人，十几岁即师从王义方，受《仓》《雅》（《仓颉》《尔雅》，即古文字和常识）及经史，"博学善属文"，邓王[4]称他为自己的司马相如。有文集20卷。

杨炯，华阴人，也"博学善属文"，有文集30卷。炯与王勃、卢照邻、骆宾王，"以文词齐名海内，称为王、杨、卢、骆，亦号为四杰"。他听到这一称誉后居然说："吾愧在卢前，耻居王后。"当时议者，亦以为然。其坦率如此。其后崔融、李峤、

---

[1] "比"指"比方于物"，"兴"指"托事于物"。典出《毛诗注疏》郑众的话。

[2] 《旧唐书》卷190上《文苑传序》，第4981—4082页。

[3] 《旧唐书》卷190上《孔绍安传》，第4983页。

[4] 邓王，唐高祖李渊的第17个儿子李元裕，卢照邻曾为邓王府典签（王府掌宣传教令的从八品下官员）。

张说均重四杰之文，崔融说："王勃文章宏逸，有绝尘之迹，固非常流所及，炯与照邻可以企之。盈川（炯）之言信矣。"张说曰："杨盈川文思如悬河注水，酌之不竭，既优于卢，亦不减王。耻居王后，信然；愧在卢前，谦也。"[1]后人读之无不叹服。

王勃，绛州人，祖父王通隋朝时做过蜀郡司户。隋末以讲学著书为业，有《元经》《中说》等著作。王勃名扬四海，得力于其《秋日登洪府滕王阁饯别序》中"落霞与孤鹜齐飞，秋水共长天一色"的名句。[2]

骆宾王，婺州义乌人，"少善属文，尤妙于五言诗。尝作《帝京篇》，当时以为绝唱"[3]。令他成名的是那篇《代李敬业讨武氏檄》中指武则天"入门见妒，蛾眉不肯让人。掩袂工谗，狐媚偏能惑主"，其中还有"一抔之土未干，六尺之孤安在"[4]等名句。

陈子昂，梓州人，"独苦节读书，尤善属文"。初为《感遇》诗三十首，京兆司功王适见而惊奇，说："此子必为天下文宗矣！"由是知名。《全唐文》收入他的表、书、铭、碑、序等文，纵横驰骋，汪洋肆恣，如"犬马贱畜，尚知主恩，草木无心，犹感德化"[5]。《上川蜀安危事》《上益国事》《牧宰》等文，切中时弊，铿锵有力，读之无不为之击掌。

韩愈之文更是独步文坛。他的《原道》《原性》《原毁》《师说》《进学解》《论佛骨表》《答李翊书》《送孟东野序》等篇，可谓古文观止。《原道》力陈治国、齐家、修身、正心、诚意为"吾所谓之道也，非向所谓老与佛之道也。"正心、诚意就是"有

[1] 《旧唐书》卷190上《杨炯传》，第5003—5004页。
[2] 《全唐文》卷181《秋日登洪府滕王阁饯别序》，第1846页。
[3] 《旧唐书》卷190上《骆宾王传》，第5006页。
[4] 骆宾王：《骆丞集》卷1，中华书局1985年版，第26页。
[5] 《全唐文》卷210《为程处弼辞放流表》，第2122页。

为”。《原性》主张“性也者，与生俱生也。情也者，接于物而生也”。他把人性（仁义礼智信）分为上中下三等，[1]即人的价值观、人生观分三等。其说不为现代学者所肯定，目为维护儒家思想的卫道士。其实他是在老、佛思想冲击时代，企图力挽狂澜，维护儒家道统。《师说》《进学解》的观点，后世多所肯定，传颂不息，于后学影响很大。《圬者王承福传》阐述了“养生之具，皆待人力”[2]的观点。所以评判古人思想，不能以一偶图谱，至少“养生之具，皆待人力”之说，是千真万确也。

柳宗元因参与“永贞革新”而被贬邵州、永州，后量移柳州。此时他的心情比较平静，说：“况今已无事，思报国恩，独惟文章。”[3]柳宗元的文学著作包括诗、赋、书、论、说、碑铭、表、状等多种体裁。他的思想也蕴含在这些文薮中。除了前已介绍的《天说》之外，值得一提的是他贬邵、永、柳三州期间，了解民情风俗，为后世留下了五岭南北的许多珍贵资料。其《寄许京兆孟容书》《与韩愈论史官书》《种树郭橐驼传》《零陵三亭记》《钴鉧潭记》《封建论》《捕蛇者说》等文受到历代文士推崇。《捕蛇者说》是柳宗元贬官永州时作，揭露了捕蛇代租，蒋氏祖、父两代死于蛇伤，“余闻而愈悲。孔子曰：苛政猛于虎也。……吾尝疑乎是，今以蒋氏观之犹信。呜呼！孰知赋敛之毒有甚是蛇者乎？”[4]柳宗元深知民间疾苦，他的文章，不只有宏论雄辩，还细述政情民瘼，哀民生之艰难，愿百姓济困，充满对人民的同情，抒发强烈的儒家民本主义理念。故明茅坤《唐宋八大家文钞》云：“予览子厚书，由贬谪永州、柳州以后，大较并从司马迁《答任少卿》及杨恽《报孙会宗书》中来，故其为书多悲怆呜

[1]《昌黎先生文集》卷11，第1309册，第560页。

[2]《昌黎先生文集》卷12，第1309册，第571页。

[3]《柳河东集》卷1《诗序》，第1页。

[4]《柳河东集》卷16《说》，第295—296页。

咽之旨，而其辞气环诡跌宕，譬之听胡笳，闻塞曲，令人断肠者也。至其中所论文章处，必本之乎道，当与昌黎并驱。”[1]

在韩愈、柳宗元前后，以文著称的名家还有很多，如元稹、刘禹锡、张籍、王建、李贺等，都有声望。

唐诗词。清人编《全唐诗》，为后人了解唐诗的文化价值、艺术意蕴提供方便。入选《全唐诗》的诗作众多，以下仅择要介绍。今人析论之作汗牛充栋，读者自可择善而从。初唐诗人中，当推王、杨、卢、骆，但后人均以王勃为先，其他三人不足论也。宋人刘克庄指出：“唐初王、杨、沈、宋擅名，然不脱齐梁之体，独陈拾遗首倡高雅冲淡之音，一扫六代之纤弱，趋于黄初、建安矣。太白、韦、柳继出，皆自子昂发之。”[2]明人诗评亦云：初唐至陈子昂，“始觉诗中有一世界，无论一洗偏安之陋，并开创草昧之意，亦无之矣。以至沈、宋、燕公、曲江诸家所至不同，皆有一片光大清明气象，真正风雅。”[3]陈子昂的《登幽州台歌》：“前不见古人，后不见来者，念天地之悠悠，独怆然而涕下。”[4]为世人所广知。

盛唐是唐诗创作的鼎盛时代。学者曾引述《河岳英灵集·集论》的一段话，概括盛唐诗的特色，甚是恰当：“璠今所集，颇异诸家，既闲新声，复晓古体，文质半取，风骚两挟。言气骨则建安为俦，论宫商则太康不逮。将来秀士，无致深惑。”[5]建安即指东汉末三国初的“建安七子”时代；太康即指西晋太康年间的傅玄、陆机等人的文学。裴敬《翰林学士李公墓碑》云：

[1] 茅坤：《唐宋八大家文钞·论例》，景印文渊阁四库全书本，第1383册，第15页。

[2] 刘克庄：《后村集》卷17，景印文渊阁四库全书本，第1180册，第170页。

[3] 钟惺、谭元春辑：《唐诗归》卷2，《续修四库全书》，第1589册，上海古籍出版社1995年版，第542页。

[4] 《全唐诗》卷84《登幽州台歌》，第902页。

[5] 杨守敬：《日本访书志·河岳英灵集》卷12，辽宁教育出版社2003年版，第204页。

“(李)白以诗著名召入翰林，世称才名，占得翰林，他人不复争先。”“为诗格高旨远，若在天上，物外神仙。”碑铭又云：“唐朝以诗称若王江宁、宋考功、韦苏州、王右丞、杜员外之类。”[1]王江宁即王昌龄，宋考功即宋之问，韦苏州即韦应物，王右丞即王维，杜员外即杜审言(杜甫祖父)。他们的诗评，古今多有，难以尽录。王昌龄“工诗，缜密而思清”，时称诗家夫子。[2]他的《宿裴氏山庄》有“静坐山斋月，清溪闻远流。西峰下微雨，向晓白云收”句，视、听二觉，浑然交融，意深无语。又《出塞》诗云：“秦时明月汉时关，万里长征人未还。但使龙城飞将在，不教胡马度阴山。”[3]读之叫绝。

王维是一位诗人和画家，苏轼评论说他“诗中有画，画中有诗”[4]。还应提到的是张若虚,他的《春江花月夜》也为后人传诵不息。

唐代最伟大的诗人当推李白、杜甫。李白“天才赡逸，名闻天下”[5]。他的名篇《蜀道难》《行路难》《梦游天姥山别东鲁诸公》《将进酒》等篇，足以名留青史，声振河岳。特别是他的浪漫情怀、绝妙的遐想，读之激动人心，如“青天有月来几时，我今停杯一问之。人攀明月不可得，月行却与人相随”(《把酒问月》)，“日照香炉生紫烟，遥看瀑布挂前川。飞流直下三千尺，疑是银河落九天”(《望庐山瀑布》)，“朝辞白帝彩云间，千里江陵一日还。两岸猿声啼不尽，轻舟已过万重山”(《早发白帝城》)，“举杯邀明月，对影成三人”(《月下独酌四首》之一)，“蜀道之难，难于上青天”(《蜀道难》)，还有《将进酒》等诗

[1] 《全唐文》卷764《翰林学士李公墓碑》，第7946页。

[2] 《唐才子传校笺》(一)，第258页。

[3] 王昌龄:《王昌龄诗集》卷4，江西人民出版社1981年版，第66页。

[4] 《全唐诗》卷125《王维诗序》，第1234页。

[5] 《开元天宝遗事》卷下《梦笔头生花》，第38页。

句，令多少读者折腰叹服。《河岳英灵集》编者殷璠说：“其为文章率皆纵逸，至如《蜀道难》等篇，可谓奇之又奇，然自骚人以还，鲜有此体调也。”[1]

杜甫的诗饱含忧国忧民的深情，古今传诵不息。他的“二哀”“三吏”“三别”、《兵车行》《丽人行》《忆昔二首》《茅屋为秋风所破歌》《前出塞九首》《后出塞五首》等诗篇，家喻户晓，传诵至今。《唐才子传》称他“为歌诗，伤时挠弱，情不忘君，人皆怜之”[2]。杜甫诗中还有若干重要的科技信息，如《盐井》记载了成州的井盐生产：“卤中草木白，青者官盐烟。官作既有程，煮盐烟在川。汲井岁搰搰，出车日连连。”[3]他的《最能行》诗中“欹帆侧舵入波涛”句，形象地描述了逆风行驶时船只需欹帆、侧舵，表明唐朝人已经掌握了逆风行驶技术，比有关记载提前数百年。笔者推测，鉴真和尚东渡日本，选在秋冬之际东北风起时，向东北方的日本出航，就是运用了这一逆风行驶技术，而不只是靠信仰勇气，可惜论者多不知晓。[4]

岑参和王之涣的边塞诗，是唐朝开拓西域、丝绸之路畅通后，艰难岁月的记录。岑参诗《白雪歌送武判官归京》有“北风卷地白草折，胡天八月即飞雪。忽如一夜春风来，千树万树梨花开”[5]等佳句。王之涣的《凉州词》：“黄河远上白云间，一片孤城万仞山。羌笛何须怨杨柳，春光不度玉门关。”[6]也是边城风光之作。“春光不度玉门关”句，今本作“春风不度玉门关”。

---

[1] 殷璠：《河岳英灵集》上，景印文渊阁四库全书本，第1332册，第23页。

[2] 《唐才子传校笺》(一)，第396页。

[3] 《全唐诗》卷218，第2295页。

[4] 郑学檬、徐东升：《唐宋科学技术与经济发展的关系研究》，第116—118页。

[5] 《全唐诗》卷199，第2050页。

[6] 《全唐诗》卷253，第2849页。

中晚唐诗人有“大历十才子”：钱起、卢纶、吉中孚、韩翃、司空曙等。其后有元稹、白居易、杜牧、李商隐、许浑，晚唐则司空图、皮日休、罗隐，而韦庄、温庭筠以诗和词名垂青史。

钱起《省试湘灵鼓瑟》有“曲终人不见，江上数峰青”句，[1]据说此句诗曾助其进士及第。[2]元稹诗有“荣枯诚异日，今古尽同灰”（《楚歌十首》）、“少壮尘事多，那言壮年好”（《东西道》）等句，披露心声，让读者共鸣不已。白居易的诗更是妇孺皆知，如“离离原上草，一岁一枯荣。野火烧不尽，春风吹又生”（《赋得古原草送别》）。“莫言三十是年少，百岁三分已一分”（《花下自劝酒》）等，累代传诵不息。元稹与白居易是挚友，时人称“元白”。他虽然终生不离茶酒，敬佛谈禅，但很关心民瘼，留下许多描述民间生活的篇什。

杜牧“敢论列大事，指陈利病尤切”，所以其诗往往“语出惊人”[3]。如“黔首不愚尔益愚，千里函关囚独夫。牧童火入九泉底，烧作灰时犹未枯”（《过骊山作》），“人生直作百岁翁，亦是万古一瞬中……尧舜禹汤文武周孔皆为灰，酌此一杯酒，与君狂且歌。离别岂足更关意，衰老相随可奈何”（《池州送孟迟先辈》），“草色人心相与闲，是非名利有无间。桥横落照虹堪画，树锁千门鸟自还”（《洛阳长句二首》）。[4]后人评其诗云：“如铜丸走坂，骏马注坡，谓圆快奋急也。”他被誉为“小杜”（“大杜”指杜甫）。[5]

李商隐，字义山。学者以为他的诗作文学价值很高，能直

[1] 《全唐诗》卷238，第2651页。

[2] 《唐才子传校笺》（二），第38页。

[3] 《唐才子传校笺》（三），第200、202页。

[4] 《樊川文集》第三，第41页。

[5] 《唐才子传校笺》（三），第202页。

面时政，胆识昭然，如《行次西郊作一百韵》有“降及开元中，奸邪挠经纶。晋公忌此事，多录边将勋。因令猛毅辈，杂牧升平民。中原遂多故，除授非至尊。或出倖臣辈，或由帝戚恩”[1]。他的诗另一特点是辞藻优美，如《赠荷花》：“世间花叶不相伦，花入金盆叶作尘。惟有绿荷红菡萏，卷舒开合任天真。此花此叶长相映，翠减红衰愁杀人。”[2]

皮日休、陆龟蒙、司图空等亦诗名颇著。皮日休《汴河怀古二首》之一，肯定了隋炀帝修建大运河，功比大禹，所论颠覆前人观点，给隋炀帝以公正评价，尽管他仍有暴君之罪。

与李商隐齐名的温庭筠以词名冠晚唐。韦庄的《秦妇吟》堪称一首“大唐挽歌”[3]；他的《浣花集》，为诗坛所称道，但其词创作亦负盛名。填词之风气早已有之，如李白的《菩萨蛮》《忆秦娥》，白居易的《长相思》，王建的《古调笑》，张志和的《渔歌子》。张的《渔歌子》，清新可人，如行云流水：“西塞山前白鹭飞，桃花流水鳜鱼肥。青箬笠，绿蓑衣，斜风细雨不须归。”[4]温庭筠“诗赋韵格清拔，文士称之”[5]。他的词“极流丽，宜为花间集之冠”。如《菩萨蛮》：“小山重叠金明灭，鬓云欲度香腮雪。懒起画蛾眉，弄妆梳洗迟。照花前后镜，花面交相映。新着绮罗襦，双双金鹧鸪。”[6]

---

[1] 李商隐撰：《李义山诗集》卷下，景印文渊阁四库全书本，集部第1082册，第71页。

[2] 《李义山诗集》卷下，第40页。

[3] 敦煌文书P.2700、S.692。

[4] 黄昇辑：《唐宋诸贤绝妙词选》卷1，上海商务印书馆1926年版，第6页。

[5] 《旧唐书》卷190下《温庭筠传》，第5079页。

[6] 《唐宋诸贤绝妙词选》卷1，第6—7页。

2. 书法、绘画和雕塑

作为中华文明的“根”系之一的书法，至隋唐又有新的发展。隋有阎毗、虞世基、杨素等大家。阎工篆隶，虞、杨善草隶。[1]唐太宗酷好书法，师从虞世南，而虞的书法又是从“善羲之书”的释智永那里学来的。[2]据记载，唐太宗有王羲之真迹三千六百纸，以《兰亭序》最为宝贵，“置于座侧，朝夕观览”，有一日他对高宗说：“吾千秋万岁后，与吾兰亭将去也。”[3]他逝世后，高宗用玉匣盛《兰亭序》，藏之昭陵。唐太宗还善“飞白”体，这一书法体，创自东汉蔡邕，传自王羲之。

玄宗也善“八分书”。僧怀素、张旭均好草书。张旭自言看到公主、担夫争路，而得笔法之意。又说见公孙大娘舞剑器，而得其神。他饮酒草书，挥笔大叫，把头浸在墨水里书写，“天下呼为张颠”[4]。

张怀瓘的《书断》概括了篆、籀（大篆）、八分、隶书、草书、飞白、行书等书法八体。汉字、汉语、汉族是中华文明的三大“根”系，书法是汉字这一“根”系的文明载体。

绘画。隋唐绘画的评价，必据张彦远《历代名画记》。该书称画与“六经”同等，具有教化功能。但是自晋室南迁，五胡十六国至北朝，名画、书法、典籍损失严重。《历代名画记》记载说，陈朝天嘉（560—566）中，陈主搜求名画、书法、典籍，所得不少。及隋平陈，元帅记室参军裴矩、高颎收来800余卷，由东京妙楷台收藏法书，宝迹台收藏名画。隋炀帝东幸扬州，全部书画随驾南运，结果中途船沉，大半沦弃。炀帝被杀，仅存书

[1] 陶宗仪：《书史会要》卷5，上海书店1984年版，第125页。

[2] 《书史会要》卷5，第127页。

[3] 李绰：《尚书故实》，《教坊记》（外七种），第127页。

[4] 《唐国史补》卷上，第17页。

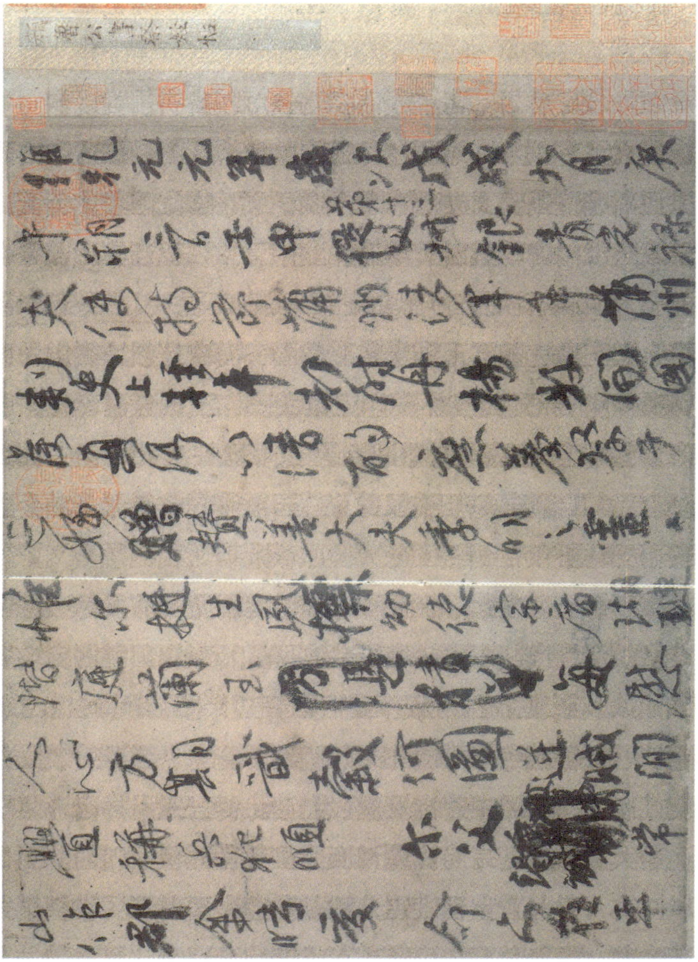

颜真卿《祭侄文稿》

画归宇文化及，化及至聊城，所携书画为窦建德所取，留东都者为王世充所取。李渊、李世民击败这二人后，他们所有书画，回归朝廷。

隋朝画家11人，其中有展子虔、郑法士（弟法轮、子德文）、董伯仁、尉迟跋质那、僧昙摩拙乂等较为著名。唐朝画家206人，代表人物有阎立德（弟立本）、吴道子、张萱、周昉、韩滉等人。

张彦远认为："上古之画，迹简意淡而雅正，顾、陆之流是也。中古之画，细密精致而臻丽，展、郑之流是也。近代之画，焕烂而求备，今人之画，错乱而无旨，众工之迹是也。"他列举隋朝画家21人，唐朝画家206人，推崇顾（恺之）、陆（探微），说他们之后，"唯观吴道玄之迹，可谓六法俱全，万象必尽，神人假手，穷极造化也。所以气韵雄状，几不容于缣素；笔迹磊落，遂恣意于墙壁。其细画又甚稠密，此神异也"[1]。什么是六法？张彦远以气韵生动、骨法用笔、应物象形、随类赋彩、经营位置、传模移写这六条标准，作为品评画之优劣的标准，并说"自古画人罕能兼之"[2]。他认为吴道子做到了。此外阎立本也做到了，他"六法备该，万象不失"[3]。其他人各有所长，各有师承，或自开户牖，或未及门墙，或青出于蓝，或冰寒于水，精粗有别。大致上说，山水画以吴道子、李思训和李昭道父子、王维为代表；人物画以阎立本（其父阎毗善画，参加修建永济渠；兄阎立德亦以画著名）、尉迟乙僧为代表；韩干画马（《牧马图》）、韩滉画牛（《五牛图》）；张萱、周昉画仕女（张萱的《捣练图》《虢国夫人游春图》，周昉《挥扇仕女图》），都为历代画家和鉴

[1] 《历代名画记》卷1，第54页。
[2] 《历代名画记》卷1，第51页。
[3] 《历代名画记》卷2，第64页。

赏家所扬誉。

唐代寺庙的壁画，为画坛所重。张彦远《历代名画记·记两京外州寺观画壁》，介绍了隋唐时期两京、外州寺观的重要壁画。敦煌壁画的面世，为我们了解壁画成就敞开大门。敦煌壁画也和两京外州寺观壁画一样是宗教画，有很高的艺术价值。有学者指出：敦煌壁画因其地理优势，中西融贯，独具特色。壁画作为石窟艺术的一部分，是塑像的陪衬，与窟内的布局密不可分。“以线写形是敦煌壁画造型的基础”“隋代壁画在细丽中敷金饰彩，使画面增辉；唐代壁画五色辉映，重视色彩自身的装饰作用”。唐代壁画人物中，中原形象的典型占主导地位。[1]唐朝墓室壁画也有很高艺术价值，如章怀太子墓壁《狩猎出行图》、李寿墓的《乐舞图》和永泰公主墓的《宫女图》，都弥足珍贵。[2]

在吐鲁番和敦煌还有出土绢画。法国学者雷奈·格鲁塞指出，大英博物馆所藏的8世纪（或更早）的敦煌横幅画，上面的释迦牟尼像“具有希腊—罗马特色的程度如拜占庭式了”[3]。敦煌是丝绸之路上东西方艺术的交汇点，在这里希腊—罗马绘画艺术融入中国的绘画艺术。

雕塑。敦煌石窟造像中，属于隋朝的造像，多一佛、二弟子、二菩萨组合。由于天台宗的影响，也出现“三身佛”“三世佛”“塑像仪容额宽颐广，头大、身短，神情意态胜于前代”[4]。雷奈·格鲁塞认为，隋统一中国，继承了北魏的宗教和艺术传统，表现出“一种文明达到全盛所特有的大无畏的精力，而这

---

[1] 《敦煌学大辞典》，上海辞书出版社1998年版，第219页。

[2] 唐昌东：《大唐壁画》，陕西旅游出版社1996年版，第29、9、14、17页图。

[3] 雷奈·格鲁塞著，常任侠、袁音译：《东方的文明》（下），中华书局1999年版，第527页。

[4] 《敦煌学大辞典》，第39页。

正是隋王朝所代表的：北魏‘哥特式’的顶点”。他认为云冈石窟是试验性的“罗马式”，龙门石窟是“因袭”较早期的“罗马式”，而隋朝可见的造像，是“一种雄伟壮丽、可以和兰斯（Reims）、亚眠（Amieens）以及圣母院（Notre—Dame）媲美的艺术”[1]。

唐朝雕塑的写实风格为中外学者所公认。现存的五台山南禅寺、佛光寺的彩塑佛像具有代表性，南禅寺的文殊、普贤菩萨像雍容舒展，胁侍菩萨平和近人；佛光寺的释迦牟尼、弥勒佛、阿弥陀佛及各位菩萨，其配置维持唐代状况。[2]唐石窟造像首推龙门石窟。唐太宗、高宗、武则天时期，龙门造像规模宏大，佛像众多，具有很高的艺术水准，体现了大唐的精神风貌。“它给予人一种神圣庄严、强大而和平的真实印象。”[3]雷奈·格鲁塞认为，从艺术风格上说，唐朝龙门造像缺少神秘性，显得平庸。但从一部分留落到海外的僧人头像看，“常具有罗马最佳时期人物雕像的一切优点；而犍驮罗派所特有的各部质量均衡感，和中国肖像的观念在此结合起来遂产生伟大的作品”[4]。

3. 音乐和舞蹈

中国古代礼乐并称，周公制礼作乐的贡献，历代相传。唐朝太常寺置太乐署，管教乐人，调合“钟律”[5]，为祭祀宴享盛会服务。中国古代音律分十二阶，单数为律，双数为吕。宫、商、

---

[1] 《东方的文明》（下），第510页。

[2] 《唐代文化》（上），第497、498页。

[3] 《东方的文明》（下），第510页。

[4] 《东方的文明》（下），第515页。

[5] 古代音乐十二律中六种阳律的第一律曰黄钟，阳律中第四律曰大吕，形容音乐庄严、正大、高妙、和谐。

角、徵、羽五音之中，宫属于中央黄钟，五音十二律由此而分。所谓“燕乐”就是宫廷中宴饮时伴奏的音乐，包括舞蹈。隋唐宫廷燕乐集中地反映了这一时期音乐文化的最高成就，当时的音乐是治国之举，非如现代，音乐一般是娱乐活动。

隋唐宫廷燕乐有明确规定。隋燕乐有《七部乐》《九部乐》。隋朝建立，中国再统一，其基础是民族大交融。隋《七部乐》的编成，就是各民族文化大交融的大事。《七部乐》包括《国伎》（西凉伎）、《清商伎》（汉魏以来传统乐舞）、《高丽伎》、《天竺伎》、《安国伎》（今中亚布哈拉乐舞）、《龟兹伎》（今新疆库车乐舞）、《文康伎》（今中亚萨马尔罕乐舞）。后牛弘又请存巴渝等地舞蹈。

唐承隋制，将隋《九部乐》改编为《十部乐》：《燕乐》《清凉乐》《西凉乐》《天竺乐》《高丽乐》《龟兹乐》《安国乐》《疏勒乐》《康国乐》《高昌乐》。十部乐舞中，国乐占二席，余八席均为周边地区或域外乐舞。每一部乐舞，有自己的乐曲、乐器及舞蹈及舞者服饰。《十部乐》的乐曲，很多已经散失，但在流行四方的过程中，亦有一些乐舞形式存续下来，如今天流行福建、台湾的南音，或许是“华夏正声”（《清凉乐》）的遗存。其中《秦王破阵乐》的《舞图》记载还算清楚：“左圆右方，先偏后伍，交错屈伸，以象鱼丽、鹅鹳。”由协律郎吕才据《舞图》教乐工128人舞蹈，他们穿“银甲”，执着戟而舞“凡三变，每变为四阵，象击刺往来”[1]，歌声唱和。“四阵象”，即如四队对阵的象战姿态。唐诗中保留了许多描述乐舞的诗句，可以管窥几种乐舞的片段原貌。元稹诗《胡旋女》、白居易诗《胡旋女》，均有生动的描写，如白居易《胡旋女》的“左旋右转不知疲，千匝万周

---

[1] 《新唐书》卷21《礼乐志》，第468页。

无已时。人间物类无可比，奔车轮缓旋风迟”句。[1]

唐朝官府梨园弟子是专业化的乐舞队伍。玄宗朝，因为皇帝喜欢乐舞，素晓音律，加上马仙期、李龟年、贺怀智等“洞知律度”，即精通音乐乐理的名家，梨园就成了当时的最高乐府，[2]此外州府也有乐舞伎，属官伎。

民间乐舞更是难以尽说。有个故事说，李舟好事，截竹做了根笛子，送给李牟牟。李牟牟吹笛天下第一，月夜在江舟中吹笛，声音“寥亮逸发，上彻云表”[3]。还有赵璧擅弹五弦琴，他说他弹五弦，“始则心驱之，中则神遇之，终则天随之”，也就是专注入神。李衮，善歌，名动京师。[4]裴洛儿，始不用拨杆拨琵琶，改用手指，即当时俗称的指琵琶。[5]民间乐舞的普及也是唐人文化生活多姿多彩的生动写照。

[1] 《全唐诗》卷426，第4693页。

[2] 胡璩：《谭宾录》卷7，《续修四库全书》，第1260册，上海古籍出版社1995年版，第19页。

[3] 《唐国史补》卷下，第58页。

[4] 《唐国史补》卷下，第58页。

[5] 《隋唐嘉话》卷中，第23页。

第六章

亚洲隋唐——陆海丝路

1877年，德国地理学家李希霍芬首次把自汉代经中亚至地中海东岸的商道称为“丝绸之路”。贞观十四年（640），唐平高昌，置安西都护府，管辖安西四镇，成功将西域部分疆土（包括今新疆地区）纳入唐王朝版图。中西往来更加畅通无阻，亚欧文明交融达到一个新的高度。当时除经中亚的丝绸之路之外，还有经吐蕃通西域、印度的通道，中国和中亚、印度的物质、精神文明交流进入一个新时期。隋唐两朝，海上丝绸之路也令人瞩目。东线有日本、新罗等国频繁遣使来华，南线据贾耽的“广州通海夷道”，可通阿拉伯半岛。阿拉伯人较早控制海上丝绸之路西段的海上航行，赢得了控制从波斯湾（或红海）到印度西南海岸的海上航行、贸易权，并于8世纪中叶，直航中国。中国的丝绸、瓷器、麝香、茶叶的西传，阿拉伯药材、印度洋和南海诸国的特产、棉花东渐，其意义难以估量。

一 隋炀帝开边

1. 丝绸之路

隋炀帝时，“西域诸蕃，多至张掖，与中国交市”。裴矩奉命主持其事。裴矩知炀帝“方勤远略”，就注意访问商胡，收集西域“国俗山川险易”信息，撰成《西域图记》三卷。该书介绍了从敦煌出发的三条通西域道路：北道从伊吾（今新疆哈密）经蒲类海（今新疆巴里坤湖）、铁勒部、突厥可汗庭，度北流河水，至拂菻国（东罗马的西亚地区）达于西海（地中海）；中道从高昌、焉耆、龟兹、疏勒，度葱岭，又经苏对沙那国（今塔吉克斯坦杜尚别北乌拉秋别）、康国（今中亚锡尔河至阿姆河之间月支人国家）、曹国（今乌兹别克斯坦撒马尔罕一带）、何国（今乌兹别克斯坦撒马尔罕西北）、大小安国（今乌兹别克斯坦布哈拉）、穆国（今中亚穆尔加布河三角洲）、波斯至西海；南道从鄯善（今新疆吐鲁番市鄯善县）、朱俱波（今新疆莎车县和叶城县境）、喝槃陀（羯盘陀，今新疆塔什库尔干塔吉克自治县），度葱岭，又经护密、吐火罗（巴克特里亚，今阿富汗北部）、挹怛（今中亚都乌浒水南二百里，大月氏人国家）、忛延（近挹怛）、漕国（即曹国）至北婆罗门（西北印度），向西则可达西海。可见，这三条通向地中海西岸和西北印度的道以伊吾、高昌、鄯善为“门户”，敦煌为“咽喉”。这三条商道，早已闻名于中亚、南亚和中国，1877年德国地理学家李希霍芬首次称之为“丝绸之路”，因为这一称谓形象而又贴切，故沿用至今。

2. 炀帝开边

裴矩认为西域诸国之所以“朝贡不通”，是因为突厥、吐谷浑“拥遏”，主张安辑各国，“浑、厥可灭”“混一戎夏”[1]。他促使炀帝决心通西域，继续保持西亚、中亚与中原的丝绸之路的贸易和文化交流。大业三年（607）炀帝将巡河西，令裴矩往敦煌筹划。裴矩派使者说服高昌王曲伯雅及伊吾吐屯设等，以厚利邀他们入朝。炀帝西巡燕支山（焉支山，在今甘肃祁连山与龙首山之间），高昌王、伊吾吐屯设等及西蕃胡二十七国“谒于道左”，焚香奏乐，劲歌曼舞，热闹非凡。炀帝还令武威、张掖士女盛装以示中国之盛世。同时隋军击破吐谷浑，拓地数千里，派兵戍边，“诸蕃慑惧”。至冬，炀帝到东都洛阳，裴矩又以此鼓动炀帝征调四方“奇技异艺”，集中端门街，数十万人衣锦着翠出席，还有衣着鲜丽的百官及民士女列坐观看。三市店肆，都设帷帐，盛列酒食，主管边贸的官员率领外国商人与民贸易。所到之处，外国人无不醉饱，说中国是神仙国度。炀帝听说后，称他们为至诚。[2]当时来自西域的人也多起来。

以上记载说明隋炀帝通西域，其功虽可圈点，但不免有好大喜功、炫耀财富、靡费民脂之嫌。这种炫富之风，为史家所不齿，为民众所痛恨。那么炀帝为什么这样做？裴矩说出了其中一些原因，即炀帝有“膺天育物，无隔华夷，率土黔黎，莫不慕化。风行所及，日入以来，职贡皆通，无远不至”[3]的虚荣“雄心”。他要把朝贡之事做大，以实现他上述奢望。

---

[1] 《隋书》卷67《裴矩传》，第1772页。

[2] 《隋书》卷67《裴矩传》，第1773页。

[3] 《隋书》卷67《裴矩传》，第1771页。

二 唐安西四镇与丝路

1. 安西四镇

隋唐时期，塔里木盆地的西域诸国经历了7世纪突厥统治、7世纪中期唐王朝统治、7世纪后期至9世纪后期大部分时间的吐蕃统治。

贞观十四年（640）八月，唐灭高昌国，九月置安西都护府于西州交河城（今新疆吐鲁番）。二十二年（648），安西都护府移至龟兹国都城（今新疆库车），同时在龟兹、焉耆（今新疆焉耆西南）、于阗、疏勒（今新疆喀什）四城修筑城堡，建置军镇，由安西都护兼统辖，称安西四镇。

安西四镇的设立，成功地将西域部分疆土（包括今新疆地区）纳入唐朝版图。学者指出："从唐太宗到武则天，唐朝的势力不仅直接牢固控制塔里木盆地的西域诸国，而且成为天山以北、葱岭以西广大区域内各个王国的宗主国，中西往来更加畅通无阻，当时的文化交流也呈现出眼花缭乱的景象。"[1] 唐继隋之后，成为影响亚欧文明的大国，亚欧文明交融达到一个新的高度。

---

[1] 荣新江：《中古中国与外来文明》，第9—10页。

2. 王玄策出使

王玄策出使是继唐朝玄奘赴印取经之后的又一重大外交事件。贞观十七年（643），李义表、王玄策作为唐正、副使节，送中印度摩伽陀国（中天竺之古国）王尸逻逸多的使者回国，并于二十一年（647）返回。李义表就是在此次回国后，应童子王之请，上奏翻译《道德经》的。贞观二十一年（647），王玄策作为正使第二次出使摩伽陀国，此时该国国王尸罗逸多死去，国乱，有个叫那伏帝阿罗那顺的大臣篡位，发兵拒玄策等一行，并将他们俘虏。玄策等乘机逃奔吐蕃西部，召集邻国兵（吐蕃兵、泥婆罗兵）8000余人，回师攻打阿罗那顺，并将其俘虏，押归长安。东天竺王尸鸠摩送牛马三万和宝物给唐军，迦没路国献异物并上地图，请老子像。[1]迦没路国童子王以前曾向李义表请《道德经》。这次事件，揭示了经吐蕃、尼泊尔到东印度的通道，于贞观二十年（647）至高宗永徽元年（650）间开通，[2] 意义颇为重大。王玄策第三次出使摩伽陀国是在显庆二年（657），去送佛袈裟，也是经泥婆罗道的，还在途中见到一个水火池。[3]

为什么说唐朝和摩伽陀国的关系很重要？因为中国的制糖技术，是那个时候从摩伽陀国传入的。《续高僧传》记载说：因为玄奘的讲述，印度戒日大王并菩提寺僧都知道中国（支那）“人物为盛”。后来王玄策等去摩伽陀国，赠送了千有余段绫帛，“并就菩提寺僧召石蜜匠，乃遣匠二人、僧八人俱到东夏，寻敕往越州，就甘蔗造之，皆得成就”[4]。利用甘蔗榨糖技术，就这样由摩伽陀工匠和僧人传入唐朝的。

---

[1] 《新唐书》卷221上《西域传·天竺》，第6238页。

[2] 孙修身：《王玄策事迹钩沉》，新疆人民出版社1998年版，第29页。

[3] 释道世：《法苑珠林》卷16，上海古籍出版社1991年版，第129页。

[4] 释道宣：《续高僧传》卷4《释玄奘传》，第120页。

三彩骆驼载乐俑

3. 吐蕃通西域的通道

隋唐时期的西藏称为吐蕃，十六国以后部落渐强，西域诸国多有臣服。太宗贞观八年（634）派使者来朝。时与吐谷浑、党项等部落争战。贞观十五年（641）太宗允其所请，以文成公主嫁赞普（王）松赞干布[1]，开启了唐蕃关系的新纪元。江夏王李道宗持节护送文成至逻些（今拉萨），赞普率兵亲迎，“见道宗执婿礼恭甚”。赞普见中国服饰之美，自惭形秽，于是加速汉化，为公主筑城以居，禁部人赭土涂面，脱粗毛织裘，改穿丝绢衣着，“为华风”，还让贵胄子弟入国学学习《诗》《书》，并请儒学先生撰写书、疏。[2]文成公主和亲入藏，把中华文明带到世界屋脊青藏高原，改变了吐蕃的历史进程，尽管其后续发展并不一帆风顺。

王玄策使摩伽陀国被俘事件发生，吐蕃发兵救援，竭尽藩属国之义务。高宗朝，吐蕃又从唐引进蚕种、酒工、碾硙。其后高宗朝，吐蕃相禄东赞当政，吐蕃实力大增。禄东赞死，其兄弟当政，兴兵侵略诸羌部落。“咸亨元年（670）……率于阗攻取龟兹拨换城（今新疆阿克苏），于是安西四镇并废。”[3]武则天朝王孝杰、唐休璟、阿史那忠节等率师击败吐蕃侵扰，收复四镇，更置安西都护府于龟兹，以兵镇守。其后吐蕃统治者内讧，其势稍衰。中宗朝，吐蕃请婚，以雍王李守礼之女为金城公主嫁赞普赤祖德赞。但是从玄宗朝开始，国力由盛转衰，吐蕃趁机制造边患，扩张势力。至德宗朝，唐蕃双方曾进行会盟谈判，即清水会盟，厘定了边界。但吐蕃违背“会盟”约定，连年犯边。穆宗长

---

[1] 汉文史籍称弃宗弄赞。

[2] 《新唐书》卷216上《吐蕃传》，第6074页。

[3] 《新唐书》卷216上《吐蕃传》，第6076页。

庆三年（823）所立的“唐蕃会盟碑”，反映出唐蕃顺应历史的法律关系。后因吐蕃自身衰落，而边患渐息。虽然在唐蕃历史进程中，吐蕃统治者曾有不走融合团结之路，自污文明长河之举，但最终摆脱不了文明汇流的大方向。

吐蕃和唐关系中值得关注点是吐蕃的存在，有利于中国和印度次大陆、中亚的联系和文明交流。学者认为，吐蕃进入西域有三条道：东道出柴达木盆地，经若羌绿洲去焉耆或于阗；中道有两条路线，一是今新藏公路路线，二是从拉达克（今克什米尔印控地区）过赛图拉向西北直下塔里木盆地的叶城；西道为西经勃律，绕道葱岭，进入西域。[1]由此可见，吐蕃有通往女国、大羊同（今西藏高原西北，包括阿里地区）、于阗、西域、中亚的通道，接受印度、中亚文明浸润的机会，也是中原接受印度、中亚文明影响的孔道之一。

4. 陆上丝路的精神文明传播

我们知道，随着一批批商人和佛教徒来往长安和中亚、印度，中国的文明，自必影响这些地区。从精神文明方面来说，汉语、汉字及汉文献（主要是儒家经典）的西传，就是一个例子。《高僧传》记载了印度、中亚以及西域（包括今新疆）许多“通习华语”的佛教徒，他们自然从学习汉语言文字中了解儒家、道家思想，接受中国的精神文明。11世纪初的阿拉伯人著作《马尔瓦兹论中国、突厥和印度》记载说：“中国居民讲容忍，令人愉快的方式和面容，及和蔼的礼貌。他们的人民，居住分散，与国的关系有不同的层次。”又说广州“该城的人民都是诚信的，

[1] 王小甫：《唐吐蕃大食政治关系史》，北京大学出版社1992年版，第20、21页。

言行一致"[1]，反映出阿拉伯人对中国儒家"礼"的理解十分到位。虽然这是北宋时的记载，但也说明唐宋时期儒家思想影响在中亚、西亚、印度是存在的。

中国的本土宗教——道教也为印度一个国王所知。贞观二十一年（647），李义表出使摩伽陀国回来奏称，东天竺童子王的国家，因未有佛法，外道盛传，童子王对李义表说："卿还本国，译为梵言，我欲见之，必道越此徒（途），传通不晚。"[2]太宗见奏，立即下敕令玄奘法师与诸道士（蔡晃、成英）翻译老子《道德经》。但因翻译时，蔡晃、成英主张老子的"道"，应译成"菩提"，玄奘不同意，说应译成"末伽"。蔡晃、成英等人举袂直嚷嚷："道翻'末伽'，失于古译。昔称'菩提'，此谓为道。未闻'末伽'以为道也。"玄奘回答说："'菩提'言觉，'末伽'言道。唐、梵音义，确尔难关乖。岂得浪翻，冒罔天听？"[3]结果不欢而散。事情闹到宰相马周那里，马周说：西域"尚道九十六家，并厌形骸为桎梏，指神我为圣""若翻老序，彼必以为笑林。"[4]一席话，结束了这场争论，翻译《道德经》一事也就不了了之。不过马周的话也使我们知道，西域（泛指中亚、西亚、印度）所信宗教繁多，所谓"尚道九十六家"的"道"，应指的是佛教、婆罗门教、耆那教、拜火教、摩尼教、景教等各种宗教。

反之，从西亚、中亚、印度传入中国的精神文明，非常丰富多彩。佛教传入中国有一个非常有趣的机缘。印度佛教当初为什

---

[1] Sharaf AL–zamān Tāhir Marvazǐ on China,The Turks and India, Arabic Text（circa A.D.1120）with an English Translation and commentary by V.Minorsky, The Royal Asiatic Society London 1942，P14、23.

[2] 释道宣：《集古今佛道论衡》卷丙。

[3] 释道宣：《集古今佛道论衡》卷丙。

[4] 释道宣：《集古今佛道论衡》卷丙。

么向东而不是向西传播？这个问题似乎很少有人注意到。其实佛教在向东传播之前已向西传播，早期佛教曾传到西亚、波斯等地，后来西亚一些地方的早期基督教组织，即曾受佛教影响。如公元前3至2世纪的基督教艾赛尼派，就实行集体生活（有类出家）；一切平等分享，没有富人和穷人；不吃肉或饮酒；也主张人世轮回。[1]可见是受到佛教的影响，即可证明佛教曾传播到那里。我国学者也确认佛教曾传播到波斯、埃及甚至希腊。[2]

按理说，佛教应该顺着公元前334年马其顿国王亚历山大打通的自希腊经波斯到印度的道路，向西传播。但是事实正好相反，基督教从雏型到成熟、强大，最终成为罗马的国教，无疑成为佛教难以西进的一堵无形的墙了。因此佛教只能因势利便，依靠兼通梵汉语言的中亚佛教徒、商人经今新疆南北进入中国的北方，或者循海路经岭南、江南传入。但是必须指出的是，佛教传入中国还有文化因素，这就是大乘佛教的唯心主义体系和魏晋玄学的“有生于无”的唯心主义本体论，佛教“彼岸”世界与孟子的存心养性主张及老子的思想，都有类同之处。这些类同观念的存在，就会发生“异质”向“同质”转化，使佛教这个异国宗教在中国存在下去，并彻底中国化，成为汉传佛教。[3]

在佛教传入同时，祆教、摩尼教、景教以及新兴的伊斯兰教进入中国内地。琐罗亚斯德教是流行于古代波斯（今伊朗）及中亚等地的宗教，中国史称祆教、火祆教、拜火教。伊斯兰教创立之前，波斯帝国信仰琐罗亚斯德教，其经典主要是《波斯古经》，即《阿维斯塔》。中国历史上的“昭武九姓”散居中亚撒马尔罕（今乌兹别克斯坦）周围，其主要民族是粟特族，以经商

[1] 《艾赛尼派的平等福音》，经典出版社1997年版。参阅郑学檬：《点涛斋史论集——以唐五代史为中心》，厦门大学出版社2016年版，第484页。

[2] 任继愈主编：《中国佛教史》，中国社会科学出版社1981年版，第73页。

[3] 参阅郑学檬：《点涛斋史论集——以唐五代史为中心》，第485—496页。

为业，信仰祆教。随着他们往还西域各国，包括今新疆、甘肃等地，甚至移居长安、洛阳，乃至河北诸州。祆教也传入这些地区。吐鲁番出土的《金光明经》，时间上较早，专家断在南朝宋元嘉七年（430年），据此可知高昌城东有祆祠。[1]祆教传入关中，至唐武德四年（621），置祆祠及官，“常有群胡奉事”[2]，承认其合法地位。池田温先生研究了敦煌粟特人的聚落从化乡，其位置就在一所祆舍所在地，这里是粟特民众的精神信仰中心。粟特人聚落可追溯到隋代。[3]

祆教是摩尼教之源，摩尼教的传播也是人所共知的。唐朝在武则天时期，准许摩尼教在两京及诸州郡建波斯寺，也就是承认其合法地位。摩尼教的许多经卷被译成中文。但到了玄宗朝，改变了前朝的宽容摩尼教政策，开元二十年（732）七月“敕”称：“末摩尼法，本是邪见，妄称佛教，诳惑黎元，宜严加禁断。以其西胡等既是乡法，当身自行，不须科罪者。”[4]也就是说，不准摩尼教公开传播，但可以在其信众社群内膜拜。安史乱后，回鹘可汗皈依了摩尼教。学者指出：“在牟羽可汗时代摩尼教的势力在唐朝的发展是很快的。回纥人信奉摩尼教不到十年，就将它由鄂尔浑河流域推广到唐帝国的黄河流域和长江流域。”[5]会昌毁佛事件，摩尼教也随之被祸，逐渐转为民间秘密宗教支派扩散，不一而足。

基督教聂斯脱里派传入中国，称为景教。基督教聂斯脱里派在东罗马被视为异端，逐出教会，其信徒逃至波斯，流落中亚和中国，其境遇类似祆教、摩尼教。长安大秦寺立《大秦景教

[1] 荣新江：《中古中国与外来文明》，第44、45页。

[2] 《通典》卷40《职官》注，第1103页。

[3] 荣新江：《中古中国与外来文明》，第57、58页。

[4] 《通典》卷40《职官》注，第1103页。

[5] 杨富学：《西域敦煌宗教论稿》，甘肃文化出版社1998年版，第23页。

流行中国碑》和敦煌遗书中有《大秦景教三威蒙度赞》，就是景教在中国流传的宝贵资料。《大秦景教流行中国碑》于建中二年（781）立，僧景净撰文。[1] 从碑文文字中可见其受佛教、道教的思想影响十分明显。

民间文学艺术思想和形象交流方面，典型事例是孙悟空形象的出现。在新疆维吾尔自治区博物馆，有一幅《东晋人生活图》的壁画，原画由四小幅画拼成，其中两幅各有七株红色果树素描，果实排列成北斗七星状，果实的心是红色的，外描黑圈。这幅画出自吐鲁番阿斯塔那墓葬区。有学者命名为“庄园生活情景”[2]。画中七颗果实排列，明显是北斗七星。在印度民间文学里，流行着北斗七星和神猴崇拜。

在敦煌莫高窟384窟有猴头地神雕塑[3]，敦煌壁画里也有多幅猴像。另外，在安西榆林窟东千佛洞有绘于西夏中晚期（1082—1227）的《唐僧取经图》六幅，其中一幅《水月观音图》，图中的观音“全身罩在一轮明月之中”，身披袈裟的唐僧“向观音双手合十，弯腰朝拜”，唐僧身后是“满脸猴相的孙悟空”。另一幅《普贤变》也有“完全猴形的孙悟空”随唐僧身后。[4] 这些雕塑、壁画真实地表现出印度民间文学艺术里的保护神北斗七星和猴神哈奴曼形象，并证明它们随着丝路的文明交流，传入西域唐境、西夏境内，并融入唐僧取经的故事里，成为家喻户晓的民间文学艺术形象。[5]

---

[1] 毕沅：《关中金石记》卷4，中华书局1985年版，第59页。

[2] 王炳华主编、刘文锁著：《新疆历史文物》，新疆美术摄影出版社1999年版，第135页。

[3] 《唐代文化》（上）插图第10页。

[4] 谢保生、凌云：《敦煌艺术之最》，甘肃人民出版社1993年版，第517、518页。

[5] 参阅郑学檬：《点涛斋史论集》，第490—492页。

5. 陆上丝路的物质文明传播

丝绸是最著名的商品，敦煌文书、吐鲁番文书多有记载。当时丝路上的“商胡”以粟特人最为活跃，他们牵着骆驼，驮载着丝绸、织物、钱袋、驮囊，“唐朝时以一束丝作为最典型的特征”[1]。丝路上的丝绸贸易，多是接力贸易，多个商人，梯次交易，完成长途贩运。唐天宝二年（743）《交河郡市估案》[2]里“帛练行”交易的丝织物种类就有大练、梓州小练、河南府生绝红、蒲陕州绝、生绢、缦紫、缦绯、紫熟绵绫、绯熟绵绫、杂色隔纱、夹绿绫、晕绸、次绵绸、粗绵绸、益州半臂锦等丝织物。练即熟绢，绝红即粗绸，销量会多一些。中国输出铁器、铜器、漆器等生产、生活日用品。

药材也是出口货物，其中以中大黄、麝香最为买家所重视，其他如茯苓、茱萸、决明子、蜀七、猪苓、知母、细辛、羌活、肉桂、蛇床子、薏米仁等。西亚、中亚人肉食，大黄少不了。麝香既是制作香水的原料，又是北非、西亚、中亚穆斯林处理尸体下葬必备用品，麝香还具有刺激性欲和解毒功用，为当地人所青睐。西藏产的麝香质量最好，被西方视为“天国所赐”“人间极品”；“汉地”麝香应即邕州（今广西南宁）土麝，气臊烈，不及藏麝香、滇麝香。

西亚、中亚商人把麝香等药材运到地中海港口，转卖给罗马人、法兰克人。黑色热性麝香和白色凉性樟脑，诱发欧洲人对中国阴阳、黑白辩证思维的崇尚，从而引发对东方神秘哲学的迷恋。

从中亚以西输入各种银币、金币、毛织品、玻璃、宝石、玛

[1] 荣新江：《中古中国与外来文明》，第148页。

[2] 池田温：《中国古代籍帐研究》录文，第303—319页。

瑙、香料和化妆品，特别重要的是从大宛输入汗血马、天马。学者指出：“通过丝绸之路输入到中国的中亚、西亚和地中海沿岸东罗马等地的金银器，对中国产生了强烈影响。7至8世纪中叶缠枝纹、葡萄纹、联珠纹、绳索纹等，这些非中国传统的器物形制和纹样，十分明显是西方文化影响下出现的，西方盛行的捶揲技术也被唐代工匠全面掌握，不仅器物形态捶揲制成，器表又捶出凹凸变化的纹样轮廓，再錾刻细部纹样。”[1] 此外高足杯是中亚杯形、金银带把杯是粟特工匠所造、何家村舞马纹提梁壶则有草原游牧民族风格。域外金银器文明的传入，促进唐朝金银器皿制造技术进步和创新。经历了7—8世纪的100年的生产实践，唐朝工匠“完全摆脱了西方模式，按自身民族化的方向发展。”[2] 金银器的制造进入一个新时期。

玻璃是地中海国家、波斯等国的特产，作为器皿和装饰品为各国人士、佛教徒所喜爱。中亚各国的葡萄、苜蓿、蚕豆、石榴、番红花、芝麻、胡萝卜和黄瓜等植物，都传到中国。从西域和伊朗传入中国的，还有箜篌、琵琶、筚篥等乐器及绘画、雕刻、图案设计等技艺。与这些商品同来的是希腊、罗马、波斯、阿拉伯和印度文明——科学、宗教、艺术和医学。

6. 敦煌莫高窟

敦煌石窟艺术是中国古代文明史、中西文明交流史上最辉煌的一章。从文明史的角度看，敦煌的石窟艺术传达了西至罗马、波斯、大食，西南至印度次大陆，西北至黑海、里海沿岸各民族、国家的文明；其所藏文书，反映了中世纪中国西陲地区（西

[1] 齐东方：《唐代金银器研究·序言》，第3页。

[2] 齐东方：《唐代金银器研究·序言》，第3页。

域、吐蕃等地）经济生活和文化生活，大到土地制度、租佃关系、民族关系、交通贸易、语言文字，小到家庭人口结构、婚姻情况，从中了解唐朝西部的社会风貌；其所藏文书、壁画还显示佛教、祆教、景教、伊斯兰教的传入过程，窥及雄隋大唐文明包容心态；其壁画、雕塑留下了希腊、罗马、波斯、印度次大陆艺术影响的蛛丝马迹，为世界艺术史增添了绚丽的篇章。

敦煌莫高窟是敦煌石窟中最具代表性的艺术宝库。它的文明内容包括藏经、遗书、石窟艺术（壁画、造像）等方面。莫高窟藏经洞是道士王圆箓于1900年在清理积沙时发现的，清理出4—11世纪的佛教经卷、社会文书、刺绣、绢画、法器等。这批经卷、文书以汉文为主，还包括吐蕃文、回鹘文、西夏文、粟特文、突厥文、于阗文、梵文、吐火罗文、希伯来文等古文字。内容涉及面很广，如天文、历法、历史、地理、方志、图经、医书、诗文等，国内外学术界倍加珍重，因此敦煌学也成为国际性的显学。文物四万余件。但可惜的是这笔珍贵文化遗产除少部分留存于国内，大多数经卷、文书被英、法、日、俄等外国探险家或劫取或购取，流落到世界各地。

三 阿拉伯人东航与海上丝路的贯通

1. 汉至隋的海上丝路东段

一般而言，海上丝路可分为东、中、西三段；东段一般可从室利佛逝（三佛齐，今印度尼西亚巨港）开始，经泰国湾、金瓯角、占城至交州、广州。这段航线还可以向东延伸到山东半岛、辽东及境外的朝鲜半岛和日本。《隋书·东夷传》记载，朝鲜半岛西南部的百济，“初以百家济海，因号百济”[1]，其国以航海崛起，和隋有海上往来。朝鲜半岛东南部的新罗，也常航海来唐朝，白居易《新罗贺正使金良忠授官归国制》即有唐“以文明御时，以仁信柔远，声教所及，骏奔而来。况溟涨一隅，舟航万里，尔慕我化，我图尔劳”等句，[2]足见新罗至唐有航路常通。

鉴真和尚东渡流求有特殊意义。鉴真和尚从天宝二年（743）年开始，六次东渡，五次失败，第六次成功。什么原因使他失败？经研究，鉴真座船的出航时间多在十二月（第二、三次）、十一月（第五次）、十月（第六次）。东亚季风区，阴历每年十月开始，东北季风盛行，是南下航行的季节，所以鉴真从长江口或浙江沿海出发，都会顺风南行，船只无法航向东北方的日本。这可能是他几次东渡失利的根本原因。那么为什么第六次会成功到达流求（今日本冲绳）呢？根据当时人对季风的认

[1] 《隋书》卷81《东夷传》，第2044页。

[2] 《全唐文》卷659，第6706—6707页。

识，阴历十月是东北风盛吹之时，船帆如果正面对着东北方，则帆的凹处压力大，产生的外推力也大。所以那几次东渡失败，是帆的角度不对，以致飘到海南岛。但是第六次航行不同，船只从长江口出发，侧帆迎风，在帆的分区力作用下（如图，向东南偏东方向航行，能在流求登陆。这是从风帆的力学原理角度的理解，那么有否相应的旁证呢？恰好杜甫和张说的诗可以作为旁证。张说《同赵侍御干湖作》有“欹帆侧舵弄风口，赴险临深绕湾浦”句，[1]杜甫《最能行》一诗有“欹帆侧舵入波涛，撇漩捎濆无险阻”句。[2]两句诗都有“欹帆侧舵”四个字，说明逆风行驶必使“欹帆侧舵”，不可正帆行驶。欹帆即侧帆，是为了准确利用风力；侧舵是为了保证侧帆的航向。所以，可以推断鉴真第六次航行运用“欹帆侧舵”技术，利用东北风（逆风）航行到流求。这是历史上可验证的逆风行驶，在航海史上有重要意义。[3]

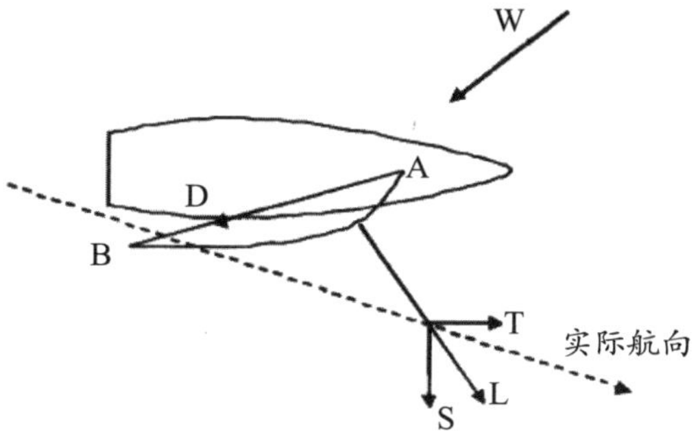

隋唐两朝，日本频繁遣使来华。隋炀帝时，日本使者小野妹子来华，致书称“日出处天子，致书日没处天子无恙”云云。炀帝看到这些话，很不高兴。但是后来的使臣都受到隋廷的欢迎和礼遇。入唐后，更是礼接日使和留学生。首批回日的学问生

[1] 《全唐诗》卷86，第940页。

[2] 《全唐诗》卷221，第2335页。

[3] 郑学檬、徐东升：《唐宋科学技术与经济发展的关系研究》，第113—118页。

惠济等说："唐礼仪之国也。"[1]有唐一代，来华的留学者人数不少，著名者有吉备真备、阿倍仲麻吕等。[2] 这些日本遣唐使船来华都是乘东北季风航行的。返国航行之艰险则难以尽述。李白《哭晁卿衡》诗云："日本晁卿辞帝都，征帆一片绕蓬壶。明月不归沉碧海，白云愁色满苍梧。"[3]晁衡是阿倍仲麻吕在唐朝起的名字，他东渡返国，出海后没有消息，李白很悲痛，写了这首悼念他的诗。说明当时丝路东段，航向日本的船只安全系数很小，原因之一是乘东北季风来，还乘东北季风回。东北季风是信风。王维《送秘书晁监还日本》有"向国惟看日，归帆但信风"句[4]，可为证据。如果不是鉴真所乘的船那样，掌握了"奇帆侧舵"的逆风行驶技术，晁衡船只的航行就凶多吉少了。

南线的海上丝路东段即广州至马来半岛东端雕门岛段，一般史家较为熟悉。但是在6世纪前，还有一条横越金邻大湾（今泰国湾）到马来地峡，翻过地峡从孟加拉湾去缅甸勃固的海路。当时马来地峡有东岸的盘盘（地处今泰国攀武里）、狼牙修（蒙吉蔑人国家，地处今泰国北大年），西海岸的谌离[5]、顿逊[6]、哥谷罗（今马来半岛北部）。中国船只能到达地峡诸国与来当地的印度商人贸易。

法显于东晋义熙七年（411）自狮子国（今斯里兰卡）经耶婆提国回国。耶婆提国（叶调国），在今印度尼西亚爪哇岛或苏门答腊岛，说明他乘坐的商船可能通过马六甲海峡，从南海北归

[1] 黄遵宪:《日本国志》卷4《邻交志》上一，上海古籍出版社2001年版，第54页。
[2] 参阅《唐文化史》(上)，第16页。
[3] 《全唐诗》卷184，第1886页。
[4] 王维撰，赵殿成笺注:《王右丞集笺注》卷12，上海古籍出版1998年版，第221页。
[5] 《汉书》卷28下《地理志》记载："自日南障塞，徐闻、合浦船行可五月，有都元国；又船行可四月，有邑卢没国，又船行可二十余日，有谌离国。"都元国在马来半岛中部东海岸，邑卢没国在今缅甸勃固附近，第1671页。
[6] 《梁书》卷54《扶南传》，中华书局2020年版，第787页。

广州、青州。当时西来商人除经地峡通道外，或有偶过马六甲海峡的航线了。据贾耽“广州通海夷道”的叙述，7世纪中叶，马六甲海峡航线已代替了金邻大湾——地峡通道。

贾耽“广州通海夷道”。《新唐书·地理志》记载：“广州东南海行，二百里至屯门山，乃帆风西行，二日至九州石。又南二日至象石。又西南三日行，至占不劳山，山在环王国东二百里海中。又南二日行至陵山，又一日行，至门毒国。又一日行，至古笪国。又半日行，至奔陀浪洲。又两日行，到军突弄山。又五日行至海硖，蕃人谓之‘质’，南北百里，北岸则罗越国，南岸则佛逝国。”[1]九州石、象石在海南岛东海岸，占不劳山在今越南中部会安附近的占婆岛，也就是说从广州出发的航线，要经海南岛东海岸（九州石、象石）、西沙群岛以北海域，直达占城，而后向西南航行。所以义净记载说，他乘的商船从番禺出发，过海南岛后，“斜通巨壑，如云之浪滔天。未隔两旬，果至佛逝。”[2]“斜通”就是从海南岛东海岸向西南直通越南中部占婆岛。再沿越南海岸南下经门毒国、古笪国、奔陀浪洲、军突弄山（均在今越南中南部），穿过南海海域，到罗越国（今马来半岛南部），然后进入马六甲海峡。

2. 海上丝路中段

从马六甲海峡、安达曼—尼科巴群岛、至狮子国（斯里兰卡），北上西北印度西南马拉巴尔海岸（今印度卡拉拉邦海岸）。中段航线的接点是室利佛逝、末罗瑜（占碑）、羯荼（今马来西亚北部吉打地区）、安达曼—尼科巴群岛、狮子国（今斯里兰

[1] 《新唐书》卷43下《地理志》，第1153页。

[2] 义净著，王邦维校注：《大唐西域求法高僧传校注》，中华书局1988年版，第152页。

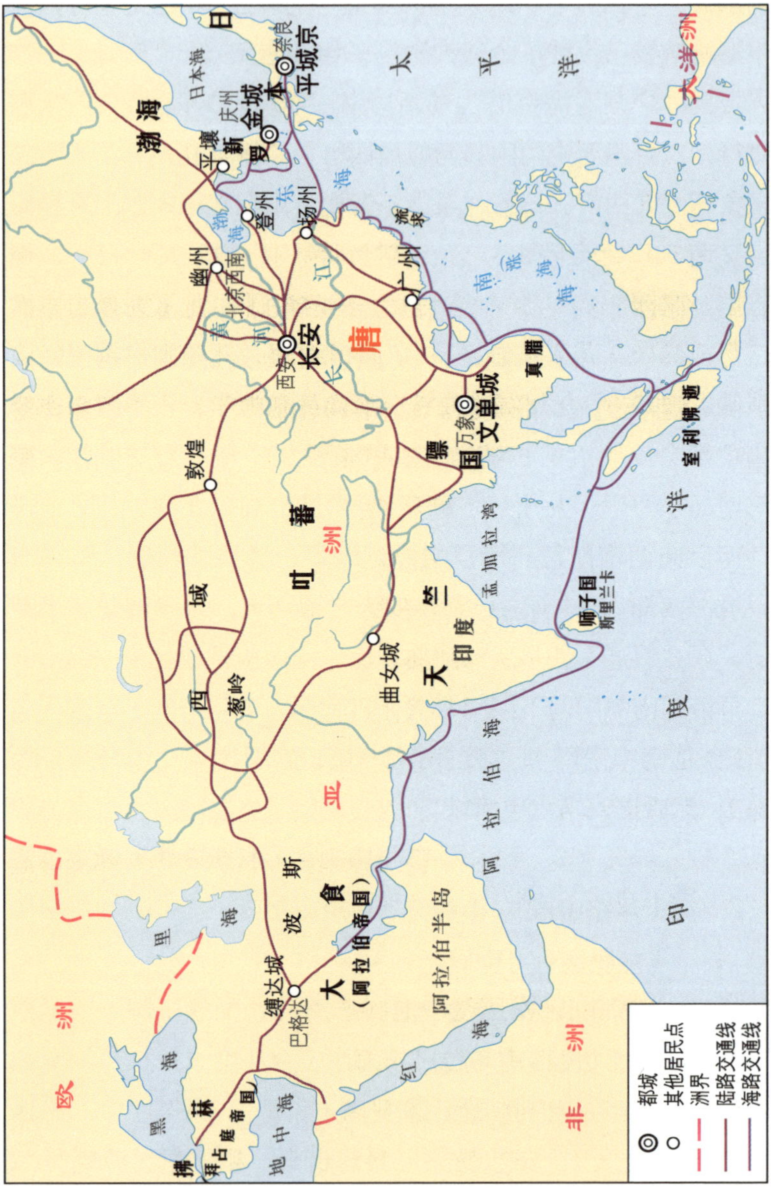

唐朝对外主要交通路线示意图

卡）。室利佛逝位于苏门答腊南部，据义净的介绍，“佛逝廓下，僧众千余。学问为怀，并多行钵”“沙门轨仪，悉皆无别”。如去印度取经，在此停留一二年，“习其法式，方进中天，亦是佳地。”[1]末罗瑜（占碑）在苏门答腊中部，马六甲海峡西岸。羯荼在今马六甲海峡北部东岸，今马来西亚吉打地区，这里是进入印度洋孟加拉湾的入口。《吉打历史》记载说，从1世纪以来，无论是北印度或南印度的先驱者都来到吉打居住，考古发现证明4—8世纪该地流行佛教、印度教，使用梵文，属于印度化国家。[2]离开羯荼，乘十二月东北季风，向北经大小尼科巴岛，这些岛上住着原始居民，因无衣着，所以称其为裸人国。过了裸人国，到达狮子国，然后北上东印度海岸登陆，至东天竺的南界的耽摩立底国，再往那烂陀寺。如果是西航商船则从狮子国北上西南印度的马拉巴尔海岸。

3. 阿拉伯人开通海上丝路西段

海上丝路的西段从印度西南的马拉巴尔海岸（今卡拉拉邦的海岸）的故临向西北航行，进入阿拉伯海、阿曼海、波斯湾到达西亚各国，或亚丁湾进入红海到达埃及和西亚各国。至此，阿拉伯世界远航中国航线全程贯通。为什么是阿拉伯商人，而不是希腊、罗马的商人首先航向中国呢？这是因为当希腊船只乘夏季的地中海季风来到红海停泊时，从6月至10月，印度洋的西南季风正好来临，西印度洋风吼涛怒，这个时候航船很难出没。印度的马拉巴尔海岸又缺少港口，在西风强烈时离岸逗留是很不安全

[1] 《南海寄归内法传校注》，第9页。

[2] History of Kedan by G.M.Khan Third edition Printed by Penang Press Co.Ltd. 25 China Street，Ghaut，Penang.

的。到了11月至翌年的3月，东亚的东北季风盛行，这时，希腊船只又“像在地中海那样，毫无顾忌地张着横帆，不能用阿拉伯的船头、船尾成直线，纵向航行技巧。所以，他们只能继续远远沿着阿拉伯南部沿海航行。”[1] 就是说希腊人使用横帆和航海技术的缺陷，即没有掌握逆风航行技巧，无法准确应对西印度洋的西南季风、东北季风，所以没有把地中海的航海优势转变为通向印度洋的航海优势。反之，阿拉伯人使用的是三角帆，帆的着风点低，并学会逆风航行技术（逆风时保持纵向航行），所以先于希腊人控制海上丝绸之路西段的海上航行，赢得了从波斯湾（或红海）到印度西南海岸的海上航行、贸易控制权。[2]

[1] George F. Hourani, Arab Seafaring : in the Indian Ocean in Ancient and Early Medieval Times (Revised and Expanded by John Carswell), Princeton University Press, 1995, p.27.

[2] 参阅郑学檬:《唐宋元海上丝绸之路和岭南、江南社会经济研究》,《中国经济史研究》2017年第2期。

四 7—9世纪海上东西方交往

1. 东南亚印度化和海上交往

东南亚有自己的原住民，如两万年前居住霹雳、彭亨、雪兰峨高原的塞诺伊人（Sengoi），身高，卷发，皮肤光亮而浅褐色。他们到达澳大利亚，成为那儿土著的祖先。在东印度如婆罗洲（Borneo，即加里曼丹）、苏门答腊、西里伯岛的丘陵仍有他们的后裔。但是，在历史的长河中，不断从北、西、东来了一批又一批移民，他们和原住民一起形成后世的本土居民。如马来人，原属于蒙古人种，其祖先远在云南山区，以后通过平原到达湄南河、湄公河等地，然后迁徙到南方的热带陆地和海岛。从中南半岛来到马来亚东海岸，或许他们第一个落脚点是吉兰丹和丁加奴，吉兰丹和丁加奴，应该是古马来亚的名字。[1]

但是，从公元前5世纪、4世纪开始，南亚印度次大陆的东部、南部民族因为贸易和战争等原因，纷纷移民东南亚各地。公元前4世纪马其顿王亚历山大远征印度时，印度孔雀王朝的月护王（旃陀罗笈多），命令他的诸王子和邦主们及其支持者逃移他乡，所以从1世纪以来，无论是北印度或南印度的先驱者都来到马来半岛北部的吉打居住。[2]历史学家认为，马来西亚吉打的瓜

[1] W.S.Morgan. The Story of Malaya，P7、10，Third（Revised）Edition 1948，Malaya Publishing House Limitrd Singapore.

[2] History of Kedan by G.M.Khan P3.

拉·苗柏，此处曾是半岛布扬河（Bujang）沿岸印度第一个殖民地。[1]接着，东南亚各地相继建立印度化的国家。据《梁书》记载，4世纪下半期，天竺的婆罗门憍陈如（Koundinya）被扶南人迎立为国王。[2]“从缅甸到爪哇、婆罗洲（Borneo）、暹罗（Siam）、印度支那，成为印度星罗棋布的殖民地和城镇。他们之中一些地方发展成印度教皇族的众多王国，建有围墙的城市和庙宇”“最大印度王国之一是在柬埔寨”[3]。

东南亚各国流行梵文，信仰印度佛教、婆罗门教，是该地区印度化的标志之一，所以中国僧人乐从海路乘商舶去印度。义净《大唐西域求法高僧传》记载的僧人中，就有新罗僧人（二人）、常愍禅师（在马六甲海峡船沉而没）、明远法师、义郎律师、智岸（智岸病故于郎迦戌，即今马来西亚北部的吉打）、会宁律师、运期师、木叉提婆、窥冲法师、会琰法师、智行法师、大乘灯禅师、彼岸法师、昙闰法师、义辉论师（病故于郎迦戌）、慧轮法师等17人之多。他们所经过、逗留的各国都有印度僧人，佛教兴盛，梵文佛经易见，梵语流行。所以隋、唐前期，海上丝路东段僧人的交往是其文明传递的重要内容。

2. 东南亚伊斯兰化和海上交往

7—8世纪，伊斯兰教逐步传入东南亚各国。从第三任正统哈里发奥斯曼时代开始，历经倭马亚时代和阿拔斯时代，历代阿拉伯哈里发国家与中国建立了贸易关系，马六甲海峡是东西商船过往之地。东来西往的船只在沿岸苏门答腊和马来半岛各港口停

[1] W.S.Morgan. The Story of Malaya，P16.

[2] 《梁书》卷54《扶南传》，第789页；许云樵：《马来亚史》“憍陈如”注音为Koundinya，香港商务印书馆1961年版，第87页。

[3] W.S.Morgan. The Story of Malaya，P14、15.

船靠岸，补充食物和淡水，等待季风的到来。后来，为了商业的便利，一些穆斯林在沿海港口定居下来，与当地的妇女通婚，并建造小规模的清真寺，逐步形成早期的穆斯林社团。8世纪之后，在北苏门答腊沿海地区已有大批穆斯林商人定居，形成许多商业城邦或商业中心，如霹雳（今马来半岛，864年）、巴赛（今苏门答腊，1042年）、亚齐（今苏门答腊，1065年）等地。到13世纪初，伊斯兰教已广泛传播于苏门答腊西北部和北部沿海地区。

隋唐时期，海上丝路的交往有很多阿拉伯人参与。伊斯兰教虽然不像佛教那样影响中国人的信仰，但这些阿拉伯人和中国人在贸易和文化上的交往仍然非常重要。《阿拉伯航海》一书记载说，阿拉伯帝国（Caliphate哈里发）征服者有可能变相流放伊朗居民中的琐罗亚斯特教徒去航海，因为“琐罗亚斯特教徒闻名于阿拉伯，一如Majus（释者）或Magians（博学者），形成穆斯林占领较长时期之后伊朗居民的多数派，恰如埃及和其他国家的基督教徒。”[1]倭马亚王朝哈里发末期之前（749），在呼罗珊的一些什叶派穆斯林（shi'ah Moslems）为了逃避迫害，也航海流亡，甚至到了东方，“居住到中国的一条大河港口对面的一个岛上。”这个（什叶派穆斯林）共同体在较后时代仍然存在，作为贸易经纪人，活跃在中国人和外国人之间。[2]《阿拉伯航海》还记载说他们在“海关”被巡逻队阻止，后来一个岛上的碉堡主人接纳了他们，让他们住下来，“他们向中国人学习，还向来

[1] George F.Hourani,Arab Seafaring（revised and expanded by John Carswell）,Princeton Academic Press1995，P62.

[2] George F.Hourani,Arab Seafaring（revised and expanded by John Carswell）,Princeton Academic Press1995，P63.

访的其他人学习语言，于是他们成为经纪人”[1]。以上记载表明：这批呼罗珊什叶派穆斯林逃到中国的时间当在8世纪中期，即唐中后期；而作为公认的“经纪人（中间人）”的身份则是经过很长一个时期才确立的。多长时期，没有记载。这段记载的“海关”，当是唐朝设在广州的市舶司。据研究，唐朝没有在其他地方正式设市舶司。

阿拉伯商人到达港口，“船上的货物完成登记后，他们（指地方官）允许船员登陆，并立即被安排在小客栈”“为他们提供本地水果和酒。然后告诉他们去客栈休息，并告诉他的代表关照他们。他们称其代表为fāsām（Fan-chang）。” Fan-chang就是“蕃长”的英语读音，当是广州有“蕃坊”，才有他们的“代表”蕃长。据此，呼罗珊什叶派穆斯林逃到广州港（珠江口）的判断应属可靠。阿拉伯人移居东南亚及中国广州等港口的为数较多。在海上丝绸之路东来的“蒲”（Abu'）姓阿拉伯商人中，较早的当是唐末到达福建的“都蕃长蒲诃粟”。他们是海上丝路贸易的中间商、转贩者，或兼一些国家的使节来中国朝贡。

3. 海上丝路的精神文明传播

佛教从东汉明帝时传入，大约东汉桓帝和平元年（150），中国人已知道狼牙修（今马来地峡东海岸至半岛北部吉打）[2]。中国史书，记载顿逊人敬奉“天竺胡佛图”“天竺婆罗门”之道，读《天神经》，“鸟葬”（天葬），称椰子树为酒树，酿制椰

---

[1] Sharaf AL-zamān Tāhir Marvazī on China,The Turks and India, Arabic Text（circa A.D.1120）with an English Translation and commentary by V.Minorsky, The Royal Asiatic Society London 1942，P17.

[2] History of Kedan by G.M.Khan P10.

子酒。[1]这是中国史书对印度婆罗门文化的具体记述。另一个与狼牙修为邻的盘盘国（今马来地峡东海岸）“人皆学婆罗门书，甚敬佛法，贞观九年（635），遣使来朝，贡方物。”[2]地处今马来西亚吉兰丹的丹丹国，也是婆罗门教国家，王姓刹利。[3]扶南国（地当今泰国、柬埔寨和越南部分辖境），东晋、刘宋世来朝贡，刘宋末“遣商货至广州”，后又以天竺道人那伽仙为使者来朝，贡献礼品中有坐像、琉璃、毒瑁（玳瑁），并说其国事“俗事摩醯首罗天神”，又言自己“菩萨行忍慈，本迹起凡基。一发菩提心，二乘非所期。历生积功业”云云。[4]又扶南国一僧人，在至敬寺为陈朝国主陈叔宝译《大乘宝云经》[5]。从扶南分离出来的真腊，隋大业中遣使来朝贡，“居处器物颇类赤土，以右手为净，左手为秽，饮食多酥酪”“多奉佛法，尤信道士，佛及道士立像于馆，大唐武德六年，遣使献方物”[6]。所谓“道士”应指婆罗门教徒。以上记载说明从马来地峡到扶南、林邑，普遍信仰婆罗门教和佛教。当时印度化国家佛教和婆罗门教一起敬奉，这是因为婆罗门教的教规、教义已经融入佛教，中国人很难分清两者区别，史书记载难免混为一谈。

隋唐时期，佛教、婆罗门教通过海上丝路传播有案可据。《隋书》关于赤土国的宗教信仰的记载比较详细，说“其俗敬佛，尤重婆罗门”。大业三年（607）派遣屯田主事常骏、虞部主事王君政出使赤土国，炀帝赐其国王丝织品帛、时服，赤土国王接

---

[1] 《太平御览》第8册，卷788引《顿逊国》，第58页。

[2] 《旧唐书》卷197《盘盘传》，第5271页。

[3] 《通典》卷188《丹丹传》，第5102页，

[4] 《南齐书》卷58《东南夷》，中华书局1972年版，第1016页。

[5] 《历代三宝记》卷9，金刻赵城藏本。

[6] 《通典》卷188《边防四》，第5101。

见常骏等奏“天竺乐”[1]。赤土国佛教、婆罗门教并行，其生活方式体现了婆罗门教文化。

义净僧的一段话很能概括这一传播的盛况：“然东夏大纲，多行法护。关中诸处，僧祇旧兼。江南岭表，有部先盛。”[2]江南、岭南“有部先盛”是指义净致力于“根本说一切有部律”在中国的传播，目的是以此纠治中土僧寺律仪失当，以达到“圣教不沦”的新境界，而江南岭南先受其惠。江南、岭南大乘佛教传播的具体情况，历代《高僧传》的记载有所反映。弘忍与慧能的一次对话，也说明佛教在江南、岭南潜移默化作用。“忍师睹能气貌不扬，试之曰：汝从何至？对曰：岭表来参礼。忍曰：岭南人无佛性。能曰：人有南北，佛性无南北。曰：汝作何功德？曰：愿竭力抱石而舂，供众而已。”慧能的回答，表明其承诺修炼的决心，正是大乘的精髓。

小乘佛教从狮子国传到缅甸，再由缅甸传到马来地峡国家，如盘盘，由“有佛、道士祠”，“僧食肉”[3]。“僧食肉”，学者以为该是小乘佛教习俗，[4]被中国史书记载下来。

这些国家也间或派遣使节到长安，略知中国文明，或带回礼品，或从商人那里得到中国商品。在今马来半岛布扬河发掘出两枚9世纪中国铜镜和唐代陶器和碗的残片，在皮尔和埔地发掘出土中国古代陶器、瓷器和玻璃器皿，衣服缀有镂空的金鱼和飞鸟传统花边。[5]中国的铜镜、瓷器、陶器、丝织物传到了马来半岛等地，他们接受中国的商品、礼品同时，欣赏到中国工艺所表达的精神文明。可以想象，在没有中国铜镜以前，他们是怎样品鉴

[1] 《隋书》卷82《赤土传》，第2062页。

[2] 《南海寄归内法传校注》卷1，第19页。

[3] 《新唐书》卷222下《盘盘传》，6300页。

[4] 许云樵：《马来亚史》（上册），第89页注（3）。

[5] History of Kedan by G.M.Khan p6.

自身容颜的，只有在水边自赏一途。有了铜镜，梳妆打扮，审美之风会一发不可收拾。

除佛教、婆罗门教文化的传播之外，7世纪后，伊斯兰教东渐，也传来了伊斯兰文明。不过，隋唐时期，伊斯兰教只是阿拉伯商人的精神生活，影响范围不大。伊斯兰教是吸收希腊、罗马、波斯乃至佛教思想而最后形成的。学者认为：伊斯兰教在其发展中汲取了许多外来思潮。它的教理，体现出希腊哲学的特点；它的仪式，闪烁着波斯古教的元素；它的律法，有着罗马法的痕迹。而在国家理论、法律等重要方面，哪怕是表面上看，也受到了波斯萨珊帝国的影响。这些外来思想，潜藏在后来伊斯兰教的精神中，在世界史上有着重要影响。[1]

伊斯兰教传入印度、苏门答腊、马来半岛过程中，接触到佛教，约翰·伊尔范斯克各（Johan Elverskog）《丝路上的佛教和伊斯兰教》中说："穆斯林清楚地遇到并注意到佛教徒……其实，在介绍中注意到佛教—伊斯兰教相互作用的历史。对次大陆来说，虽然佛教和伊斯兰教都受限制，但在印度，却十分频繁地讨论佛教—伊斯兰教相互作用的历史。实际上，作为哈里发帝国（Caliphate）穆斯林商人，驱使他们去扩张经济权力的一部分，冒险跨越亚洲沿海的海域，从南印度到斯里兰卡，通过东南亚，穆斯林商人甚至直到中国沿海。据8世纪的某一记载，他们已到达朝鲜。经过穆斯林商人的艰苦创业，他们建立起穆斯林的贸易网络，获得了东方的财富。"[2]伊尔范斯克各提出观点很重要，"佛教—伊斯兰教相互作用"，即相互影响，是一种文明融合的过程，有利于丰富宗教文明的内容，清除其中不合时宜、不受欢

---

[1] 戈德齐赫（Ignaz Goldziher）著，邓皓深译：《论佛教对伊斯兰教的影响》，《宗教与美国社会》2016年第2期。

[2] Johan Elverskog, Buddhism & Islam on the Silk Road, First published in Singapore in 2013 by ISEAS publishing, p90–91.

迎的观念与教规。

波斯、阿拉伯、印度、缅甸的音乐也从海上传入。唐洛阳罔极寺僧慧日大师，曾从海路游学南海天竺。他从海外学到“鼓琴”指法，传授越州僧义海，义海入越州法华山苦练，“谢绝过从，积十年不下山，昼夜手不释弦，遂穷其妙。”[1]成为名家，从学之人不计其数。

4. 海上丝路的物质文明传播

阿拉伯商人（或称波斯商人）、南海各国商人并非单一对华贸易，而是从事多地转口贸易，其中对华贸易主要以香料、海产，换取中国丝绸、瓷器等物。转口贸易是短途贸易的一种形式，介于短途贸易、长途贸易的中间形式，一旦条件成熟，会发展成长途贸易。海上转口贸易汉代就存在，《汉书》记载说：有“译长”，与应募者一起，从海上“市明珠、璧、流离、奇石、异物，赍黄金、杂缯而往”“蛮夷贾船，转送致之，亦利交易，剽杀人”[2]，即转口贸易兼抢劫。唐时，泰国湾和南朝的顿逊一样是转口贸易港。樊绰《蛮书》记载：自南诏的银生城东南至大银孔，南有婆罗门（印度商人）、波斯（阿拉伯商人）、阇婆（今苏门答腊或爪哇商人）、勃泥（今加里曼丹岛北部商人）、昆仑（越南南部等地商人）等，“交易之处，多诸珍宝，以黄金、麝香为贵货”。这里的“大银孔”[3]，费琅说：“此地好像就在暹罗湾中。”[4]可见，在暹罗湾的湄南河口，有波斯、印度、南海

[1] 沈括著，李文泽、吴洪泽译：《梦溪笔谈全译》卷1《义海习琴》，巴蜀书社1996年版，第381页。

[2] 《汉书》卷28下《地理志》，第1671页。

[3] 《蛮书校注》卷6《云南城镇第六》，第161-164页。

[4] 冯承钧译：《西域南海史地考证译丛二编》，商务印书馆1995年版，第79页。

各国商人聚居和南诏人贸易是肯定的，这些穆斯林商人中也许有的人具有“贸易经纪人”身份。

东南亚各国遣使来中国朝贡，贡物和回赐物品，兼有交易性质。过去认为进贡与贸易多不相干，其实是一种误解。汉唐时期，就海上贸易而言，多是贡物和回赐物品，兼有交易性质。隋朝大儒王通的《元经》写道：扶南国在日南郡海西湾中，去日南七千里，东通交州，西接天竺、安息外，交易东西，日有万余商人，珍物无不有。天竺书言与佛经相似。林邑与扶南相达，崇佛法而优礼诸蛮，“故多入贡，因商利也。”[1]至唐，这类以入贡形式的变相贸易方式继续下来。

隋唐时期，阿拉伯穆斯林商人以所在国名义进贡，或附他国使节进贡。淮南节度邓景山在刘展作乱时，引平卢副大使田神功至扬州平叛，“大掠居人资产，鞭笞发掘略尽，商胡大食、波斯等商旅死者数千人”[2]。这些（“数千人”）大食、波斯等胡商，如果作为单纯商贾，是不易入境的。但在朝贡制度下，他们可以贡使名义入境，或以附于贡使使团的商人身份入境。占城，五代后周显德五年（958），其国王因德漫遣使者莆诃散来，贡猛火油八十四瓶、蔷薇水十五瓶，还有香木函装的贝多叶书。“猛火油以洒物，得水则出火。蔷薇水，云得自西域，以洒衣，虽敝而香不灭。”[3]莆诃散明显是阿拉伯人，他的贡物猛火油、蔷薇水不是占城出产的，购自中亚、印度或其他地方。莆诃散就是以占城使节名义来华的阿拉伯穆斯林商人。可见朝贡贸易带动了香料贸易，也成就了阿拉伯穆斯林商人。

关于海上丝绸之路东段贸易的货物，主要是香料、瓷器和药

---

[1] 王通：《元经》卷8，中华书局1985年版，第126页。

[2] 《旧唐书》卷110《邓景山传》，第3313页。

[3] 《新五代史》卷74《四夷附录》，第1043—1044页。

材。香料中胡椒是最常见的贡品。印度还是胡椒的产地，中印度古国摩伽陀，盛产胡椒。[1]胡椒是唐代海舶来的珍品之一。元载有胡椒900石，表明他作为权贵，拥有人间罕有的财富。南海各国，若是室利佛逝等国进贡的胡椒，是其土特产，而占城进贡的则是从印度等地交换而来，并非土产。所以，阿拉伯商人、南海各国商人都兴转口贸易，以东南亚或印度之香料，换取中国丝绸、瓷器等物。

没药。隋唐以前就有没药传入。没药为橄榄科植物没药树的胶树脂，主产于非洲索马里、埃塞俄比亚以及印度等地，而史书或记其出自波斯，是活血化瘀之药。阿魏也是隋唐以前传入，有驱虫，治疗白癜风等药用。阿魏生长于中亚地区，唐代洛阳罔极寺僧慧日，从天竺经陆路返回，在于阗见到阿魏，类似细蔓菁，根白，“其臭如蒜”[2]，根可入药。

其他香料，有沉香、丁香、豆蔻、龙脑之类，数量巨大。这类香料多是相互交换而来，不一定是本国的地产。阿拉伯、南海各小国的贡物或随船贩卖的货物，均有取他国之产作贡，或贩西鬻东之事，应作具体分析。史书限于当时环境，指产地不实者，不可尽信。

陶瓷贸易是中国海上贸易的出口先锋。有学者概括地指出：唐代陶瓷外销，中晚唐时期（9世纪）比较明显，主要产品是湖南长沙瓦渣坪窑和浙江的越窑，外销数量颇大。其次是邢窑白瓷。著名的盛唐三彩也见出口，但数量较少。外销地域东到韩国、日本，南到中南半岛、印尼、菲律宾、越过马六甲海峡到斯里兰卡、巴基斯坦、伊朗、波斯湾、两河流域，最远到达非洲的

[1] 《酉阳杂俎》前集卷18《广动植》，第179页。

[2] 《宋高僧传》卷29，第722—723页。

埃及。[1] 以上概括有海上丝绸之路沿线各国出土的唐五代陶瓷器为据。

最后，说到丝绸贸易。唐朝的法律是禁止丝织物出口的。宁波天一阁藏《明钞本天圣令校证附唐令复原研究》收录的《唐关市令复原清本》相关内容抄录如下：

① 若船筏经关过者，亦请过所。

② 诸将物应向互市，从京出者，过所司门给，从外州出者，从出物州给，皆具载色数，关司勘过。

③ 诸蕃客初入京，本发遣州给过所。有一物以上，关司共蕃客官人具录申所司，入一关以后，更不须检。若无关处，初经州镇亦准此。

④ 诸禁物不得将出关。若蕃客入朝别敕赐者，连写正敕，牒关听出。

⑤ 诸锦、绫、罗、縠、绣、织成、紬、丝绢、丝布、牦牛尾、真珠（珍珠）、金、银、铁，并不得与诸蕃互市及将入蕃，绫（？）不在禁限。所禁之物，亦不得将度西边、北边诸关及至缘边诸州兴易，其锦、绣、织成，亦不得将过岭外。金银不得将过越巂道。

⑥ 诸外蕃与缘边互市，皆令互市官司检校。其市四面穿堑及立篱院，遣人守门，市易之日卯后，各将货物畜产俱赴市所，官司先于蕃人对定物价，然后交易。

⑦ 诸私共诸蕃交易为人纠获者，二分其物，一分赏纠人，一分没官。若官司于共所部捉获者，皆没官。

⑧ 诸官有所市买，皆就市交易，不得坐召物主，乖违时价。市讫，交付其价，不得悬违。

蕃商入境互市需要领取和查验“过所”（通行证），诸禁物

[1] 陈信雄：《贸易陶瓷的源起与发展》，（台湾）《历史月刊》第53期，第10页。

不得出关，禁物包括诸锦、绫、罗、縠、绣、织成、䌷、丝绢、丝布、牦牛尾、真珠（珍珠）、金、银、铁等。因此丝绸之路的丝绸出口受到法律的限制。“其锦、绣、织成，亦不得将过岭外。金银不得过越嶲道”的禁令对海上丝绸之路的丝绸出口的影响更大。但是，“若蕃客入朝别敕赐者，连写正敕，牒关听出。”这一条说明：唐以前或唐以后为什么“朝贡贸易”能长期存在，就是“敕赐”货物出关可不受禁令的约束，这也是各国热衷朝贡的动机，还可说明英国人斯坦因在西部关址发现成捆绢布的原因。用现代术语来说，“敕赐”丝绸就是政策性特许。

最后是走私，被举报要没收货物的，但实际上地方官受贿而放行者，不在少数。慧超《往五天竺国传》记载说，波斯人性爱兴易，曾“泛舶汉地，直至广州，取绫、绢、丝、绵之类。土地出好细叠。”[1]慧超所记，当是他去印度取经期间的见闻。后有王虔休《进岭南王馆市舶使院图表》，也记载了广州蕃商情况，当时交易存在有限度的自由买买。“表”称：“今年波斯、古逻本国二舶，顺风而至，亦云诸蕃君长，远慕望风，宝舶荐臻，倍于恒数。臣奉宣皇化，临而存之，除供进备物之外，并任蕃商，列肆而市，交通夷夏，富庶于人。公私之闲，一无所阙；车徒相望，城府洞开。于是人人自为，家给户足，而不知其然。”[2]自由买卖恐限于广州一地，应是限于剩余贡物，不及于禁品。所以丝绸、铜钱、铁器的出口确实存在。

唐朝南方的丝绸生产已相当发达。虽然丝织品的遗物难见，但文献记载可见其规模，《新唐书·地理志》《元和郡县图志》关于江南贡品的记录，就有润州的衫罗、水纹、方纹、鱼口、绣

[1] 敦煌文书P.3532号慧超：《往五天竺传》，见郑炳林：《敦煌地理文书汇辑校注》，甘肃教育出版社1989年版，第208页。

[2] 《全唐文》卷515《进岭南王馆市舶使院图表》，第5235页。

叶、花纹；苏州的丝葛、丝锦、绯绫；常州的绸、绢、红紫绵巾、紧纱；杭州的白编绫、绯绫；等等。民间的丝织业很发达。五代的吴国普遍生产罗锦，“此皆出民力”[1]，证明民间普遍生产丝织品。

不管“敕赐”丝绸出境或走私丝绸出境，其数量总是有限，所以隋唐五代海上丝绸之路的交换不可能是以丝绸为主。

还有一个问题是海上运输的防潮问题难以解决。当时从广州到室利佛逝，往返一般要一年；到印度长则二年，短则一年半左右。这条航线的主要航段基本上在赤道南北10°左右，闷热潮湿，如果转运的时间太长，丝绸霉变在所难免。而且隋唐之际，印度已有丝织业，因为印度和中亚的联系也很早，陆上丝路交易的“胡锦”，应包括于阗、粟特、波斯出产的丝织物，也包括拂菻（罗马、叙利亚）的丝织物。[2]这些丝织物自必传入印度。从供给侧角度看，丝绸供给的响应链可能不及陶瓷产品或铁器、漆器、铜钱、药材等商品。加之经不起闷热潮湿气候，所以在出口货物中比例很难占主要地位。现代考古发掘证明，唐五代瓷器已经出口到非洲、阿拉伯、印度、斯里兰卡、苏门答腊、爪哇、加里曼丹及缅、泰、越等国，这就是证据。因此，“海上丝绸之路”的丝绸贸易在帆船时代，是有一定限制的；直到19世纪中叶以后，蒸汽动力轮船出现在海上航线时，“海上丝绸之路”的丝绸贸易才渐入佳境。

西亚、中亚也是丝织品产地，西方丝织品也会经丝绸之路与其他特产同来。隋文帝时，波斯尝献金绵锦袍，组织花丽，文帝命太府寺丞何稠仿制。何稠试织锦成功，竟比所献的波斯锦更好；当时中国久绝琉璃之作，匠人不敢试制，何稠以绿瓷为之，

---

[1]　《资治通鉴》卷267，第8723页。

[2]　姜伯勤：《敦煌吐鲁番文书与丝绸之路》，文物出版社1994年版，第207页。

与真货无异。[1]

5. 印度棉花和棉织文明东渐

中国的棉花、棉布早先也来自印度，但中国的棉织业则基于自身历史悠久的丝织业。《史记》《汉书》《后汉书》等古籍已有关白叠（棉布）的记载，令人感兴趣的是，这些记载提到白叠和佛教的关系，如《后汉书·马援传》唐章怀太子李贤的注云："《方言》曰禅衣，江、淮、南楚之间谓之褋，关之东西谓之禅衣。"[2]禅衣即和尚穿的衣，称衲。大概僧人最先流行穿棉布，如同他们的印度"同志"一样。《新唐书》也记载说，缅甸人，七岁剃发，入佛寺，至二十岁修行不合格还俗为民。"衣用白氎、朝霞，以蚕帛伤生不敢衣。"[3]就是说，缅甸人信佛教，认为缫丝（抽丝出茧）是杀生，所以不穿丝织衣着，只穿棉布衣。以上例子说明，佛教东来是棉布、棉花传入的一个原因。

印度棉布、棉花的传入也与佛教的传入中国同时。戴尔认为：在公元之初，南亚的印度化国家早已暗度陈仓卖棉布给中国。[4]瑞德则引用中国史籍说："7世纪左右，棉花可能从越南传入中国。"[5]他所说的中国史籍大概指《隋书·南蛮传》，该传的林邑国王"衣朝霞布"。隋朝曾派兵击败林邑王梵志，林邑于是朝贡不绝，朝霞布就可能成为贡品传入中国。

---

[1] 《隋书》卷68《何稠传》，第1788页。

[2] 《后汉书》卷24《马援传》，第829页。

[3] 《新唐书》卷222下《南蛮传》，第6308页。

[4] Stephen F.Dale，"Silk Road,Cotton Road",from Edited by Richard M. Eaton etc,Expanding Frontiers in South Asian and Word History, Cambridge University Press 2013，P72..

[5] 安东尼·瑞德著，吴小安、孙来臣译：《东南亚的贸易时代：1450—1680》第1卷，商务印书馆2010年版，第105页。

南方“棉路”，即棉布、棉花经东南亚传入中国之路径，有多条分支，除戴尔指认的南方丝路和棉路（印度经缅甸、云南进入中国内地）之外，我们还可认定四条通道，其特点是水陆联运、出海口要津、多国商人的贩运贸易三者兼具。

第一条通道是经东孟加拉、阿萨姆、缅甸进入云南的棉路情况，C. 帕特苏·吉尔斯西先生有过概述：“已发现至少早在公元前3世纪的时候，云南和缅甸在物资、理念、技术和宗教信仰等方面均有交流。19世纪以前，不管怎样，体量大的货物如粗棉，已开始大量进入云南。”[1]C. 帕特苏·吉尔斯西肯定这条棉路公元前就已开始，这一点很重要。

第二条通道从东孟加拉到云南这一路，另有支路从经恩梅开江、迈立开江、伊洛瓦底江，南下至室利差坦罗，由海路到印度罗曼得尔水水陆通道。室利差坦罗即缅甸故都，今伊洛瓦底江畔的骠蔑附近。 这条通道可接海路，东通马来地峡诸国和扶南、马来半岛、苏门答腊、爪哇，西通印度南部、斯里兰卡。应是印度棉花西来的海上通道。葛洪《金丹神液经》卷下记载阇婆国“女子织作白叠花布”。[2]白叠即棉花，阇婆国在今苏门答腊、爪哇。

第三条云南澜沧江——湄公河经老挝、入泰国，到泰国湾水陆通道。泰国湾的大银孔是婆罗门、波斯、阇婆、勃泥、昆仑等国交易之处，多诸珍宝，以黄金、麝香为贵货。

第四条　红河至河内水陆通道的情况，《蛮书》和《新唐书·地理志》都有记载。

以上是南亚次大陆经缅甸分别至马来半岛、泰国、越南出

---

[1] Editors Eric Tagliacozzo and Wen—Chin Chang, Chinese Circulations——Capital、commodities, and Networks in Southeast Asia, Duke university press 2011, p48、49.

[2] 葛洪:《金丹神液经》卷下，明正统道藏本。

海的通道，历史学界一般较少注意到。以上“棉路”也是“丝路”或“瓷器之路”“香料之路”。就“棉路”而言，自始至终，基本上是随贸易历史而出现的。“棉路”即是贸易之路，也是棉花、棉织文明的传播之路。

海上棉路促进了唐代岭南、海南棉织业的出现和发展。唐代王建《送郑权尚书南海》诗云：“七郡双旌贵，人皆不忆回。戍头龙脑铺，关口象牙堆。敕设熏炉出，蛮辞咒节开。市喧山贼破，金贱海船来。白氎家家织，红蕉处处栽。已将身报国，莫起望乡台。”[1]反映了广州的龙脑、象牙交易和白氎（棉布）、红蕉布生产，其背景是海上贸易的发展。康州（今广东高要）悦城县妇女“织布”为业，从王建的诗所记推测，也可能是纺织棉布。唐时今岭南（包括海南）的棉纺织业发展，和印度棉织文明东渐，今中国云南地区、东南亚各国穿着棉布衣服，种植棉花的风俗普及有关。

海上丝路上的东方神韵。任何器物都蕴含着独特的信息符号。器物的交换与使用，意味着信息的交往与分享，从而引起观念和行为的变革。8世纪开启的海上丝绸之路，就中国而言，作为当时最能激发西亚以及欧洲人的东方想象，引发社会变革的器物分别是丝绸、瓷器、麝香、大黄和朱砂，还有指南针、道教和漆器。在东方想象的这些“诱惑”中，有物质享受之用的丝绸、瓷器和漆器（家具），有化妆治病之用的麝香、大黄和朱砂，有航海技术之用的指南针，还有触及中国儒、道、佛的哲学思想，从物质生活到精神生活再到审美情趣。

丝绸，这是激发东方美好想象最重要的一种器物。当时欧洲的上层人士以得到它为荣耀，柔软、鲜艳、精美又昂贵，代表着东方（中国）的技术、文明和富裕。从海上贸易来说，在欧洲人

［1］《全唐诗》卷299，第3400页。

东来以后，也就是蒸汽轮船取代帆船运输之前，丝绸西销虽然数量有限，但其激发想象力作用不可低估，“丝绸之路”，严格说来是西方人迷恋丝绸超然质感和难以名状美感的产物。

瓷器、麝香和茶叶是激发西方人的东方想象最特殊的三种器物。瓷器姑且不说，成了欧洲人所称“中国”的由来。《马尔瓦兹论中国、突厥与印度》对中国的丝绸、瓷器在阿拉伯世界的传播有详细的描述，作者马尔瓦兹是伊朗尼斯巴族人。中国的瓷器在波斯湾的尸罗夫、巴士拉，也门，红海沿岸，埃及，东非各地，均是宫廷的珍品，富豪的象征。对于那些只会制作简单器皿的欧洲陶工而言，中国陶器似乎来自另一个世界。柔软艳丽的丝绸和美轮美奂的瓷器所传播的文化意蕴远大于其实用价值，这会让人联想到它的制作技术；对中国人技术的崇拜，也会对中国人的智慧敬仰莫名。

麝香既是特殊的香料又是药品，为中国西藏等地的特产，被西方视为“天国所赐”“人间极品”，具有刺激性欲和解毒功效。中国的麝香经陆路和海路运销阿拉伯、波斯，因为“事实上，中世纪的穆斯林亚洲对麝香的需求量确实很大，麝香在当时是一种常见的消费品。富翁使用的是真正的吐蕃麝香。不大富裕的人无法购买这种商品，仅满足于通过海路进口的‘汉地’麝香。”还有，《旧唐书》记载说，袄教其事神，以麝香和苏涂须点额，及于耳鼻，用此为敬，拜必交股”[1]。这可能也是伊斯兰教的风俗。除了宗教因素，穆斯林特别重视麝香的另一个原因是药用。“操着阿拉伯语的商人将他们从中国携带的麝香、沉香、樟脑、肉桂及各地的商货返回红海。”然后运到地中海港口，转卖给罗马人、法兰克人。[2]黑色热性麝香和白色凉性樟脑，诱发欧洲

[1] 《旧唐书》卷198《波斯传》，5311页。

[2] 伊本·胡尔达兹比赫著，宋岘译注：《道里邦国志》，中华书局1991年版，第164页。

人对中国阴阳、黑白辩证思维的崇尚，从而引发对东方神秘哲学的迷恋“人称麝香是黑色的，而樟脑则为白色。大家认为它们如同日夜一般。麝香的这种起源在中国中世纪的哲学中与樟脑是对立的，同样也是由于其药性相反”[1]。麝香是制作香料的添加剂，为中亚、欧洲人所青睐。但是对穆斯林来说，最重要的是麝香能提升宗教意识。麝香对欧洲人来说，也是美容之物，因为它是制作香料的原料之一。麝香的西传，放大了东方宗教冥想的空间，升华了穆斯林的静思意识，软化了他们的野性崇拜。这是东方文明对中亚穆斯林的影响之一。

总之，丝绸、瓷器、麝香、茶叶的传播，作为传播的介质是物，一种高技术制作的，或特定环境里天然生成的产品，人们知道它们的使用价值和商业价值，但是，其审美价值一旦被发现，就开启了一扇“意会”之门，享受令人陶醉的东方神韵，而进入审美天堂。这就是后世风靡西方的东方想象的开始。

[1] 阿里·玛扎海里著，耿昇译：《丝绸之路：中国波斯文化交流史》，中华书局1993年版，第530页。

参考书目

古籍：
《史记》，中华书局点校本，2013。
《汉书》，中华书局点校本，1962。
《后汉书》，中华书局点校本，1965。
《魏书》，中华书局点校本，2018。
《南齐书》，中华书局点校本，2017。
《梁书》，中华书局点校本，2020。
《周书》，中华书局点校本，1971。
《北史》，中华书局点校本，1974。
《隋书》，中华书局点校本，2019。
《旧唐书》，中华书局点校本，1975。
《新唐书》，中华书局点校本，1975。
《旧五代史》，中华书局点校本，2016。
《新五代史》，中华书局点校本，2016。
《尚书》，〔春秋〕孔丘，中华书局，1998。
《尚书译注》，李民、王健译注，上海古籍出版社，2004。
《荀子》，〔战国〕荀况，中华书局，1985。
《鲍明远集》，〔南朝〕鲍照，景印文渊阁四库全书本，台湾商务印书馆，1986。
《元经》，〔隋〕王通，中华书局，1985。
《冥报记》，〔隋〕唐临，中华书局1992。
《河岳英灵集》，〔唐〕殷璠撰，景印文渊阁四库全书本，台湾商务印书馆，1986。
《沈下贤集》，〔唐〕沈亚之撰，景印文渊阁四库全书本，台湾商务印书馆，1986。

《骆丞集》,〔唐〕骆宾王撰，中华书局，1985。
《大唐创业起居注》,〔唐〕温大雅撰，上海古籍出版社，1983。
《贞观政要》〔唐〕吴兢撰，骈宇骞译注，中华书局，2011。
《唐六典》,〔唐〕李林甫，中华书局，1992。
《大唐新语》,〔唐〕刘肃撰，许德楠等点校，中华书局，1984。
《唐国史补·因话录》,〔唐〕李肇撰，古典文学出版社，1957。
《唐律疏议》,〔唐〕长孙无忌等撰，刘俊文点校，中华书局，1983。
《通典》,〔唐〕杜佑撰，王文锦等点校，中华书局，1988。
《元和郡县图志》,〔唐〕李吉甫，中华书局，1983。
《初学记》,〔唐〕徐坚，中华书局，2004。
《大唐开元礼》,〔唐〕萧嵩，景印文渊阁四库全书本，台湾商务印书馆，1986。
《艺文类聚》,〔唐〕欧阳询，上海古籍出版社，1999。
《北堂书钞》,〔唐〕虞世南辑，文海出版社，1978。
《隋唐嘉话》,〔唐〕刘𫗧撰，中华书局，1979。
《大唐传载》,〔唐〕佚名，中华书局，2019。
《唐阙史》,〔唐〕高彦休撰，上海古籍出版社，2012。
《酉阳杂俎》,〔唐〕段成式撰，曹中孚校点，上海古籍出版社，2012。
《次柳氏旧闻》,〔唐〕李德裕撰，上海古籍出版社，2012。
《蛮书校注》,〔唐〕樊绰撰，向达校注，中华书局，1962。
《尚书故实》,〔唐〕李绰撰，曹中孚等校点，上海古籍出版社，2012。
《历代名画记》,〔唐〕张彦远，中华书局，1985。
《封氏闻见记》,〔唐〕封演撰，中华书局，1985。
《松窗杂录》,〔唐〕李濬撰，上海古籍出版社，2012。
《续高僧传》,〔唐〕释道宣撰，中华书局，2014。
《集古今佛道论衡》,〔唐〕释道宣，大正新修大藏经本，台湾新文丰出版公司，1983。
《大唐西域记校注》,〔唐〕玄奘、辩机撰，季羡林等校注，中华书局，2000。
《南海寄归内法传校注》,〔唐〕义净撰，王邦维校注，中华书局，1995。
《法苑珠林》,〔唐〕释道世撰，上海古籍出版社，1991。
《广弘明集》,〔唐〕释道宣撰，景印文渊阁四库全书本，台湾商务印书馆，1986。

《玄纲论》,〔唐〕吴筠，景印文渊阁四库全书本，台湾商务印书馆，1986。
《苏氏演义》,〔唐〕苏鹗撰，吴企明校注，中华书局，2012。
《李义山诗集》,〔唐〕李商隐，景印文渊阁四库全书本，台湾商务印书馆，1986。
《李商隐诗集疏注》，李商隐撰，叶葱奇疏注，人民文学出版社，1998。
《陆宣公奏议注》,〔唐〕陆贽，中华书局，1991。
《樊川文集》,〔唐〕杜牧撰，上海古籍出版社，2007。
《岭表录异》,〔唐〕刘恂撰，中华书局，1985。
《独异志》,〔唐〕李冗，中华书局，1985。
《茶经》,〔唐〕陆羽，齐鲁书社，2001。
《杜诗详注》,〔唐〕杜甫著，仇兆鳌注，中华书局，1979。
《王右丞集笺注》,〔唐〕王维撰，赵殿成笺注，上海古籍出版社，1998。
《王昌龄诗集》,〔唐〕王昌龄撰，江西人民出版社，1981。
《昌黎先生文集》,〔唐〕韩愈撰,《续修四库全书》本，上海古籍出版社，1995。
《刊误》,〔唐〕李涪，景印文渊阁四库全书本，台湾商务印书馆，1986。
《柳河东集》,〔唐〕柳宗元撰，上海古籍出版社，2008。
《龙城录》,〔唐〕柳宗元撰，景印文渊阁四库全书本，台湾商务印书馆，1986。
《经典释文》,〔唐〕陆德明，中华书局，1983。
《翰林志》,〔唐〕李肇，景印文渊阁四库全书本，台湾商务印书馆1986。
《刘随州集》,〔唐〕刘长卿，景印文渊阁四库全书本，台湾商务印书馆1986。
《谭宾录》,〔唐〕胡璩撰,《续修四库全书》本，上海古籍出版社，1995。
《唐摭言校注》,〔五代〕王定保撰，姜汉椿校注，上海社会科学院出版社，2003。
《开元天宝遗事》,〔五代〕王仁裕，中华书局，2006。
《资治通鉴》,〔宋〕司马光撰，中华书局，1956。
《册府元龟》,〔宋〕王钦若撰，台湾中华书局，1996。
《宋本册府元龟》,〔宋〕王钦若撰，中华书局，1989。
《论语·大学·中庸》,〔宋〕朱熹集注，上海古籍出版社，2013。
《全唐诗》,〔清〕彭定求等撰，中华书局，1960。
《唐诗纪事》,〔宋〕计有功撰，中华书局，1965。

《唐会要》,〔宋〕王溥,上海古籍出版社,2006。
《唐大诏令集》,〔宋〕宋敏求撰,中华书局,2008。
《全唐文补遗》第1辑,三秦出版社,1994。
《玉海》,〔宋〕宋应麟,大化书局,1978。
《唐语林校证》,〔宋〕王谠撰,周勋初校证,中华书局,1987。
《太平御览》,〔宋〕李昉,中华书局,1988。
《太平广记》,〔宋〕李昉撰,中华书局,1961。
《舆地纪胜》,〔宋〕王象之撰,中华书局,1992。
《文忠集》,〔宋〕欧阳修,中华书局,1985。
《文房四谱》,〔宋〕苏易简辑,中华书局,1985。
《宋高僧传》,〔宋〕释赞宁撰,中华书局,1987。
《五灯会元》,〔宋〕普济撰,中华书局,1984。
《读通鉴论》,〔宋〕王夫之撰,中华书局,1975。
《杜阳杂编》,〔宋〕苏鹗撰,中华书局,1985。
《涉史随笔》,〔东晋〕葛洪撰,中华书局,1985。
《抱朴子》,〔东晋〕葛洪,中华书局,1985。
《夏侯阳算经》,〔唐〕夏侯阳撰,中华书局,1985。
《事类赋注》,〔宋〕吴淑撰,中华书局,1989。
《野客丛书》,〔宋〕王楙撰,王文锦点校,中华书局,1987。
《稽神录》,〔宋〕徐铉撰,中华书局,1985。
《糖霜谱》,〔宋〕王灼撰,中华书局,1985。
《砚谱·李后主砚》,〔宋〕佚名,中华书局,1991。
《直斋书录解题》,〔宋〕陈振孙撰,上海古籍出版社,1987。
《一切经音义三种校本合刊》,徐时仪校注,上海古籍出版社,2008。
《后村集》,〔宋〕刘克庄撰,景印文渊阁四库全书本,台湾商务印书馆,1986。
《诗人玉屑》,〔宋〕魏庆之撰,中华书局,2007。
《唐音》,〔元〕杨士弘编,景印文渊阁四库全书本,台湾商务印书馆,1986。
《文献通考》,〔元〕马端临,中华书局,2011。
《书史会要》,〔明〕陶宗仪撰,上海书店,1984。
《唐诗归》,〔明〕钟惺、谭元春辑,《续修四库全书》本,上海古籍出版社,

1995。
《玉芝堂谈荟》,〔明〕徐应秋撰，景印文渊阁四库全书本，台湾商务印书馆，1986。
《日本国志》,〔清〕黄遵宪撰，上海古籍出版社，2001。
《关中金石记》〔清〕毕沅撰，中华书局，1985。
《日本访书志》,〔清〕杨守敬，辽宁教育出版社，2003。
《经史避名汇考》,〔清〕周广业撰，上海古籍出版社，2015。
《廿二史札记》,〔清〕赵翼，中华书局，1963。
《抱经堂文集》,〔清〕卢文弨撰，中华书局，1990。
《历代画史汇传》,〔清〕彭蕴璨编，广陵书社，2015。
《全唐文》,〔清〕董诰，中华书局，1983。
《唐宋诗醇》,〔清〕爱新觉罗·弘历编，中国文学出版社，2000。
《登科记考》,〔清〕徐松撰，中华书局，1984。
《天一阁藏明钞本天圣令校证（附唐令复原研究）》，天一阁博物馆、中国社会科学院历史研究所天圣令整理课题组校证，中华书局，2006。
《唐宋八大家文钞》,〔明〕茅坤，景印文渊阁四库全书本，台湾商务印书馆，1986。
《唐宋诸贤绝妙词选》,〔南宋〕黄昇辑，上海商务印书馆，1926。
《图书考》,〔元〕盛熙明,《四部丛刊三编》景钞本。
《白氏六帖事类集》,〔唐〕白居易撰，民国景宋本。
《风俗通义》,〔东汉〕应劭撰，明万历两京遗编本。
《王摩诘文集》,〔唐〕王维撰，宋蜀本。
《白氏长庆集》,〔唐〕白居易撰,《四部丛刊》景日本翻宋大字本。
《老子河上公注》,〔东汉〕河上公撰，四部丛刊景宋本。
《金丹神液经》,〔东晋〕葛洪，明正统道藏本。
《葛仙翁肘后备急方》,〔东晋〕葛洪撰，明正统道藏本。
《云溪友议》,〔唐〕范摅，上海古籍出版社，2012。
《周礼注疏》,〔东汉〕郑玄注，贾公彦疏，上海古籍出版社，2010。
《释名疏正补》,〔清〕王先谦，清光绪二十二年（1896）刊本。
《图经本草（辑校本）》〔宋〕苏颂撰，尚志钧辑校，学苑出版社，2017。
《西山杂志》抄本,〔清〕蔡永兼，藏福建省图书馆。

今人中文著作：
《隋唐制度渊源略论稿》，陈寅恪著，中华书局，1963。
《唐代政治史述论稿》，陈寅恪著，上海古籍出版社，1982。
《唐代刑事诉讼惯例研究》，陈玺著，科学出版社，2017。
《唐代财政史新编》，陈明光著，中国财政经济出版社，1991。
《西域南海史地考证译丛二编》，冯承钧译，商务印书馆，1995。
《敦煌地理文书汇辑校注》，郑炳林著，甘肃教育出版社，1989。
《宋代货币与货币流通研究》，高聪明著，河北大学出版社，2000。
《三至十四世纪中国的权衡度量》，郭正忠著，中国社会科学出版社，1993。
《隋朝史略》，韩国磐著，上海人民出版社，1954。
《隋唐五代史纲》，韩国磐著，生活·读书·新知三联书店，1961。
《隋唐五代史论集》，韩国磐著，生活·读书·新知三联书店，1979。
《魏晋南北朝史纲》，韩国磐著，人民出版社，1983。
《李世民传》，胡如雷著，中华书局，1984。
《中国古代科学技术史纲（技术卷）》，胡维佳主编，辽宁教育出版社，1998。
《中国历代户口、田地、田赋统计》，梁方仲著，上海人民出版社，1980。
《唐尚书省郎官石柱题名考补考》，张忱石，中华书局，2018。
《唐代翰林学士》，毛蕾著，社会科学文献出版社，2000。
《唐代江南农业的发展》，李伯重著，农业出版社 ，1990。
《唐代文化》，李斌城主编，中国社会科学出版社，2002。
《唐代扬州史考》，李廷先著，江苏古籍出版社，2002。
《图像中国建筑史》，梁思成著，百花文艺出版社，2001。
《唐德宗评传》，刘玉峰著，齐鲁书社，2002。
《新疆历史文物》，王炳华主编，刘文锁著，新疆美术摄影出版社，1999。
《唐代长江中游的经济与社会》，牟发松著，武汉大学出版社，1989。
《中国经济通史·宋代经济史（上）》，漆侠主编，经济日报出版社，1999。
《唐代金银器研究》，齐东方著，中国社会科学出版社，1999。
《花舞大唐春——何家村遗宝精粹》，齐东方、申秦雁著，文物出版社，2003。
《中国数学史》，钱宝琮著，科学出版社，1964。
《中国佛教史》，任继愈主编，中国社会科学出版社，1981。

《中古中国与外来文明》，荣新江著，三联出版社，2001。
《河山集》，史念海著，山西人民出版社，1991。
《黄河流域诸河流的演变与治理》，史念海著，陕西人民出版社，1999。
《唐宋时期的雕版印刷》，宿白著，文物出版社，1999。
《王玄策事迹钩沉》，孙修身著，新疆人民出版社，1998。
《唐代经济史》，陶希圣、鞠清远著，商务印书馆，1936。
《中国人口史》，王育民著，江苏人民出版社，1995。
《中国历史地理概论》（上册），王育民著，福建人民出版社，1987。
《陈寅恪中古史学探研：以〈隋唐制度渊源略论稿〉为例》，宋德熹，台湾稻乡出版社，1999。
《佛法真义》，赖承海著，商务印书馆，2019。
《唐吐蕃大食政治关系史》，王小甫著，北京大学出版社，1992。
《徘徊在人和自然之间——中国生态环境史探索》，王利华著，天津古籍出版，2012。
《中国手工业经济通史（魏晋南北朝隋唐五代卷）》，魏明孔著，福建人民出版社，2004。
《唐代科举制度研究》，吴宗国著，辽宁大学出版社，1997。
《敦煌艺术之最》，谢保生、凌云著，甘肃人民出版社，1993。
《马来亚史》（上册），许云樵，香港商务印书馆，1961。
《中国经济通史》（第4卷），杨际平主编，湖南人民出版社，2002。
《西域敦煌宗教论稿》，杨富学著，甘肃文化出版社，1998。
《唐代工商业》，张泽咸著，中国社会科学出版社，1995。
《汉唐农业》，张泽咸著，中国社会科学出版社，2003。
《中国化学史稿》，张子高著，科学出版社，1964。
《点涛斋史论集——以唐五代史为中心》，郑学檬著，厦门大学出版社，2016。
《中国古代经济重心南移和唐宋江南经济研究》，郑学檬著，岳麓书社，2003。
《李世民评传》，郑学檬等著，南京大学出版社，2011。
《唐宋科学技术与经济发展的关系研究》，郑学檬、徐东升著，厦门大学出版社，2013。

《唐人轶事汇编》，周勋初等辑，上海古籍出版社，1995。
《古代长江下游的经济开发》，江苏省六朝史研究会，三秦出版社，1996。
《敦煌学大辞典》，季羡林主编，上海辞书出版社，1998。
《大唐壁画》，唐昌东，陕西旅游出版社，1996。
《中华茶史（唐代卷）》，李斌成等主编，陕西师范大学出版总社有限公司，2013。
《敦煌吐鲁番文书与丝绸之路》，姜伯勤著，文物出版社，1994。
《隋唐五代史学》，谢保成著，商务印书馆，2007。
《资治通鉴与国家兴衰》，张国刚著，中华书局，2016。
《唐宪宗传》，李天石著，人民出版社，2017。
《中国古代科学家》，中国科学院中国自然科学史研究室编，科学出版社，1959。

论文：
《唐代道教太清宫制度考》（上），丁煌撰，成功大学《历史学报》1979年第6号。
《唐代道教太清宫制度考》（下），丁煌撰，成功大学《历史学报》1980年第7号。
《从两次调查长沙铜官窑所得到的几点收获》，冯先铭撰，《文物》1960年第3期。
《〈格〉、〈式〉之源与魏晋以来敕例的编纂》，楼劲撰，《文史》，2012年第2辑。
《唐代铸币量考》，钱兴龙撰，《中国经济史研究》2010年第2期。
《试析唐高宗的礼法编纂与武周革命》，吴丽娱撰，《文史》2016年第1期。
《唐代铸钱散论》，徐东升撰，《中国社会经济史研究》2007年第2期。
《〈唐代刑事诉讼惯例研究〉书评》，许晓英撰，《中国社会科学报》2017年12月21日。
《唐末宋初敦煌土地制度初探》，杨际平撰，《敦煌学刊》1988年第1、2期合刊。
《从〈状江南〉看唐代江南的生态环境》，郑学檬撰，《唐研究》第1卷，北京大学出版社，1995。
《唐宋元海上丝绸之路和岭南、江南社会经济研究》，郑学檬撰，《中国经济史研究》2017年第2期。

《中国近五千年来气候变迁的初步研究》，竺可桢撰，《考古学报》1972年第1期。

外文著作：
《剑桥中国隋唐史》，〔英〕崔瑞德等著，中国社会科学出版社，1990。
《艾赛尼派的平等福音》，经典出版社，1997。
《东南亚的贸易时代：1450—1680》，〔澳〕安东尼·瑞德著，吴小安、孙来臣译，商务印书馆，2010。
《资本论》，〔德〕马克思著，人民出版社，1963。
《马克思恩格斯选集》，〔德〕马克思、恩格斯著，人民出版社，1966、1972、1973。
《唐令拾遗》，〔日〕仁井田陞，日本东方文化学院东京研究所，1933。
《唐令拾遗补》，〔日〕池田温，东京大学出版会，1997，中华书局，2006。
《中国古代籍帐研究》，〔日〕池田温著，中华书局，2007。
《欧洲史》，〔法〕德尼兹·加亚尔、贝尔纳代特·德尚等著，海南出版社，2000。
《15至18世纪的物质文明、经济和资本主义》(第1卷)，〔法〕布罗代尔著，生活、读书、新知三联书店，1992。
《东方文明》，〔法〕雷奈·格鲁塞，尚任侠、袁音译，中华书局，1999。
《道里邦国志》，〔阿拉伯〕伊本·胡尔达兹比赫，宋岘译注，中华书局，1991。
《中古中国门阀大族的消亡》，〔美〕谭凯著，胡耀飞、董风云译，社会科学文献出版社，2017。
《中国科学技术史》，〔英〕李约瑟著，科学出版社，1978。
《丝绸之路：中国—波斯文化交流史》，〔法〕阿里·玛扎海里著，耿昇译，中华书局，1993。
Sharaf Al-zamãn Tãhir Marvazĩ on China,the Turks and India by V.Minorsky,The Royal Asiatic Society London, 1942.
History of Kedan by G. M.Khan Third Edition Printed by Penang Press Co.Ltd. 25 China Street，Ghaut，Penang, 1958.
George F. Hourani, Arab Seafaring : in the Indian Ocean in Ancient and

Early Medieval Times〔Revised and Expanded by John Carswell〕, Princeton University Press.

W.S.Morgan The story of Malaya, Limitrd Singapore, 1948.

Stephen F. Dale，“Silk Road, Cotton Road”, from Edited by Richard M. Eaton etc,Expanding Frontiers in South Asian and Word History, Cambridge University Press, 2013.

Editors Eric Tagliacozzo and Wen—Chin Chang，Chinese Circulations——Capital、Commodities，and Networks in Southeast Asia，Duke University Press, 2011.

后记

本书遵循丛书的“抛弃教科书面面俱到的写作体例，不求全，而求新求锐”之宗旨，以统一和国家治理为主题，概述隋唐的重要历史与文明事件，补充经济和海上丝路方面的一些个人研究心得体会。

本书在人民教育出版社历史编辑室主任李卿的诚邀下撰写，写成后经人民教育出版社历史编辑室编辑审阅、匡正，并请厦门大学历史系徐东升教授、法学院周东平教授审读、修改若干章节的文字；徐东升的研究生闫薇初校引文、注释，靳小龙博士多次复校；文中也引述部分学者卓见，借以为论据。在此谨向诸位表示深切的谢意。我因年事已高，学术信息所知有限，难以一一吸纳最新研究成果，或有遗漏，敬请方家指正。

2018年11月1日初稿，2020年10月31日改定于厦门大学海韵园新点涛斋寓所。